文化产业专题研究报告（下）

RESEARCH REPORTS ON
CULTURAL
INDUSTRIES II

中央文化企业国有资产监督管理领导小组办公室
中国社会科学院文化研究中心 编

社会科学文献出版社
SOCIAL SCIENCES ACADEMIC PRESS (CHINA)

从 2012 年开始，中国社会科学院文化研究中心获得了财政部"国家文化产业发展专项资金"的支持，设立了国内首个文化产业的研究类专项资金——"文化产业重大课题研究计划"。

本书是"文化产业重大课题研究计划"项目的成果，并受该计划资助。

第一章　文化数字化建设 ·· 1

前　言 ·· 1

引　言 ·· 3

一　国内外现状研究 ·· 5

　　（一）数字化对生产生活的深刻影响 ··························· 6

　　（二）文化数字化对文化的深刻影响 ··························· 12

　　（三）国内外文化数字化政策与工程现状综述 ············ 16

二　数字媒体的发展趋势 ··· 26

　　（一）数字媒体技术发展趋势 ···································· 26

　　（二）数字媒体文化发展趋势 ···································· 41

三　基于文化数字化技术的传统文化转型升级 ··················· 49

　　（一）文化数字化技术 ··· 49

　　（二）传统文化转型升级 ·· 56

四　文化资源数字化发展战略 ··· 59

　　（一）文化数字化概念体系与战略意义 ······················ 59

　　（二）国家文化资源数字化建设应启动的重大工程 ········ 60

　　（三）选择与被选择 ·· 61

参考文献 ·· 71

第二章 加强公共文化服务体系建设 推进文化产品及服务的
　　　　政府购买 ·· 74

一 理论篇 ··· 74

（一）本文相关概念研究 ································· 74

（二）本文构架 ··· 77

（三）我国公共文化服务供需不匹配 ··············· 77

（四）公共文化服务的产业关系 ····················· 78

（五）公共文化服务的政府支出基数增加，比重减少 ······ 80

（六）公共文化服务水平区域差异大 ··············· 80

（七）公共文化服务体系与政府采购 ··············· 81

（八）公共文化服务投入向转移支付转变 ··········· 82

（九）文化产业政策分析 ····························· 83

二 现实篇：农村基层公共文化服务 ····················· 84

（一）农村公共文化服务现状 ······················· 84

（二）农村文化生活的调研访谈 ····················· 99

（三）农村文化生活的真空 ························· 115

（四）农村文化的重建 ······························· 122

三 现实篇：城市公共文化服务 ························· 131

（一）北京市公共文化服务现状分析 ··············· 131

（二）北京市公共文化事业发展情况 ··············· 139

（三）北京市文化创意产业 ························· 145

（四）北京市公共文化服务体系 ··················· 155

四 对策篇：公共文化服务的政府采购 ··············· 163

（一）公共文化服务体系 ··························· 163

（二）公共文化服务的政府采购分析 ··············· 178

（三）文化产业政策分析 ··························· 193

参考文献 ··· 204

第三章 文化科技融合研究报告 ································· 213

一 理论基础：文化与科技融合的理论基础与重要意义 ·········· 214

（一）文化与科技融合的互动机理 ………………………… 215

（二）文化与科技融合的理论支持 ………………………… 217

（三）文化与科技融合的意义阐述 ………………………… 217

（四）国外文化与科技融合的战略实践 …………………… 221

二 实证研究 ……………………………………………………… 223

（一）技术进步对文化产业推动的实证分析 ……………… 223

（二）文化与科技融合前沿趋势实证分析 ………………… 231

三 现状与对策研究 ……………………………………………… 258

（一）文化企业科技创新与研发投入相关问题的探讨 …… 258

（二）文化与科技融合的核心问题及政策建议 …………… 267

参考文献 …………………………………………………………… 271

附录一 **2013 TOP 100 Global Innovators（2013 年世界**
创新百强企业） ……………………………………… 274

附录二 **2013 年世界 500 强榜单列表** ……………………… 279

第一章 文化数字化建设

中国艺术科技研究所课题组[*]

前　言

　　数字时代的数字不是0，1，更不是数学；数字是语言，是机器与机器的交流语言，是机器与人类的交互密码。数字化意味着机器具有能够与人类进行交互的能力，构筑了"人脑+电脑"的新型智慧体系，并且，电脑的计算能力、记忆能力和逻辑思维能力正在成为人类智慧的延伸，计算深度和记忆广度正在弥补人类智慧的不足。数字生产根本上是智慧生产，信息科技已经成为事实上的文化科技。数字时代标志着人类新的智慧体系对传统生产生活的全面变革，标志着文化科技登场对人类社会的重大意义。

　　网络通信以从未有过的快捷方式改变了人类交流交往的方式；网络购物以崭新的购买方式，改变了人类的商业模式；无人工厂以高度智能自组织方式，改变了工业生产模式；网络空间联通了精神世界和物质世界，改变了人们的社交和生活方式；计算机以高速计算和高容量记忆协同人类思维，改变了人类的思维模式。数字化高新技术正在成为现代生产方式和生活方式，构筑了真正意义上的新文化、广义概念上的"数字文化"。数字鸿沟也成为真正意义上具有时代意义的文化鸿沟。

　　科技不仅改变了生产生活，也在改变文化。电脑作为具有记忆、计

---

　　[*]　课题组负责人：闫贤良；课题组成员：祁艳、胡晓群、张素贤、徐霄、陈娴颖。

算、思维能力的智慧产品，不仅读懂了人类语言，也开始介入人类的情感体系，并且创造了人类情感交流的新媒体。网络媒体构建的社交网络，构筑了人与人精神世界相通的新兴数字文化；现实世界日益数字化的物联网，构筑了精神世界和物质世界相通的第三空间。数字时代，人类正在创造人类智慧原本不能感知的新方式，也在创造人类精神世界原本没有的新世界。数字文化以创造智慧的方式正在改变人类的致思模式、情感模式，推动人类精神世界的根本性变革，并正在创造人类从未体验过的精神享受。

文化是民族的血脉，文化数字化赋予民族血脉新鲜血液，赋予民族鲜活的生命力，激发民族新的创造力。当民族的血液失去传统文化的滋养，便会失去民族的色彩和性格，失去民族原有的特质。传统文化数字化正是基于民族文化继承下的文化创新。没有继承便会失去民族的特质，没有创新便会失去旺盛的生命力。"让收藏在故宫里的文物、陈列在广阔大地上的遗产、书写在古籍里的文字都活起来"，就是要促进传统文化数字化转型升级，赋予传统文化新的生命力。建设"中国特色"的社会主义文化，既需要民族文化传承，也需要传统文化创新。文化创新性的推动与文化多样性的保护同样重要。

源于美国的数字科技革命，始终引领数字科技创新，形成以美国为轴心的世界数字文化。当今的美国，正在以强大的云计算、大数据等不断推陈出新的技术魅力，携带着美国的世界观、价值观，深刻影响各个国家和民族的自有文化体系，呈现无法回避的美国软实力，显现无法躲避的文化旋涡。当西方的新文化湮没各民族自有文化，当传统文化不能成为时代文化的重要组成部分时，这个国家的民族性就意味着将被取代并走向消亡，国家品格、国家性格、国家精神也意味着从内到外开始变质。中国需要文化数字化的超越，更需要民族文化数字化转型升级。传统文化资源数字化和中华文化素材库建设显得如此迫切。

电脑源于工业制造，工业制造的却是新工业；新工业创造了电脑，电脑创造的却是新文化。与其说电脑工业改变了传统生产生活，不如说"电脑＋人脑"改变了人类文化。从精神世界到物质世界，文化因电脑与人脑的协同而全然转变。数字时代的终极结果是新文化时代，信息科技的背后是文化科技。为了建设文化强国，我们不得不站在战略的高度，重新认识数字化与文化的重要关系。

引　言

自阿尔温·托夫勒 1980 年在《第三次浪潮》中称"人类全面进入数字时代"后，整个人类的生产生活开始向数字化转型。数字文化正在促进人类新的生产方式的变革，数字产品大规模的工业化生产悄然改变着整个工业时代。信息科技不仅成为新兴产业，而且也正在改变传统产业；数字文化正在促进人类新的生活方式的变革，数字通信、互联网不仅改变了人们的生活方式，而且也正在促进传统生活方式的变革。网络上疯传的《百年大变局》①描绘了数字时代正在发生的几大革命，并且对那些不屑一顾的人告诫说，很多人输就输在对于新生事物看不见、看不起、看不懂，来不及跟上。

银行业，狼来了。2013 年 6 月 13 日，阿里巴巴支付宝正式推出"余额宝"，明摆着和银行抢生意。10000 元，放在银行里按活期利息计算，一个月只有 30 元收益，放在支付宝里转"余额宝"，一个月收益 300 ~ 400 元。你的钱，以后是放在银行还是余额宝里？

马云在中南海接受时任国务院总理温家宝接见时说，我们没有把互联网当作生意，我们把互联网当作一场革命。让平民理财获利，轻松地废掉银行的垄断，我们"革"了银行的"命"。

商业，天变了。"双十一"那天，淘宝 191 亿元销售额是个奇迹，1 亿笔交易是个奇迹，但最大的奇迹是，一天内 2800 万个包裹居然全部运出去了。

马云说，2012 年 9 月 29 日，海尔在我们这里卖出了 12000 台洗衣机，一天拉断了海尔几条生产流水线。这才是一个小项目而已。今后的商店会出现什么结局？二三十年后，我们的孩子可能不再拉着手逛商场，而是去看电影、吃饭、看戏、交流，这是所谓的体验。也许到商店仅仅是试一试服装，走一走秀，找一找感觉。

---

① 《百年大变局》，博客中国，http：//yingqliang.blogchina.com。

制造业，变天了。数字化改变的不仅是从流水线到无人工厂，柯达的"葬礼"已经被人遗忘，材料的改变毁灭了一批工厂。今天，3D 打印机或 4D 打印机改变的是制造方式。如果说今天你还在想着"Made in China"，以后就别想了，都成为"Made in Internet"，所有的零部件生产、采购都在互联网上完成。汽车节上，有两个人制造了一辆跑车，除了外壳是模仿法拉利的以外，其余的零部件都是在淘宝网上采购的，并最终在车展上以 140 万元人民币的价格被卖掉了，这就是"Made in Taobao"。那个"工业化"的时代已经过去了。

电影业，告诉你什么叫市场。《致我们终将逝去的青春》搅扰了当今中国的电影界。面向市场的电影，票房盈利不是看影片的艺术性、思想性，更不是看引来多少风投，而是看互联网上有多少预定的观众。"赵薇负责梦想，薇迷负责票房"这样的口号，也只有"小燕子"的粉丝才能理直气壮地喊出来，并且努力做到。在电影公映之前，赵薇对于自己的群众基础就相当自信，曾表示，不担心票房是因为知道自己的粉丝一定会去捧场。

中国移动说，腾讯才是对手。最近大家听到最震撼的一句话是："搞了这么多年才发现，原来腾讯才是我们的竞争对手。"移动一直认为，短信是收费的主营业务，而免费的微信，让舒舒服服收了十几年通信和短信费的几大垄断运营商们大惊失色。

杀毒，杀死的不是毒。360 杀毒软件近来全部免费，让整个杀毒软件市场翻天覆地，最终杀死的不是网络病毒，而是瑞星等一大批收费杀毒软件的制造商。

过去的小米加步枪，今天的小米手机，新兴企业正在改变消费市场。摩托罗拉、诺基亚、东芝、索尼、爱国者都面临被淘汰的危险。无论过去那些品牌多么成功，在数字化时代，都没有跨越式发展，都只能苟延残喘，直到被尘土掩埋。

传统的广告业、运输业、零售业、酒店业、服务业、医疗卫生业等，都可能被数字化时代逐一击破。未来，酒吧还是酒吧吗？咖啡厅还喝咖啡吗？酒店就是用来睡觉的吗？餐厅就是用来吃饭的吗？美容业就靠折腾那张脸吗？未来，遍布世界的肯德基、麦当劳会不会变成世界儿童交流的地方？而最可悲的是文化业，门缝正在裂开，边界正在模糊，传统将一去不复返。

数字化不仅改变了人们的生产生活方式，也在改变民族特质和国家文化。数字化技术所创造的新型文化业态，正在进入人们的主流文化生活。数字化技术不仅创造了新兴文化，也在深刻改变传统文化业态，数字印刷、数字出版、数字电视、数字电影、数字美术、数字音乐、网络游戏，无一不在数字化技术中快速嬗变。正如中国的文化困境所表现的，文化发展与迅猛发展的高新技术正处在严重不相适应的阶段，我们还没有来得及回顾民族文化自身的璀璨，就被数字文化所湮没；我们还没有来得及回味民族文化自信的魅力，就被数字文化所覆盖。本报告从数字文化到文化数字化，以事实说明，中国的文化数字化建设到了不得不从战略高度上予以重视的程度。

本报告列举了六项数字化影响人类生产生活的案例，六项数字化影响文化业态转型的案例，分别呈现了"数字文化"和"文化数字化"对人类的不同影响，供我们客观分析数字化对人类及对我国的深刻影响，进而认识数字化对文化的战略意义，提出文化数字化建设的内容和战略规划建议。

一 国内外现状研究

"数字文化"和"文化数字化"是两个不同的范畴。数字化技术带给当今世界的变革是深刻而全面的，由二进制的数字化技术诞生电脑开始，机器不再是机器，计算机也不再是仅用于计算，"人脑＋电脑"产生的新型创造力和生产力，从根本上改变了现实社会的生产方式和生活方式。无人工厂以及远程3D打印机产生了新的工业和商业模式；电脑创造了网络空间，改变了人们的生活方式。"人脑＋电脑"不仅使精神世界和物质世界直接对接，而且，让宅男宅女们开始了足不出户的工作和生活。机械计算机与电子计算机的根本区别，就在于数字化技术使后者具有人类的部分智慧功能。这种智慧功能不仅延伸了人类的智慧，而且开始辅助人类思考，甚至在特定条件下可以独立思考。一切数字化技术引发的变革都可以视为一种新的文化。因而，对文化数字化建设进行研究，无法回避"数字文化"的研究。

文化数字化是对传统文化继承下的文化现代化，是对民族文化特征考量下的文化现代化。这一现代化既包括数字化技术孕育的新媒体文化业态，也包括数字化技术对民族传统文化的转型和升级。

（一）数字化对生产生活的深刻影响

数字化技术对人类的影响是全面而深刻的，如果对数字文化的理解依然停留在狭隘的文化行业层面上，势必误解数字时代的文化意义。当数字化成为一种生活方式，甚至改变了整个工业时代的生产模式时，不能不说数字化就已经成为真正意义上的文化了。于是，"数字化"等同于"数字文化"，抑或"数字化"是大文化的一部分。无论是从文化产业与国民经济体系之间的关系出发，还是从社会文化与文化行业之间的关系出发，"数字文化"的意义在广义文化概念下都应当被放在大文化的范畴内，这易于我们对文化数字化建设的理解和认识，易于判断和推理文化数字化与整个国家发展战略间的内在关系和逻辑体系，并清晰梳理文化数字化的自在与外在，也才有根据做出这样的推理：数字化的终极形态是数字文化，信息产业的终极结果是文化产业。

数字化等同于数字文化，是现代信息科技革命带给人类的一次全新的科技文化洗礼。对于中国而言，是西方科技文化对中国传统文化的再一次"西学东渐"。为建立这样的认识观，我们必须从当下繁杂的数字化现象中梳理出清晰的逻辑体系。数字化的起源是机器语言，数字化的本质是计算机工业，人类创造生产的智慧系统正在全面介入人类活动。无论是人类的生产、生活，还是人类文化本身，"人—机—人"的新型关系建构就是数字化的全部过程。

电脑与电脑之间构筑的网络，为人类提供了"人—机—机—人"的信息服务模式；当手机作为智能终端进入系统，构筑的则是"人—手机—电脑—电脑—手机—人"的生活方式；当卫星遥感信息作为现实世界的数字化进入系统，构筑的则是"人—网络空间—现实空间—人"的生活空间；当工厂的生产作为产品进入数字化，构筑的则是"人—网络空间—物质生产—人"的生产方式；当贸易和交换进入数字化，构筑的则是"人—生产—网络—网络—人"的商业模式；当所有公共空间提供了数字化服务，例如 Wi-Fi，构筑的则是"人—网络空间—自然空间—网络空间—人"的社交方式；当数字化进入家庭，构筑的则是"精神空间—网络空间—自然空间"的新型世界。

"人—机—人"的数字化模式正在全面改善人类自身的智慧系统，并因此颠覆人类的生产方式、生活方式和思维方式。

1. 数字空间

人们对网络并不陌生，但是，"网络"在架构人类由精神世界通往物质世界桥梁的同时，也在构筑心理空间和自然空间之间的第三空间。数字化对人类生存空间的改变是深刻的根本变革。因为电脑与电脑之间网络空间的出现，涵括了人类活动的所有数据，记录了人类活动所有的维度。因为数字化，人类的生存方式将从此改变。

地理信息技术、遥感技术和定位技术都是数字化的产物，被称为现代高科技的"3S 技术"。3S 技术的应用，对于现代人而言已经成为生活的一部分。GPS 导航、百度地图查询、LBS 手机热线、定位摄影、Google 街景……为我们提供了各类社会活动的定点定位服务，也为我们提供了社交生活的可视化服务。无论是订餐、订票、订酒店，还是娱乐、购物，基于物理空间的地理信息网络服务几乎成为大众需求与现实对接的常用方式。网络不仅为网民提供了数字化资源服务的门户和数字化内容，更重要的是让网民足不出户就可与现实世界直接对接。正是因为这一意义，才有了今天的宅男宅女。无论是工作上的宅男，还是生活中的宅女，第三空间实现了人类足不出户的生活方式。即使是出户，无论是汽车导航，还是公交查询，GPS 已经成为城市人日常出行的工具。智能手机将传统意义上的电话机转变为"微机"，手持终端，手机不再仅是通话交流的工具，基于 GIS 的信息查询和基于定位技术的导航，为我们的出行提供了世界各国可靠的信息和视觉服务，可谓"一机在手，走遍全球"。

SOLOMO 服务彻底改变了网络社区和公共场所的活动方式。手机的移动定位和街景地图服务，为公共场所的站点 SOLOMO 服务提供了便捷。街旁网基于真实的物理位置，提供了时间、人物、事件、地点四个维度的社区服务，将用户的网络社区和城市的现实社区相对接，使网络生活和现实生活合为一体。用户通过街旁网得以构筑本地社区，也可以通过签到记录自己外出旅游的足迹。第三空间改变了人类的生活方式。如果说大数据技术实现了网络数据中的关系搜索，那么基于遥感定位的 GIS 技术实现的，则是物质世界的关系搜索。

数字化建立的地理信息仅仅是人们生活的参照，尽管地理信息提供了丰富的遥感立体影像，但对人类而言也还只是平面空间。但是，日益成熟并开始进入工程的倾斜航拍技术和街景拍摄技术，构筑的则是数字化的立体空间。家庭、办公、公共设施、公共场所，在数字城市和数字地球的实施计划中，无一不在，就连景区、遗址、公共文化活动，也在文化地图中得以完整再现。随着文化科技的空间再现技术应用，宽带入户、家庭基站的建设，介于物质世界和精神世界之间的第三空间将人类完整地植入大数据之中。倾斜航拍技术将自然的和人工的真实立体世界植入地理信息之中，街景拍摄技术将人与环境的关系记录在地理信息之中，GIS 服务不仅记录我们的位置，还记录我们生活的轨迹，记录我们的表情，记录我们的活动。

数字化在给我们带来便利的同时，也让我们无处藏身。无论何时何地，只要我们还在地球，就被时刻记录在 GIS 的经纬网格之中。我们无法回避数字化正在重构着我们的生存空间，也无法回避人类为自身构筑的数字空间，将内心和现实融入同一世界。随着数字城市和数字地球的发展，美国和欧盟地球皮肤计划的实现，以及美国对地观测计划、脑神经网络计划、灵镜计划、Google 街景计划、大数据计划等一系列空间计划的推进，基于第三空间的人类活动尽收眼底，不仅随时掌握一个人在真实世界的活动轨迹，而且随时把握一个人的思维轨迹。丑闻，不值得宣扬!!①

2. **数字通信**

通信是人类交流交往的枢纽，"邮箱"曾经是邮政通往民众的重要节点。来自远方的思念和寄往远方的乡愁，常常汇聚在邮箱中。于是，人类有了邮箱情结。

---

① 姜得祺、张鸥：《现在，我们接管世界：马克·扎克伯格传》，江苏人民出版社，2012。

1969 年，计算机科学家 Leonard K. 教授尝试用加利福尼亚大学的计算机与斯坦福研究中心的计算机进行远程通信，试验获得成功，人类第一条网上信息"LO"诞生，从此开启了持续 40 多年的邮政革命。1969 年，美国国防部高级研究计划局投资"阿帕网"工程，启动计算机网络计划。1971 年，麻省理工学院 Ray Tomlinson 博士在阿帕网发送了第一封电子邮件，"@"将用户和计算机网络联系在一起，从此"用户@电脑@用户"通信模式诞生，人与人之间的通信不再依赖传统意义上的纸质信件，"电子邮箱"开始冲击"物理邮箱"，"@"逐渐取代邮筒。

数字化带来了人类通信的现代化，城市与城市、城市与乡村，甚至国家与国家之间的交流交往开始远离邮局，信件、电报、长途电话……往日繁忙的邮政业务，今天变得门可罗雀。数字化使人与人之间的沟通变得直接快捷，甚至可以面对面。当代可以通信的不仅是文字、语音，还有图形、图像，甚至视频场景。传统意义的邮政业务正在退出历史舞台，取而代之的是 Email、QQ、MSN、SKYPE、Twitter、BBS、Facetime、Facebook、飞信、微信、微博、社区、论坛、贴吧等"即时通信"。数字化开通了人类精神世界相互交往的新通道，越来越便捷的数字化网络化通信模式日新月异。随着数字手机向智能手机的全面转型和宽带入户、4G 网络的普及，人与人之间的交流交往随时随地、无时无刻，犹如对方就在眼前。

在中国，很多城市角落中被废弃的邮箱正在变成"绿色的回忆"。1987 年 9 月 14 日，在中关村，我们向德国发出了中国第一封电子邮件"越过长城，走向世界"。今天，5.64 亿中国网民改变了通信方式，11.46 亿手机用户使用数字通信。往日梦绕魂牵的邮箱情结渐渐褪去原有的光彩。

"邮驿"，是最原始的通信方式，在中国殷商时期就已经使用，驿站和烽火台遍布中原大地的各个角落。1635 年，英国引以为豪的"国家专营邮政"诞生，逐渐取代东方文明几千年的"邮驿"，邮局、邮箱最终取代了中国的驿站、烽火台。300 年后，美国的"@"代替了英国的邮箱，从根本上替代了传统邮电产业，"信笺"也从此成为人类的历史记忆。一个曾经不被中国科学界重视的小小数字技术，一个名不见经传的网络试验，一个中国企业家从不愿投资的无名无利工程试验，却彻底改变了整个人类交流交往的方式。数字时代的通信技术革命再一次巩固了美国的科学中心位置，并主导着人类最新的沟通方式。日益普及的 Facetime 和视频会议让美国人引以为傲，他们自豪地说，我们活着就是为了改变世界①。

3. 数字商业

网购已经不是虚拟的行为，也不是比特货币的游戏。网购真真实实地发生在我们的现实生活之中。1 号店、亚马逊、淘宝、当当、走秀、国美、苏宁、京东等，无数网商层出不穷，网购销售额逐年攀升。"11·11"被称为电商的狂欢节，2013 年阿里巴巴"双十一"交易额突破 1 亿元只用了 55 秒；达到 10 亿元用了 6 分 07 秒；达到 50 亿元用了 38 分钟；凌晨 5：49，阿里巴巴当日交易额突破 100 亿元；13：39 达 200 亿元；17：31 突破 250 亿元。"11·11"总交易额达 350.19 亿元，② 呈脉冲式增长，仅淘宝网的交易额就相当于全国日均社会零售总额的五成，相当于"国庆黄金周"北京市 100 多家大型店商销售总额的 5 倍。电商创造了一个奇迹，当网购成为一种习惯，就意味着数字商业正在成为一种消费文化。

今天的实体店商面临转型，未来的实体店商又将蜕变成什么？

4. 数字工厂

1984 年 4 月 9 日，世界上第一座"无人工厂"在日本筑波科学城试运行。工具更换、部件装配、产品检查全部自动完成。以往一台柴油机的生产需要 15 天，而无人工厂一天就完成从设计到出厂的全部生产流程。

工业化改变了人类文明，数字化却改变了工业文明。从最初的穿孔纸带式数控机床到今天数控生产线、数控机械手、数控机器人，直到企业 ERP 管理系统的全面普及，制造业的工厂开始见不到人的踪影。即使是控制国家动力命脉的变电站，也开始变成无人值守。从手工业作坊到大工业生产，从自动化生产到无人工厂，科技的力量在不断改变人类文明的进程。数字化带给人类的是一场革命，一场全面代替人类生产的革命。智能化的变革远不仅是自动化，而是"自能化"——具有自适应能力和自控能力的自动化，具有人类生产行为能力的自动化。数字工业不仅代替人类的

---

① 杰弗里·扬、威廉·西蒙：《活着就为改变世界：史蒂夫·乔布斯传》，蒋永军译，中信出版社，2010。

② http://sz.winshang.com/news - 199083 - 2.html.

体力、动力、控制力，而且还有人的智力，并将这种智力应用首先代替工业生产本身。如果说工业革命解放了人类生产力，那么数字革命解放的是人类的创造力。

5. 数字生产

2013 年 4 月 29 日"第十二届中国国际模型博览会"展出了来自美国布鲁克林 MakerBot 公司的"3D 打印机"，中央电视台报道称，3D 打印机这一高科技产品，正在逐步走入我们的生活。

"3D 打印"并非打印技术，而是一种被称为"快速成型"或"增材制造"的生产技术。这种技术早在 19 世纪末期就已经出现，20 世纪 20 年代用于照相雕塑和地貌成形，20 世纪 80 年代主要用于模具或模型制造。今天的 3D 打印机产业之所以风靡世界，是因为并非传统意义的生产技术，而是数字技术的应用，使其产生了远程生产的终端制造奇迹，例如任何一方的电脑辅助设计（CAD），都能在另一方直接生产出来，包括工艺品、衣服、人体器官，甚至房屋、卫星等。这种生产模式被称为现代数字制造、数字生产、数字工业。欧洲空间局投资 2000 万欧元，在欧洲四个国家设立了代号为"AMAZE"的研究项目，使 3D 打印机直接打印纳米金属材料，并声称将用该项技术建造月球基地。

美国总统奥巴马不仅仅将 3D 打印机作为一种产品，而且将其作为未来的新型工业生产模式，纳入美国新型制造业发展战略计划之中。2012 年 10 月，美国政府正式宣布"国家增材制造创新机构"成立，由美国国家国防制造与加工中心（NCDMM）负责，并在俄亥俄州和宾夕法尼亚州交界的扬斯敦小城创立了"美国国家增材制造业创新学院"，包括通用电气、波音公司等 85 家公司，宾夕法尼亚州立大学、扬斯敦州立大学等 13 个研究型大学，宾夕法尼亚大学技术学院等 9 个社区学院和 18 个非营利机构，力图创建"智能制造"的框架和方法，允许生产运营者实时利用来自全数字化工厂的"大数据流"。美国总统直接参与科研，直接操控新型数字生产。未来，随着太赫兹技术、纳米技术、DNA 生物技术的应用，3D 打印机打印的不再仅仅是玩具，而是人类吃穿住行的所有物品。3D 打印就是一座工厂。

数字化，使通信没有了信笺的痕迹，使工厂没有了人的痕迹，使生产没有了工厂的痕迹。从数字技术诞生那一刻开始，人类世界就进入了新的时代。信息科技在改变人类思维过程中也逐步改变人类交流与交往的方式。从信息科技根本上改变人类的生产生活方式的那一天起，被称为"数字鸿沟"的分水岭将人类文明一分为二，进入数字时代的被称为现代化，没有跨越鸿沟的被称为落后。中国汉字曾经因为无法被计算机识别而使中华民族被西方国家划归"再一次被现代化抛弃的民族"。今天，通信、购物、交流交往都进入了数字时代，若传统文化没有全部数字化，这意味着中国面临被现代化抛弃的挑战。

（二）文化数字化对文化的深刻影响

阿尔温·托夫勒在《第三次浪潮》中描绘过数字时代的特征："社会进步不再以技术和物质生活标准来衡量，而以丰富多彩的文化来衡量。"尽管数字时代信息技术对人类的生产生活产生了极其深刻的影响，使人类进入数字生产、数字消费、数字生活的新模式，但就数字技术对人类的本质影响而言，影响最深刻的是"人类文化"——它不仅改变了文化的创作生产方式、传播消费模式，同时也从根本上改变了文化的表现形式，使文化更加丰富多彩。

1. 数字媒体

从严格意义上说，数字媒体是数字时代的文化新业态，也被称为"网络文化"或"新媒体"。在媒体界被称为继纸介媒体、广播、电视之后的"第四媒体"。

网络新闻是网络文化的最初形式。今天的网络新闻不仅仅包括门户网新闻和政务网新闻，源于个人终端的自媒体新闻，因其及时性和广泛性，正在呈现别样的新闻魅力，不仅吸引了新的一代人，而且也促进了传统新闻采播方式的变革。

今天，文学、电视、广播、音乐、戏剧、出版、游戏……几乎所有曾经有过的文化形式，都涌现于互联网。互联网文化呈现的不仅是各类文化的表现形式，图书馆、博物馆、美术馆、影院、剧院等公共文化场所也因数字时代而网络化。

尽管今天的网络文化远不能与传统文化艺术相媲美，但基于数字文化的网络文化，从出生到成长，再到成熟完美，快速发展并显现出强大的生命力。网络电视因其技术呈现的魅力，正在对数字电视产生严峻的挑战。

2. 数字出版

数字出版建立在数字印刷技术的基础上。自从王选的汉字激光照排技术应用以来，传统汉字出版物开始了全面的数字化印刷转型。

1975 年，我国开始了"汉字信息处理系统"研究，从对计算机汉字识别、汉字字库、汉字输入、汉字照排的研究，到基于字形和笔画的汉字参数数字化、激光汉字编辑排版系统和彩色出版系统的构建，整个印刷业的变革都是汉文字的数字化变革。直到 1995 年，才开创性地实现了传统印刷业的数字化——机器读懂了文字，实现了业界称为"告别铅与火，走向光与电"的印刷革命。

正是因为文字数字化、图片数字化和色彩数字化的实现，出版物才从纸介质转向数字媒体，实现真正意义上的数字出版。如果说数字印刷解决了数字出版内容的数字化，那么数字出版技术则是在内容数字化的基础上电脑智能技术和网络技术的进一步应用。

编辑软件为数字出版提供了智能化平台，ERP 信息处理系统从根本上改变了传统意义的编辑工作，建构了平台化策划编辑网络环境。编辑软件和 ERP 技术应用，无论是样式、格式、版式，还是内容采编，软件编辑的自动化和智能化都极大地提高了设计、策划、编辑的效率。正是内容的数字化和印刷出版技术的数字化，才使今天的阅读媒介出现了丰富多彩的数字媒体终端。电子书不仅改变了出版方式，也改变了人们的阅读方式。如果没有出版物的数字化，便不可能产生"按需出版""跨媒体出版"和"数字信息库出版"的变革。

数字出版从根本上使文字、图片成为机器语言，使电脑成为传统出版业不可分割的一部分，于是才有了今天的数字印刷、数字出版、数字发行。

3. 数字电视

继印刷出版的数字化以后，广播电视的数字化是转型升级的第二大文化行业。从拍摄系统的数字化，到制作编辑系统的数字化，再到有线数字电视的网络建设，广播电视基本实现了全系统、全过程的升级换代。尤其是数字化技术带来的高清电视制播系统升级，经历了逐级换代。"数字电视"基本上涵括了数字电视系统的全部内容，从信源编码、多路复用压缩调制，到信道编码、机顶盒的解调、解复用、解压缩、数模转换，再到电视机的播放，节目的采集拍摄、编辑制作、存储、播出从设备到技术走过了全面的数字化过程。正是因为电视技术的数字化，才有了卫星数字电视、空间数字电视、有线数字电视传播渠道的多样化和电视频道的激增，也才有了电视观众从被动接受到主动参与的智能化。数字电视的本质，反映了机器不仅读懂了人类的文字语言，而且能够解析图像和色彩，并将电脑的智能化应用于创作、生产、传播全过程。

广播电视技术从 20 世纪初成为独立的文化行业，到 20 世纪末的世界性数字化转型升级，经历了近一个世纪。根据我国官方发布的时间表，2015 年才能全部实现模拟电视向数字电视的过渡，这比发达国家的转型晚了约 20 年。

4. 数字电影

电影业的数字化从后期特效制作开始，到电影母版的数字化、电影院线的数字化、电影院的数字化，最后到电影体验和消费的数字化。2004 年我国广电总局发布《电影数字化发展纲要》，提出要与全球同步实现电影的全面数字化。

从无声黑白到有声电影，再到彩色电影、宽荧幕、Imax 和 3D，电影技术在各个时代的新技术推动下，不断创新。数字技术应用于电影业之前，不断推陈出新的 16mm、35mm、70mm 胶片，呈现出高清晰度大屏幕的追求趋势。但胶片拍摄、后期制作的复杂性和高成本，严重制约了电影完美体验的发展。直到数字技术应用于电影技术之中，胶片开始退出历史舞台。数字电影从 2004 年的 1.3K 开始向 2K 过渡，今天普遍达到 2K（2048×1080 像素），4K（4096×2160 像素）高清电影技术也开始进入了市场，电影带给了人们前所未有的真实感受。今天电影院里高质量的 Imax 和 3D 立体电影，都应归功于电影数字化技术。没有 4K 高清数据的制作和播放技术，仅靠传统意义上的胶片技术很难实现。

今天，8K 实验室技术已经能够实现 360 度全立体穹幕电影的播放。未来，随着数字技术的发展、数字电影技术的不断创新和现实技术的应用，数字电影的感染力和现实体验将呈现更大魅力。

5. 数字艺术

美术、舞蹈、音乐是艺术的三大基本要素。文化数字化进程最后才波及传统艺术本身，从音乐数字化、美术数字化、舞蹈数字化，到戏剧、戏曲等舞台艺术数字化。

动漫技术起源于中国，发展于日本。今天的动漫技术作为最初的艺术数字化形态，已经远非最初动漫技术的含义。动画技术早在1892年就开始应用于漫画之中，产生漫画的动作效果。数字化技术应用于漫画制作以后，数字动漫开始出现，不仅极大地提高了动漫的制作水平，也为动漫质量的提高和多样化发展提供了可能。然而，漫画作为美术的一个品种，数字化动漫技术却始终没有带来美术业态的转型升级。2010年上海世博会上，北京水晶石数字科技股份有限公司展出了一幅动态《清明上河图》，引起观众极大兴趣，也引发了业界的震动。至此，数字化和动作化技术开始向传统美术业渗透，启蒙了美术数字化。然而，今天的美术数字化，无论是资源的数字化，还是绘画的新技法、新工艺，都尚未开始。色彩与线条也没有形成真正意义上的电脑语言，电脑既读不懂美术，也无法提供美术业态的智能化服务，甚至构图的检索也无法完成。以书法、国画、油画、雕塑、工艺品为主的美术业态，依然遵循传统技艺准则，美术业至今没有意识到"电脑"对艺术本身的意义和作用。

音乐的数字化最初从音乐存储介质和数字播放设备开始，直到今天基于网络的硬盘数字音乐数据库，都基于音乐的数据格式存储技术，并由此诞生了数字音乐。数字五线谱和迷笛系统的应用，使得数字音乐的创作生产和传播、播放很快进入数字化体系。然而，在文化数字化的进程中，音乐的数字化并没有在真正意义上实现电脑识别和交互。因为音乐并没有成为电脑语言，人类音乐艺术对电脑的应用依然停留在技术层面。尽管语音和语言的识别技术已经接近成熟，但对音乐的识别和智能检索至今没有实现。

比起音乐和美术，舞蹈的数字化更是一次迟到的数字化进程。人类肢体的仿真系统已经成熟，但舞谱的标准化瓶颈，使得整个舞蹈艺术的电脑识别和互动至今没有任何进展。

正是因为艺术要素的数字化进程缓慢，舞台艺术的数字化至今依然停留在舞台设备与舞台系统的数字化层面。舞台灯光、舞台音响、舞台机械、舞台监督，以及舞台音视频技术的应用，都已经形成了完整的数字化系统，甚至数字系统的集成和智能化运行也开始了新的创新。但实现舞台艺术与电脑的互动，或者依托电脑实现舞台艺术工程的创新，却并没有数字生产和数字商业那么发达。文化艺术领域对数字化的感知依然非常迟钝。

数字化技术使工业、商业及人们的交流、交往、生活正在发生本质上的改变，形成了事实上的数字文化；数字化技术对文化艺术的影响也开始涉及实质性改变，形成了事实上的新型文化业态，传统文化也因此悄然变化。人类从生产物质向生产智慧的转变，无论从社会学角度，还是从人类学角度，都对文化产生了意想不到的深刻变革。

（三）国内外文化数字化政策与工程现状综述

数字化技术起源于计算机，从机械计算机到电子计算机，再到数字化计算机，原型都起源于美国。因而，数字化技术所伴随的数字文化，从创造意义上讲，是一种美国文化。

数字化技术在文化艺术领域的应用，并不仅集中于美国，世界各科技领先国家都有，日本的文化科技研发对世界的影响和贡献体现明显。日本动漫技术的研发，根本上改变了起源于中国的动漫表现形式和动漫制作生产方式，引领了世界性动漫产业的发展。日本五线谱的数字化及迷笛系统研发，从根本上改变了音乐产业的发展模式。

近年来，随着大数据技术热和数字内容产业的重要性彰显，文化资源数字化技术呈现新兴科技的国际竞争。

1. 国外文化资源数字化

（1）美国

美国在数字技术上处于世界领先水平，在对本国文化遗产进行数字化的同时，也开发世界其他文明的遗产，作为其展现最新技术的内容载体。

① "American Memory" 计划。美国推出的 "American Memory" 计划旨在让全美各个机构共享国会图书馆丰富的馆藏资源，它将主要的历史档

案资料，不经过编辑，直接转换为数字化格式，提供给研究者、学者或一般读者。[①] 其宗旨就是要"通过互联网提供免费、公开获取的书面与口头文字、音频记录、静态和动态影像、印刷品、地图、乐谱等记载美国印象（American Experience）的各种资源……并作为教育和终身学习的资源为公众服务"。该项目于 2000 年完成了对美国图书、手稿、音乐、照片、影像、艺术图片等 500 万件历史档案资料的数字化格式的任务，并通过互联网免费提供 80 个主题资料库的检索。[②] 截至目前，已经完成 900 万份历史文件的数字化建设任务，并能够提供美国黑人历史、妇女运动史、广告、宗教、民间文学等 100 多个主题资料库的免费检索与浏览，集中反映了美国 200 年来的历史遗产和文化。[③]

②"数字图书馆首创计划"。1994 年，美国国家科学基金会正式公布了一项为期 4 年、投入 2440 万美元的"数字图书馆首创计划"。同年 10 月，美国国会图书馆推出数字化项目，将该馆馆藏逐步实现数字化，并领导与协调全国公共图书馆与研究图书馆，将其收藏的图书、绘画、手稿、照片等转换成高清晰度的数字化图像并存储起来，通过互联网供公众使用。[④]

（2）欧盟

欧洲的文化遗产数字化主要体现于博物馆和美术馆的数字化工程。大体经历四个阶段：第一阶段是 CD - ROM 形式阶段；第二阶段是利用低速网络通信技术和 Web 形式建立网络虚拟博物馆；第三阶段是综合运用虚拟现实和 QTVR 等技术使虚拟博物馆更成熟和完善；第四阶段是现阶段，朝着利用高速宽带网络技术方向发展。

2010 年，欧盟委员会出台《欧洲 2020 战略》，把"欧洲数字化议程"确立为欧盟促进经济增长的旗舰计划之一，并发布了 3 项任务，即智慧型增长、可持续增长和包容性增长。该战略指出，智慧型增长意味着要强化

---

① 王耀希：《民族文化遗产数字化》，人民出版社，2009，第 38 页。
② 卓么措：《民族文化数字化保护与传承研究》，《兰台世界》2012 年第 12 期。
③ The Library of Congress. American Memory form the Library of Congress，http：//memory. loc. gov/ammem/index. html，2011 年 4 月 15 日。
④ 罗彦、蒋淑君：《数字时代的文化基因重组——我国文化遗产数字化现状与未来发展》，《科技进步与对策》2004 年第 9 期。

知识创造和创新，要充分利用信息技术。[①] 2011 年，欧盟委员会提出建议，希望各成员国进一步努力共享资源并动员私人力量做好文化资源的数字化工作，以使更多人能够通过欧洲数字图书馆接触到欧洲文化作品，从而了解和认知欧洲的文化遗产，并通过此项目促进欧洲创意产业的成长。

①"内容创作启动计划"。欧盟的"内容创作启动计划"将文化遗产数字化作为基础。法国完成了国家图书馆自有藏品中许多艺术精品的数字化，其数字资料的存储量已超过 3TB。成功的案例有罗浮宫数字化项目、数字化米开朗琪罗计划、罗马大剧场数字化项目等。法国虚拟罗浮宫实现了对博物馆展室的虚拟漫游，2004 年实现 12 万个馆藏品的在线传播。[②]

②欧洲文化遗产在线。欧洲文化遗产在线（European Cultural Heritage Online），简称 ECHO，由欧盟委员会赞助，由德国、荷兰、瑞典、意大利等欧盟 9 个国家的 16 个研究机构组成，其目标是为大众和科研人员提供能够自由获取的欧洲文化遗产，并鼓励用户共同参与和分享。它由现状研究、技术发展基础结构、内容供应、AGORA 网络建设、A-GORA 管理结构和传播与开发 6 个部分组成，并且根据这些理论和结构建成了 5 个研究实例，涉及艺术史、科学史、语言学习、社会文化和人类学等方面。[③]

③欧洲数字图书馆。2005 年，法国、波兰、德国、意大利、西班牙和匈牙利 6 国领导人呼吁建立欧洲数字图书馆。2005 年 6 月 1 日欧盟委员会在通过的《2010 年欧洲信息社会战略》中提出建立欧洲数字图书馆，重点在文化遗产和科技信息两个领域。在文化遗产领域，使欧洲各国图书馆、档案馆和博物馆的收藏实现在线联机，让这些资料为工作、研究和休闲娱乐服务；在科技信息领域，使其成为创新的重要驱动力，成为"2010：欧洲信息社会动议"的组成部分。2007 年 9

---

① 朱晓云：《法国文化数字化有大动作》，《中国文化报》2010 年第 3 期。
② 卓么措：《民族文化数字化保护与传承研究》，《兰台世界》2012 年第 12 期。
③ 许哲平：《从欧洲文化遗产在线（ECHO）看我国非物质文化遗产数字化建设》，《中国文物报》2007 年第 8 期。

月，欧洲议会投票通过创建欧洲数字图书馆的提案。欧盟委员会承诺在 2009 年至 2010 年拨款 1.2 亿欧元，用于改进欧洲文化遗产的在线联机。[①]

（3）法国

法国对文化资源的数字化极为重视，早在 1986 年，奥尔赛美术馆就成功地将 3.5 万张珍藏品进行了数字化再现。现在法国美术馆联盟（RMN）已经利用数字化技术收藏了 50 万张美术作品。[②] 法国国家图书馆实施的数字化项目——"加利卡"（Gallica），到 2003 年已经完成了 14 世纪法国古籍中的 1000 幅插图和历史事件介绍、有关查理五世的文献，以及从中世纪到 20 世纪初的藏品的数字化，包括：书刊 816 万种（从中世纪到第一次世界大战的文献）；静态影像 30 万幅（以中世纪图书中的彩色插图为主）；法国游历 5000 多款目。[③]

2010 年 9 月，法国启动了"文化数字化"工程，总预算为 7.5 亿欧元，其中 75% 用于项目投资，25% 用于资助部分科研计划。该工程启动后，面向图书出版、音乐、电影、音像、摄影、图片、电子游戏等文化产业领域的各类企业、协会、公立和私营机构以及个人广泛征集项目，其内容包括：在丰富数字化产品供应方面，针对 20 世纪的有版权保护但已退出市场的 50 万本图书的数字化工程；加大对法文电影的修复和数字化处理，并建立汇集 3000 部法文影片的视频点播平台。[④]

目前，法国在文化遗产与文化创新、文化产品开发方面，建立了交互式统一数字平台，创建了囊括法国所有免费及收费数字影视资源的门户网站。在促进创新服务模式的研究与开发方面，对所有有助于文化产业各领域适应并应用数字化技术的基础性研究项目进行资助，包括文化内容数字化转换技术、数据压缩技术、识别技术、索引搜索技术、存储技术、版权保护等。

---

① 李伟坤：《欧委会呼吁加快欧洲文化数字化进程》，《中国文化报》2009 年第 6 期。

② 罗彦、蒋淑君：《数字时代的文化基因重组——我国文化遗产数字化现状与未来发展》，《科技进步与对策》2004 年第 9 期。

③ 张艳霞等：《国外图书馆数字化的发展与思考》，《四川图书馆学报》2004 年第 4 期。

④ 朱晓云：《法国文化数字化有大动作》，《中国文化报》2010 年第 3 期。

（4）英国

英国的公共图书馆、博物馆、档案馆以及相关的公共文化组织与协会参与非物质文化遗产数字化保护积极性很高。著名的英国泰特在线网①是由泰特英国美术馆、泰特现代美术馆、泰特利物浦美术馆和泰特圣艾富思美术馆联合创办的展示英国传统古典音乐、现代音乐及利物浦地方音乐的在线数据库，为人们研究、了解、欣赏英国音乐提供了集成化资源获取路径。英国沃里克郡移动图书馆与英国移动博物馆古物项目合作将博物馆的展品展现给移动图书馆的读者，推动了当地考古学研究，向读者介绍了当地的博物馆和档案馆服务，提高了非物质文化遗产数字化服务的水平。②

（5）意大利

由于历史的原因，意大利大部分文化遗产和非物质文化遗产都保存在私人及教会手中，这种分散式的遗产收藏给非物质文化遗产的管理和开发利用带来了相当大的难度。为了加强对非物质文化遗产资源的信息共享，意大利中央政府特别设立了目录及档案材料中央学会、意大利图书馆统一目录及图书目录学情报中央学会、图书修补中央学会等。这些学会开展的非物质文化遗产资源的登记、整理等书目控制工作，为意大利非物质文化遗产数字化工作带来了极大的便利。意大利数字图书馆门户与文化旅游网（The Italian Digital Library Portal and Cultural – Tourist Network）是该项目最终的成果和服务平台。该网站能够提供基于图书馆、档案馆以及其他文化机构的数字或传统文化资源的集成获取系统，能够将文化遗产的可获取性提升至国家乃至国际水平。③

（6）日本

日本最知名的数字博物馆计划是由 IBM 东京研究所与日本民族学博物馆合作的"全球数字博物馆计划"，该计划的主要内容是支持对不同数字典藏资料的网络检索，支持交互式的网络浏览、编辑以及博物馆的教育功能。④

---

① http：//www.tate.org.uk.

② 谭必勇、张莹：《中外非物质文化遗产数字化保护研究》，《图书与情报》2011 年第 4 期。

③ 谭必勇、张莹：《中外非物质文化遗产数字化保护研究》，《图书与情报》2011 年第 4 期。

④ 王耀希：《民族文化遗产数字化》，人民出版社，2009。

日本奥兹大学对日本奥兹地区的活态文化遗产狮子舞实施了数字化保护工程。[①] 日本的凸版印刷公司为文化遗产数字化做了许多工作。通过虚拟现实、3D 等技术将日本国内著名的国画家、油画家的全部作品予以数字化处理；复原京都古时的街市风貌；复现、保存鉴真和尚和唐招提寺等。[②]

近年来，日本国立国会图书馆也积极将馆藏非物质文化遗产资源数字化，形成了相关的非物质文化遗产数据库，包括：①贵重图书图像数据库（2000 年 3 月上线）。该库建立了日本江户时代，即 19 世纪前所出版的日文及中文古籍 193 件、浮世绘 505 件的图像数据库。截至 2002 年 10 月，收录数量为 31000 件。该库基于 DUBLIN CORE 格式建成，发布的图像分为小图标、中等分辨率图和高分辨率图，下载速度快，图像质量优良，说明文字简明扼要。此外，在该网页的电子展览会上，还公开了"数字式贵重图书展览会"和"世界中的日本"两个项目。②日本年历（2002 年 10 月上线）。该资源库是有关日本历史和文化的介绍，受"美国记忆"启发设置的，适合大众浏览。该类资源库今后将统一整合到"日本之记忆"中。[③]

（7）加拿大

近年来加拿大图书馆、档案馆普遍采用了合并的发展战略，在非物质文化遗产数字化保护方面发挥了越来越重要的作用。成立于 2004 年的加拿大国家图书档案馆（Library and Archives Canada，LAC）在非物质文化遗产数字化建设方面的贡献主要体现在建立了不少非物质文化遗产资源库，包括：加拿大铁路史（Canada by Train）、诗歌档案库（Canadian Poetry Archive）、葛伦·顾尔德档案库（The Glenn Gould Archive）、家谱与家族史（Genealogy and Family History）、加拿大影像（Imagine Canada）、虚拟留声机（The Virtual Gramophone）等。[④] 加拿大一些地区的公共图书馆、档案馆、博物馆也开展了相关的非物质文化遗产数字化保护合作。例如，2004

① 卓么措：《民族文化数字化保护与传承研究》，《兰台世界》2012 年第 12 期。

② 罗彦、蒋淑君：《数字时代的文化基因重组——我国文化遗产数字化现状与未来发展》，《科技进步与对策》2004 年第 9 期。

③ 张志清：《日本国立国会图书馆的古籍建设和服务》，http//www.nlc.gov.cn/service/wjls/pdf/09/09_14_a9.pdf，2011 年 4 月 17 日。

④ 谭必勇、张莹：《中外非物质文化遗产数字化保护研究》，《图书与情报》2011 年第 4 期。

年加拿大安大略省乔治娜市公共图书馆同当地档案馆和博物馆合作，将原始资料电子化，并在加拿大全国展览会上设立了展位，命名为"播种遗产种子"。

2. 我国文化资源数字化

（1）国家政策与规划

我国的文化发展战略越来越重视文化资源的数字化，《国家"十二五"文化改革发展规划纲要》（以下简称《纲要》）对文化数字化建设做了规划。

《纲要》第四部分第三条提出："实施文化数字化建设工程，改造提升传统文化产业，培育发展新兴文化产业。支持电子信息产业研究开发内容制作、传输和使用的各类电子装备、软件和终端产品，支撑文化产业发展。"文化数字化建设工程包括如下内容。

文化资源数字化：完成红色历史文化资源的数字化修复与整理，完成广播电台存留音频资料、新闻纪录片、电影档案硬盘、国产硬盘的数字化修复和保存，完成中华字库工程，加快国家知识资源数据库、全国文化遗产数据库、老唱片数字资源库等建设，加快数字图书馆、数字博物馆、数字美术馆、少数民族文化资源数字化建设。

文化生产数字化：发展数字影视制作，加快发展电视节目制播高清化。发展数字出版，完成数字复合出版系统、数字版权保护技术研发工程，建立数字内容生产、转换、加工平台，形成覆盖网络、手机以及适用于各种终端的数字出版内容供给体系。发展动漫、网络游戏，实施国产动漫振兴工程，重视印刷、复制、装备制造业的自主研发，发展数字印刷技术。

文化传播数字化：加快有线电视网络数字化、双向化改造，加强下一代广播电视网（NGB）建设；加快移动多媒体广播电视覆盖和地面数字电视覆盖；加快电信宽带网络建设，完善国家数字图书馆建设和推广；加快推进出版物发行数字化改造，建设规模化数字出版物投送平台。

文化呈现数字化：发展电子阅读及有声阅读，开展电子书包实验，培育以3D立体显示技术为核心的立体视觉产业。

数字化新媒体：《纲要》第七部分第二条强调要加强新兴媒体建设。"认真贯彻积极利用、科学发展、依法管理、确保安全的方针，加强互联网等新兴媒体建设，鼓励支持国有资本进入新兴媒体，做强重点新闻网站，形成一批在国内外有较强影响力的综合性网站和特色网站，发挥主要商业网站建设性作用，培育一批网络内容生产和服务骨干企业。打造一批具有中国气派、体现时代精神的网络文化品牌。引导网络文化发展，实施网络内容建设工程，推动优秀传统文化瑰宝和当代文化精品网络传播，制作适合互联网和手机等新兴媒体传播的精品佳作，鼓励网民创作格调健康的网络文化作品。广泛开展文明网站创建，推动文明办网、文明上网，督促网络运营服务企业履行法律义务和社会责任。加强对社交网络和即时通信工具等的引导和管理，规范网上信息传播秩序，培育文明理性的网络环境。依法惩处传播有害信息的行为，深入推进整治网络淫秽色情和低俗信息专项行动，严厉打击网络违法犯罪。加大网上个人信息保护力度，建立网络安全评估机制，维护公共利益和国家信息安全。加强外文网站及海外本土化网站建设，增强对外展示传播中华文化的能力。推动下一代互联网建设，积极发展与三网融合相关的新技术新业务。"

（2）研究项目与工程

我国除了在文化战略制定上重视文化数字化建设外，近年来也开启了与文化资源数字化有关的工程与技术研究。

①国家数字图书馆工程。国家数字图书馆工程的目标是，建设以各种中文信息为主的资源库群，改善互联网上中文信息匮乏的状况，形成中华文化在互联网上的整体优势。国家图书馆累计全文影像已达1.1亿万页，音频数字转换的音乐超过50万首；对无法永久保存的老电影档案和影像资料，经抢救性数字化修复已达1600多部。

②全国文化信息共享工程。文化信息共享工程是应用现代科学技术，将中华优秀文化信息资源进行数字化加工并整合，通过工程网络体系，以互联网、卫星、光盘、移动存储、镜像、有线电视、数字电视网等方式，实现优秀文化信息资源在全国范围内的共建共享。其定位是建立中华文化数字资源中心，整合图书馆、博物馆、美术馆、艺术院团的文化资源，提供良好的服务平台，形成互联网上中华文化信息资源的整体优

势。宏观目标是要完成以"百万册（件）文献共建"与"四个一优秀作品"为核心的数字资源建设，涵盖文献、地方剧目、音乐作品、美术作品、珍贵文献等。实现建立文化门类齐全的数字资源库、海量的文化信息基础素材库。①

③敦煌艺术数字化保护。1993 年我国开展了敦煌壁画计算机存储与管理系统研究。1994 年启动国际敦煌项目，主要目标是建立一个虚拟的敦煌藏经洞。1997 年与浙江大学 CAD&CG 国家重点实验室合作，承担了"多媒体与智能技术集成及艺术复原"的国家项目，提出了壁画临摹技术和壁画色彩渐变技术，开发并实现了敦煌莫高窟虚拟参观旅游系统、敦煌壁画辅助临摹与修复系统及计算机辅助石窟保护修复系统；进行了"民间表演艺术的数字化抢救与开发的关键技术研究"以及一系列基于书法和国画的书写识别和鉴定项目，申请了计算机辅助进行书法作品真伪鉴别的方法等专利。1998 年底敦煌研究院与美国西北大学共同开展"数字化敦煌壁画合作研究"项目，进一步拓展有关敦煌壁画的计算机数字化研究。②

④龙门石窟数字化。根据场景的不同尺寸和对扫描模型精度的不同要求，选择不同类型的扫描仪实现了龙门石窟擂鼓台区外对立面、洞窟、圆雕大日佛、洞窟中小佛像、饰物三维模型的建立，通过三维模型投射出二维图像的方法来制作精确线图，同时利用数字技术进行文物的拼接修复。

⑤故宫博物院数字化。故宫博物院和日本凸版印刷株式会社合作，建立专门的研究所，采用三维图形技术和虚拟现实技术对采集到的古建筑数据进行整合，建设了古建筑的三维数据库，并利用虚拟现实技术构建了从天安门至太和殿在全盛时期的场景，并且在引导观众欣赏古建筑艺术的同时，对它的文化内涵做出解释。③

---

① 富平：《全国文化信息共享工程资源建设与图书馆数字资源建设》，《国家图书馆学刊》2003 年第 4 期。

② 罗彦、蒋淑君：《数字时代的文化基因重组——我国文化遗产数字化现状与未来发展》，《科技进步与对策》2004 年第 9 期。

③ 徐虎：《数字化的故宫》，《中国文化遗产》2004 年第 3 期。

⑥兵马俑数字化。对秦兵马俑的数字化技术运用，主要是将虚拟化技术用于兵马俑坑和兵马俑文物的展示。通过全景摄影、三维扫描和虚拟三维场景技术，设计和实施兵马俑的"虚拟环游"场景。2007年中德文物保护科技合作成就展开发计算机数字化多媒体展示，以秦俑博物馆网站对文物遗址的全景展示为契机，将全景摄影技术应用于秦兵马俑遗址与文物的数字化保存与展示。2006年，秦兵马俑博物馆与西安四维航测遥感中心合作完成了秦俑二号坑棚木遗址的三维数字建模。采用数据采集等方式和流程，用三维激光扫描系统进行扫描，建立起精度达毫米级的三维数字模型，这一项目实现了文物遗迹信息的数字化存储保护与展示，研究人员可以在虚拟环境中再现或真实重现遗址建模时的状况，使再现遗迹和重建遗址成为可能。以三维全景摄影和物体三维扫描这两种形式构建的虚拟三维场景能高质量、逼真地表现文物遗址和文物的三维空间。采用三维激光扫描技术对文物遗址和文物进行空间建模，可作为精确的数字化考古信息保存，以便用于研究与展示工作。①

⑦楚文化编钟乐舞数字化技术研究。通过数字化技术对楚文化的文化空间和文化活动进行动画模拟与再现，使用三维扫描、三维建模技术对编钟、青铜工艺品、建筑等进行三维模型重建，对已经褪色的图像和文化的表面纹理进行图像复原。通过动作捕捉技术，从楚舞演员身上采集具有楚风格的动作信息，赋予人物模型；合并场景生成舞蹈动画，合成编钟乐曲；利用VRML技术建立一个交互式的文化展示平台。编钟乐舞是集音乐、舞蹈于一体的综合艺术，数字化技术的最终目标是实现一个多媒体的虚拟编钟乐舞场景效果，在对现有编钟乐曲、舞蹈动作进行了大量分析的基础上，将乐曲分解为声音流片段和单位音频信号；将舞蹈动作分解为动作序列和单个动作，建立声音库和动作库。通过对原有编钟乐曲、舞蹈的剖析、分解和规则的研究，创造出新的符合编钟乐舞特征的乐曲和舞蹈动作，实现数字化要求。在此基础上更进一步建立声音与动作之间的对应模式，设计出基于人工智

---

① 霍笑游、孟中元、杨琦：《虚拟现实——秦兵马俑遗址与文物的数字化保护与展示》，《东南文化》2009年第4期。

能和舞蹈艺术的智能决策系统，使特定音乐驱动的音控智能编钟乐舞得以实现。编钟乐舞的数字化任务主要包括：声音资料采集，舞蹈动作的捕捉，基于统计学的乐曲、舞蹈的分解，基于声学原理的声音片段的重组，基于人体力学的舞蹈动作的创新，以舞蹈艺术和人工智能理论为指导的智能决策系统的开发。[①]

二 数字媒体的发展趋势

数字媒体作为数字时代的新型文化业态，是信息技术革命的文化产物。正如电力技术革命产生了电影文化业态，电子技术革命产生了广播电视文化业态一样，信息技术革命诞生了新型媒体，无论称之为网络文化还是新媒体，都是区别于传统任何文化业态的新型业态。每一次科技革命，都是一次文化创造；每一次科技进步都会诞生新的文化形式和文化形态。

（一）数字媒体技术发展趋势

新媒体技术是依托数字技术、网络技术、移动通信技术、GIS 技术、遥感技术等而形成的新的传媒技术。按照信息传播过程可分为信息采集与识别技术、存储技术、处理技术、传输技术、呈现技术，基本与文化科技的文化资源采集与识别技术、创作技术、生产技术、传播技术、消费技术相对应。新媒体的存储技术与处理技术建立在计算机技术基础上，所有文化领域的存储技术和处理技术与计算机技术进步同步。因此，本报告主要从信息采集识别技术、传输技术、呈现技术三方面概述前沿的新媒体技术发展及应用现状。

1. 信息采集识别技术

（1）二维码识别技术

二维条码（QR Code）是 DOI（Digital Object Unique Identifier，数字对

---

① 杨程、孙守迁、苏焕：《楚文化保护中编钟乐舞的复原与展示》，《中国图象图形学报》2006 年第 10 期；邵末、张倩、孙守迁：《面向编钟乐舞的动作捕捉技术的研究》，《系统仿真学报》2003 年第 3 期。

象唯一识别符）的一种，用特定的几何图形按一定规律来记录数据符号信息。一维条码用宽度记载数据，而其长度没有记载数据；二维条码的长度、宽度均记载数据。二维条码有一维条码没有的"定位点"和"容错机制"。容错机制使其在即使没有辨识到全部的条码或是条码有污损时，也可以正确地还原条码上的资讯。全球最大的二维码资源中心"渡云"，为全球用户统一提供了"唯一数据样本"的物品、人员、组织二维码识别信息。

二维码主要应用的项目可分成四类：

①自动化文字传输：通常应用于文字的传输，利用快速方便的模式，让人可以轻松输入地址、电话号码等，进行名片、进程数据等的快速交换。

②数字内容下载：通常应用于电信公司游戏及影音的下载，在账单中打印相关的二维码信息供消费者下载，消费者通过二维码的解码，就能轻易链接到下载的网页，下载需要的数字内容。

③网址快速链接：以提供用户进行网址快速链接、电话快速调用等。

④身份鉴别与商务交易：许多公司现在正在推行二维码防伪机制，利用商品提供的二维码链接至交易网站，付款完成后系统发回二维码当作购买身份鉴别。在消费者方面，有些企业也开始提供商品品牌确认服务，通过二维码链接至统一验证中心，以核对商品数据是否正确，并提供生产履历供消费者查询，使消费者能够更明白商品的信息。这除了能够杜绝仿冒品外，对消费者的购物行为也多了一层保护。

基于遥感定位技术和色彩体系的三维码、多维码技术也开始从实验室走向实际应用。食品的可追溯系统应用了遥感定位信息，开始建立我国食品安全三维码标准体系。

无论是条形码还是图形码，基于线条图案的计算机唯一识别符，是计算机与人类创造的图形语言的交互语言。美术、电影、电视都是基于图形的文化艺术形式，二维码和多维码识别技术的应用，有助于基于图形的文化艺术采集识别技术的进步。

（2）指纹识别技术

指纹识别技术（Fingerprinting），是指把一个人同他的指纹对应起来，将他的指纹与预先保存的指纹进行比较，验证他的真实身份。每个人的皮肤纹路（包括指纹在内）在图案、断点和交叉点上各不相同，也就是说，是唯一的，并且终生不变。依靠这种唯一性和稳定性，我们才能创造指纹识别技术。目前的指纹识别基于三种技术：光学技术、半导体硅技术、超声波技术。

目前指纹主要应用于以下领域：

①以指纹模块为应用核心的考勤机、门禁、锁具类市场；

②以指纹认证平台为应用核心的软件信息化系统市场；

③以与计算机相关产品为应用核心的指纹数码、存储产品；

④银行内控、驾校培训、社保医疗等行业市场；

⑤指纹支付、汽车指纹防盗、指纹网银认证、指纹 IC 卡等新领域。

指纹技术是计算机识别个体的技术之一，或者说，所有与具体个人有关的对象数据，计算机都可以通过指纹采集予以识别。从文化角度出发，计算机指纹识别技术的应用，意味着电脑不仅懂得人类文字，也懂得人类指纹特征。这是计算机介入人类活动的重要沟通工具。我国在艺术品备案系统中对此也开始了尝试性应用，通过艺术家指纹库或鉴定师指纹库，建立艺术品与指纹库的人机对话。

（3）人脸识别技术

人脸识别（Human Face Recognition），特指以分析比较人脸视觉特征信息进行身份鉴别的计算机技术。人脸识别是热门的计算机技术研究领域，属于生物特征识别技术，是通过生物体（一般特指人）本身的生物特征来区分生物体个体。

人脸识别技术现今主要用于：

①企业、住宅安全和管理。受安全保护的地区可以通过人脸识别辨识试图进入者的身份。如人脸识别门禁考勤系统、人脸识别防盗门等。

②电子护照及身份证。公安部正在加紧规划和实施中国的电子护照计划。

③公安、司法和刑侦。比如利用人脸识别系统和网络，通过查询目标人像数据寻找数据库中是否存在重点目标基本信息，在全国范围内搜捕逃犯。

④网络自助服务。比如利用人脸识别辅助信用卡网络支付，以防止非信用卡持有者使用信用卡等。

⑤信息安全。比如计算机登录、电子商务和电子政务系统。电子商务中交易全部在网上完成，电子政务中的很多审批流程也都上网办理。当前，交易或者审批的授权都是靠密码来实现，如果密码被盗，就无法保证安全性。但是如果使用生物特征，就可以做到当事人在网上的数字身份和真实身份相统一，大大增强电子商务和电子政务系统的可靠性。

人脸识别与指纹识别一样，都是计算机识别个人具体特征的重要工具。人脸识别技术在文化艺术领域的广泛应用，将更加有助于人机联系和互动。

（4）语音识别技术

语音识别技术（Automatic Speech Recognition），目标是将人类语言中的词汇内容转换为计算机可读的输入。例如，按键、二进制编码或者字符序列。与说话人识别及说话人确认不同，后者仅尝试识别或确认发出语音的说话人而非其中所包含的词汇内容。

近期，语音识别在移动终端上的应用最为广泛，语音对话机器人、语音助手、互动工具等层出不穷，许多互联网公司纷纷投入人力、物力和财力展开此方面的研究和应用，目的是通过新颖和便利的语音交互模式迅速占领市场。

目前，国外的主要应用为以下方面：

①语音输入系统。相对于键盘输入方法，它更符合人的日常习惯，也更自然、更高效。

②语音控制系统。即用语音来控制设备的运行，相对于手动控制来说更加快捷、方便，可以用于诸如工业控制、语音拨号系统、智能家电、声控智能玩具等许多领域。

③智能对话查询系统。根据客户的语音进行操作，为用户提供自然、友好的数据库检索服务。例如家庭服务、宾馆服务、旅行社服务、订票服务、医疗服务、银行服务、股票查询服务等。

语音是语言的基础，语音识别技术的广泛应用有助于语言识别技术从实验室走向实际生活。各民族语言成为人机对话的基本语言，意味着人脑与电脑的一体化有机系统走向进一步成熟，也意味着文化数字化从文字走向语言，人类文化的创作交流与电脑更加直接。

（5）视频识别技术

视频识别（Video Recognition），需要前端视频采集摄像机提供清晰稳定的视频信号，视频信号质量将直接影响视频识别的效果；再通过中间嵌入的智能分析模块，对视频画面进行识别、检测、分析，滤除干扰，对视频画面中的异常情况做目标和轨迹标记。

视频识别主要可用于：

①可以区分人、动物、车辆等各种物体并进行侦测和跟踪，每个摄像机可以同时对50种不同的目标进行分别监控。

②可接入摄像机、门禁、RFID、智能围栏、GPS、雷达等多种探测设备，并进行分析整合。

③可以设置虚拟围界。

④入侵识别。即能够分辨人体大小的入侵者，但忽略小动物及禽鸟。

⑤计数。在一个摄像机上实现对多个感兴趣区域和移动方向的计数，如提供全面的统计图表报告，了解流量、人流、客户转换率、平均轮候时间等。

⑥违章违法探测。能够在繁忙拥挤环境下，探测到违章停车或涂鸦、张贴海报和破坏探测的行为。

天猫商城推出了一款新的视频识别技术，用户把身体的某些部位（比如脸部）贴近电脑摄像头后，就能得到自己与商品匹配后的效果图，方便消费者进行网购消费。点击进入天猫体验页面后，现在还仅有试戴眼镜的体验，体验页面给出了五款雷朋太阳镜，如果消费者试戴后满意，则可以直接进入购买页面进行消费。在体验过程中，消费者只需要把脸部贴近摄像头，就能得到自己脸部自动匹配选中眼镜后的效果图，并且可以360度察看佩戴效果。

视频识别技术是基于图形和动作比较的逻辑判断技术。尽管视频识别技术还未在电影电视的交互中应用，但新媒体的这一技术应用使电影电视的电脑识别技术研发见到了曙光。

（6）射频识别技术

RFID技术即射频识别技术（Radio Frequency Identification），又称无线

射频识别，是一种通信技术，可通过无线电信号识别特定目标并读写相关数据，而无须识别系统与特定目标之间建立机械或光学接触。常用的有低频（125～134.2k）、高频（13.56MHz）、超高频，微波等技术。RFID读写器分为移动式和固定式。

目前RFID技术应用很广，如：

①钞票及产品防伪技术。

②身份证、通行证（包括门票）。

③电子收费系统。如中国香港的八达通与台湾地区的悠游卡、台湾通、一卡通；中国移动开发的手机钱包业务是基于无线射频识别技术（RFID）的小额电子钱包业务。用户开通手机钱包业务后，在中国移动营业厅更换一张手机钱包卡（支持RFID功能的专用SIM卡，该卡比原SIM卡增加终端刷卡功能），则可以使用手机在有中国移动专用POS机的商家（如便利店、商场、超市、公交）进行现场刷卡消费。可实现轻松支付，随机消费。

④家畜或野生动物识别。

⑤病人识别及电子病历。

⑥物流管理。RFID技术可以实现从商品设计、原材料采购到半成品与制成品的生产、运输、仓储、配送、销售，甚至退货处理与售后服务等所有供应链环节的即时监控，准确掌握产品相关信息，诸如生产商、生产时间、地点、颜色、尺寸、数量、到达地、接收者等。

⑦行李分拣。香港国际机场、荷兰阿姆斯特丹国际机场等都部署了基于被动式无源标签的RFID行李分拣解决方案。与基于条码行李分拣解决方案相比，基于被动式无源标签的RFID行李分拣解决方案可从不同角度识别行李标签的ID，识读速度更快，结果更准确，标签上的信息存储量也比条码多。

⑧门禁系统。许多居民小区、仓库、办公室、大学（如香港城市大学、香港理工大学、高雄师范大学、屏东教育大学等）都在大门及房门上设有门禁系统。

当文化对象失去特征或大量的共性文化产品难以辨认的时候，人为地附加一种数字标识，并交给电脑进行识别和信息处理，也是人机一体化重要的文化数字化技术。

（7）脑电波识别技术

被纳入认知科学领域的脑电波识别技术，是一项电脑直接理解人脑思维的通信技术。美国、加拿大等很多国家都建立了脑电波生物电采集与识别技术研发机构，大脑思维活动通过大脑神经网络系统传输脑电波，是一种特殊的生物电。美国加州圣迭戈大学与美国 HRL 实验室、先进脑监控公司、量子应用科学与研究公司共同进行脑电波识别技术研发。"EEG 帽"是指覆盖在脑部外层的脑电波采集设备，与建立了脑脉冲谱系的计算机系统相连，人类的思维意识直接被电脑理解，电脑将指令翻译为信息或转换为机器的行为动作。这一技术原本是美国"脑神经谱系"计划的一部分。

2. 信息传输技术

（1）4G 无线通信技术

4G 是第四代移动通信及其技术的简称。4G LTE 系统能够以 100Mbps 的速度下载，上传的速度也能达到 50Mbps，并能够满足几乎所有用户对于无线服务的要求。而 4G LTE Advanced 采用载波聚合技术，下行峰值速度可达 150Mbps。此外，4G 还可以在 DSL 和有线电视调制解调器没有覆盖的地方部署，然后再扩展到整个地区。很明显，4G 有着明显的优越性。

GSA 最新数据显示，截至 2013 年 8 月，全球已经部署了 204 个 LTE 商用网络，相比 2012 年底增加了 58 个网络，而 LTE 用户数也已超过 1 亿户。不管是通信设备厂商，还是手机终端厂商，现在大家的目光都聚焦在中国市场，因为中国已经明确将在 2013 年底之前发放 4G 牌照。国际厂商如三星等，在其最新的旗舰产品中，都已经明确表示其能支持中国的 TD - LTE 标准。

4G 未来主要可应用于以下方面：

①电信行业。

②金融、医疗、教育、交通等行业。

③除语音通信之外的多媒体通信、远端控制等。

局域网、互联网、电信网、广播网、卫星网等融为一体，组成一个通播网，无论使用什么终端，都可以享受高品质的信息服务，向宽带无线化和无线宽带化演进，使 4G 渗透到生活的方方面面。

3G 网络带宽的制约，使得移动终端不能完全地作为各类文化呈现终端使用。文字、低像素照片、声音传输所能实现的文化表现是有限的。4G 通信技术的发展，为智能手机或智能移动终端的文化艺术应用提供更加广阔的前景。

（2）NFC——近距离无线通信技术

NFC（Near Field Communication），又称近距离无线通信技术。由飞利浦半导体（现为恩智浦半导体）、诺基亚和索尼共同研制开发的 NFC 是一种非接触式识别和互联技术，可以在移动设备、消费类电子产品、PC 和智能控件工具间进行近距离无线通信。NFC 技术提供了一种简单、触控式的解决方案，可以让消费者简单直观地交换信息、访问内容与服务。

NFC 主要可应用于以下方面：

①企业中的应用。可以使用 NFC 智能手机作为门禁卡，利用 NFC 智能手机和其他设备进入员工停车场或食堂并支付费用。NFC 标签可以被放置在会议室内部，与会者可以在标签前挥动自己的兼容手机使其静音或打开 Wi‑Fi。

②政府部门的应用。政府可以利用 NFC 技术来改善公共服务、提高运输系统及其他。一些城市和郊区已经开始使用 NFC 技术为居民提供更好的服务和改善生活质量。NFC 技术的出现让用户可以用智能手机或移动设备支付车费，进入停车场、游泳池或图书馆等公共场所。

③零售购物体验。NFC 技术可以通过结合无线优惠券、会员卡和支付选择来扩展和提升现代购物体验。消费者可以用个人移动设备扫描产品货架上的 NFC 标签，获得关于该产品个性化的信息。通过触碰 NFC 标签来获得信息、添加到购物篮获得优惠券和其他新的用途将对零售业产生越来越大的影响。

④市场营销。NFC 技术对于现代市场营销商有着深远的影响。例如，用户只需用 NFC 手机朝着 NFC 广告牌或电影海报挥一挥就可以立即获得产品或服务的信息。

⑤设备之间共享。NFC 还可以作为一种短程技术，几部设备离得非常近的时候，文件和其他内容就可以在这些设备中传递。这项功能在于需要协作的时候非常有用，如需要分享文件或多个玩家进行游戏时。

⑥安防领域应用。NFC 是一项适用于门禁系统的技术，这种近距离无

线通信标准能够在几厘米的距离内实现设备间的数据交换。NFC 还完全符合管理非接触式智能卡的 ISO 标准，这是其成为理想平台的一大显著特点。通过使用配备 NFC 技术的手机携带便携式身份凭证卡，用户只需在读卡器前出示手机即可开门。

正如"红外"和"蓝牙"近距离通信一样，NFC 近距离私密通信技术为"机—机"的信息互联互通提供了可能。在"人—机—机—人"的数字时代，不仅人通过电脑互联互通，机器与机器之间也可通过数字化技术互联互通。正是因为机器与机器之间构筑了微观数字世界，才使得文化传播和文化交流无处不在。

（3）Li – Fi 无线数据传输技术

Li – Fi（Light Fidelity）是一种全新的无线数据传输技术，由德国物理学家哈拉尔德·哈斯（Herald Haas）所研发。Li – Fi 新技术区别于 Wi – Fi 之处就在于将数字信息传播转换为 LED 光源频闪，通过照明光线的闪烁频率进行数据传输，每秒传输的数据超过 10Mb，与典型的宽带连接不相上下。也就是说用户打开房间电灯的同时，就等于接入了互联网。Li – Fi 技术应用范围非常广泛，如医院、机场、军队甚至是水下，只要光源能传播的地方就能进行数字通信。每一个路灯就意味着是一个网络基站。

"灯光上网"新技术的出现，使人们深信，数字时代、数字文化无处不在。

（4）WIDI 无线高清传输技术

全称为无线高清技术，它是通过 Wi – Fi 信号来实现电脑和显示设备的无线连接。WIDI 技术使 3D 智能电视的用户能够以更便捷的方式访问多种内容，也使得 WlAN 局域网在文化传播中的应用更为广泛。

（5）蓝牙 4.0 传输技术

蓝牙 4.0 是 2012 年最新蓝牙版本，是 3.0 的升级版本。较 3.0 版本更省电、成本低，且拥有 3 毫秒低延迟、超长有效连接距离、AES – 128 加密等特性，通常用在蓝牙耳机、蓝牙音箱等设备上。

蓝牙 4.0 最重要的特性是省电，极低的运行和待机功耗可以使一粒纽扣电池连续工作数年之久。此外，低成本和跨厂商互操作性、3 毫秒低延迟、AES – 128 加密等诸多特点，使其可以用于计步器、心律监视器、智能仪表、传感器物联网等众多领域，大大扩展了蓝牙技术的应用范围。

蓝牙4.0主要应用领域有：

①移动电话和免提设备之间的无线通信，这也是最初流行的应用。

②特定距离内电脑间的无线网络。

③电脑与外设的无线连接，如鼠标、耳机、打印机等。

④蓝牙设备之间的文件传输。

⑤传统有线设备的无线化，如医用器材、GPS、条形码扫描仪、交管设备。

⑥数个以太网之间的无线桥架。

⑦取代家用游戏机的手柄，如PS3、PSP Go、Nintendo Wii等。

⑧依靠蓝牙支持，使PC或PDA能通过手机的调制解调器实现拨号上网。

⑨实时定位系统（RTLS），应用"节点"或"标签"嵌入被跟踪物品中，读卡器从标签接收并处理无线信号以确定物品位置。

蓝牙4.0技术的进步，意味着电脑与人、电脑与电脑之间的通信日益通畅。

（6）无线音视频传输

无线音视频传输，是将音视频信号从信号源（电脑或高清播放设备）无线传输到远端HDTV或高清投影机上。无线音视频传输设备即无线音视频传输器。虽然对于越来越多的家庭用户来说，使用HDMI来传输音视频方便快捷，但是家庭用户烦琐的多种设备以及狭小的房间布局等问题，使得使用HDMI这种不宜弯折的线材，无论是从空间布局美观，还是传输信号效果来看确实不是最佳方案。科技发展改变生活，新型无线HDMI传输——WHDI走进时尚智能家居。

无线音视频传输主要可用于：

①电视台、剧院、影楼、影视编辑行业、婚纱摄影行业、专业视听行业、大屏拼接行业。

②投影机行业、智能家居行业、家庭影院系统集成、影视行业、专业影视机构、音响行业、家装设计行业、概念馆、创意馆、楼宇样板间。

③教育行业、培训机构、会议系统、学校、政府企业、银行、金融证

券、旅游行业。

④礼堂、会场、4S 店、各类展厅、演示厅、大厅。

⑤HDMI 线材行业、HDMI 矩阵、HDMI 分配器切换器行业、高清设备行业。

⑥IT 实体分销、代理和经销渠道，精品数码时尚店，数码馆。

⑦无线家庭互动娱乐。

（7）移动多媒体广播技术

CMMB（China Mobile Multimedia Broadcasting），是中国移动多媒体广播的简称，是国内自主研发的第一套面向手机、笔记本电脑等多种移动终端的系统，利用 S 波段信号实现"天地"一体覆盖、全国漫游，支持 25 套电视和 30 套广播节目的播放。

移动多媒体广播（CMMB）技术是以广播方式将多媒体信息发送到可移动便携式终端上。采用这种技术发送应急信息，具有发送量大、可控性强、不受带宽限制、及时送达、便携性强等特点。目前，北京市 CMMB 网络信号覆盖良好，六环以内的绝大部分区域已经完成了信号覆盖，五环以内室外信号覆盖率超过 95%。

移动多媒体广播主要有以下特点：

①可提供数字广播电视节目、综合信息和紧急广播服务，实现卫星传输与地面网络相结合的无缝协同覆盖，支持公共服务。

②支持手机、PDA、MP3、MP4、数字相机、笔记本电脑以及汽车、火车、轮船里含有 CMMB 接收芯片的特定小型接收终端，接收视频、音频、数据等多媒体业务（视频、数据需有存储设备及显示屏支持）。

③采用具有自主知识产权的移动多媒体广播电视技术，系统可运营、可维护、可管理，具备广播式、双向式服务功能，可根据运营要求逐步扩展。

④支持中央和地方相结合的运营体系，具备加密授权控制管理体系，支持统一标准和统一运营，支持用户全国漫游。

3. 信息呈现技术

（1）3D 打印技术

3D 打印技术，是一种以数字模型文件为基础，运用粉末状金属或塑料等可黏合材料，通过逐层打印的方式来构造物体的技术。3D 打印机出现在 20 世纪 90 年代中期，是一种利用光固化和纸层叠等技术的快速成型装置。它与普通打印机工作原理基本相同，打印机内装有液体或粉末等"打印材料"，与电脑连接后，通过电脑控制把"打印材料"一层层叠加起来，最终把计算机上的蓝图变成实物。最初的 3D 打印机本质上属于添加制造技术。

数字时代的 3D 打印机并非强调真正意义上的三维物质成型，而是电脑数字语系下的远程物质性输出。如果说二维打印机输出的是文字、图片等二维数字信息，那么，3D 打印机更广泛的用途是实现味觉、触觉、色彩等多维信息的输出。如果说早期的 3D 打印机是一种添加制造技术，那么电脑与 3D 打印机的连接，意味着数字时代的 3D 打印机能够通过电脑呈现人类的所有创造，本质上是一种智慧输出。仅就文化创造而言，工艺品制造或动漫形象设计或许将因为 3D 打印机的出现而改变原来的呈现方式。

（2）4D 打印技术

4D 打印，比 3D 打印多了一个"D"，也就是时间维度。人们可以通过软件设定模型和时间，变形材料会在设定的时间内变形为所需的形状。准确地说，4D 打印是一种能够自动变形的材料，直接将设计内置到物料中，不需要连接任何复杂的机电设备，就能按照产品设计自动折叠成相应的形状。4D 打印最关键的是记忆合金。4D 打印由 MIT 与 Stratasys 教育研发部门合作研发，是一种无须打印机器就能让材料快速成型的革命性新技术。

近日，在美国加州举办的 TED 大会上，MIT 建筑学院自动化实验室创始人 Skylar Tibbits 介绍了他们的新技术——4D 打印。Tibbits 表示，4D 打印技术可以不用打印机器就能直接让材料快速成型。

4D 打印技术的关键是增加了时间维度，使物品制造能够实现连续输出，并且已经失去了打印机的原有真实意义，将材料进行直接数字输出。因此文化信息的多维信息输出便具有了特别的意义。

或许源于信息输出的打印机概念，4D 打印技术的出现仅仅是一个概念。

（3）立体合成技术

无论是可移动物还是不可移动物，无论是平面物还是立体物，或是多面空间，基于数字采集技术和要素分离技术的立体合成技术，出现多方式、多用途的技术发展趋势。

通过数字相机采集的数字照片，建立建筑物、构筑物等不可移动物的立体合成。中国科学院自动化所、水晶石数字科技有限公司等分别研发的照片合成平台，都能够通过不同途径实现不可移动物建模和面层图片拼接。

倾斜航拍技术是近年来世界各国航拍技术发展的前沿科技，我国测绘系统开发的倾斜拍摄无人机，已经成功实现了地面建筑物、构筑物的立体模型数据采集和合成，并能够针对不同建筑对象建立独立的信息数据包。

街景拍摄技术和地理信息系统中的街景重现技术，为地图查询和本地化服务提供了还原街区立体场景的实景服务。街景拍摄车是国内外较早出现的街景拍摄设备，汽车所能及的任何区域，都能在地理信息的立体影像中合成街区实景。如最近新出现的基于数字相机的个人街景拍摄移动终端，已经成功地应用于地图查询中。手机地图查询已经实现了任何场地街景重现的功能，并通过与手机实景拍摄图片的对照，实现以图片查询街区的功能。中国的高德地图服务、百度地图服务都能实现街景功能。Google背包式个人街景拍摄设备，为 Google 地图提供了人所能及的任何地方的街区实景。Google 实施的"街区计划"，正在避开各个国家关于航拍的各种禁令，通过资助的方式，利用旅游人群，大面积采集各个国家的各种街区实景数据。

立体扫描技术、双镜头立体采集技术是国际上早已成熟的立体采集合成技术，已经广泛应用于地理立体影像数据服务。武汉大学国家地理信息实验室，在已有技术的基础上，正在研发和推广应用便携式面层高程数据采集设备和立体数据合成的刀片机处理设备。

尽管平面资源立体合成的是二维数据，但类似书画作品等二维信息的采集已经超出了数字影像数据范畴，而属于定量测量技术和要素分解技术的综合应用与分立数据库建设。中国测绘研究院正在开展具有计量功能的二维数据采集实验室标定，其产品的应用，将根本上改变博物馆、美术馆、图书馆等馆藏资源数字化技术。

（4）深度显示技术

深度显示技术也称为裸眼 3D 显示技术。3D 就是三维图形。在计算机里显示 3D 图形，也就是说在平面中显示三维图形。深度显示技术本质上将传统的平面显示技术从定性呈现转变为定量呈现，尽管平面显示的深度影像依然是视觉原理的空间，但影像内的要素尺寸和相对空间距离、位置已经形成数据，深度影像是这些数据依据视觉原理的二次合成。合成的 3D 效果是电脑智能化形成的立体感。

裸眼 3D 技术主要可用于：

①裸眼 3D 广告机。

②裸眼 3D 灯箱。

③裸眼 3D 笔记本。

④游戏机。

⑤电视。

⑥移动设备。

2013 年 9 月 6 日，在德国开幕的 IFA 柏林电子展上，海信首发的可以转换成家用 2D 的裸眼 3D 电视引起行业关注。海信本次在 IFA 展示的这款 55 寸裸眼 3D 电视采用液晶开关狭缝光栅面板，支持 2D 和 3D 两种播放模式，观看者通过遥控器即可轻松实现 2D 和 3D 显示的自由切换，其中 2D 画面的分辨率更是达到 4k 超高清效果，完全不受 3D 光栅的影响，是一款可进入家庭应用的裸眼 3D 电视。严格意义上裸眼 3D 并不是海信研发的显示器附着光栅技术，这类型 3D 技术被业内称为"假 3D"。深度显示技术的出现，将有助于区分假 3D 技术和裸眼无光栅 3D 技术。

深度显示技术不仅从根本上改变传统视觉信息的单维度定性信息，使其转变为"定性信息＋定量信息"的视觉科学信息；而且，影像合成因为电脑的参与，转变为实时的多结果多效果影像产品。

（5）OLED 显示技术

有机电激发光二极管（Organic Light – Emitting Diode，OLED）由于同时具备自发光、不需背光源、对比度高、厚度薄、视角广、反应速度快、可用于挠曲性面板、使用温度范围广、构造及制造较简单等优异特性，被认为是新一代的平面显示器新兴应用技术。

OLED 主要应用领域：

①显示器制造领域。与 LCD 相比较，OLED 可以自身发光。所以 OLED 比 LCD 亮得多，对比度大，色彩效果好。OLED 没有视角范围的限制，视角一般可达到 160 度，从侧面看画质也不会失真。LCD 需要背景灯光点亮，OLED 只需要给点亮的单元加电，并且电压较低，所以更加省电。OLED 的重量比 LCD 轻得多。OLED 所需材料很少，制造工艺简单，大量生产时的成本要比 LCD 至少节省 20%。

②头戴式显示器领域。以视频眼镜和随身影院为重要载体的头戴式显示器得到了广泛的应用和发展。其在虚拟现实、虚拟现实游戏、3G 与视频眼镜融合、超便携多媒体设备与视频眼镜融合等方面有卓越的优势。与 LCD 和 LCOS 相比，OLED 在头戴显示器的应用方面有非常大的优势，其清晰鲜亮的全彩显示、超低的功耗等，是头戴式显示器发展的一大推动力。

③MP3 领域。MP3 作为一款数字随身听已经在市场上日益成为时尚娱乐的主角，它的功能、容量、价格等都得到了人们的广泛关注，也是各厂商目光的焦点所在，可是对于 MP3 屏幕的研发却很少有厂商涉及。

三星公司已经大规模生产可折叠 OLED 柔性显示屏，未来将用于三星智能手机。OLED 显示技术的出现，或许是影视显示技术的一次革命。

（6）声音再现技术

语音采集技术和要素合成技术的产业化应用很早就已经实现。近年来，中国科学院自动化研究所、中国科技大学、清华大学等研发的语言采集与要素合成技术，真正意义上利用电脑的智能化技术实现了不同语言的识别，并成功合成符合个人语言特征的声音。

未来，播音、话剧，甚至声乐、器乐的采集、识别、分解、合成技术的应用，对文化艺术而言将产生无法想象的革命性变化。

（7）空间再现技术

基于仿真技术、3D 打印技术和虚拟现实技术的空间再现技术是 360 度全景多维信息显示技术，通过数字化量化采集音视频技术，向使用者提供视觉、听觉、味觉等信息，准确真实地观察感受三维空间内的事物。其关键技术和研究内容包括以下几个方面：

①环境建模技术：采集真实三维空间影像信息和听觉信息，建立空间、视觉、听觉环境，使真实三维环境的二维数据通过"机—机"网络模式实现异地传输，并根据应用的需要，利用获取的三维数据建立相应的真实尺度环境模型。

②声效建模技术：多向度采集、多轨录制的真实环境声音，经过声效处理，通过空间再现音响技术，实现真实环境声效模型。

③味觉反馈技术：检测实际环境空气质量和采集特殊味觉要素，经过计算机的要素分析，通过3D打印机实现远程味觉信息传输。

④交互技术：三维交互技术与人脸识别技术、射频识别技术、语音识别技术、语音输入技术是三维空间影像变化的重要人机交互手段。

⑤数字动画技术：数字人体及动作、声音、表情、服装等信息数据库，使人物的空间再现。

⑥系统集成技术：空间数据采集大量的感知信息和模型，系统集成技术在空间再现模型的基础上，应用信息同步技术、模型标定技术、数据转换技术、识别和合成技术等，实现空间多维信息呈现。

空间再现技术在医疗、教育领域的应用，真正意义上实现了远程诊断和远程同步教育，可进行远程诊断、手术指导，也可进行开放式多课堂同步教育。远程办公、远程多方会议也因空间再现技术的应用实现了身临其境的异地同步。空间再现技术与遥感信息、GIS技术和大数据分析技术的合并使用，在军事培训、实战训练和实战指挥方面也得到广泛应用。战争实验室在检验预定方案用于实战方面也能起到巨大作用。数字主持人、数字演员、数字歌星的出现，使舞台表演艺术实现历史再现的真虚一体化演出。

（二）数字媒体文化发展趋势

随着新媒体技术的发展，更精准的信息识别与手机技术，更高速的信息传输技术，更直观、更立体的呈现技术，加上大容量的存储技术，必将推动文化领域的广泛革新。文化产品与设备的升级更新、文化传播方式的更新、文化产业盈利模式的创新、新型文化业态的出现必然在新媒体技术的推进下逐步展开，此外，随着基于云计算和物联网技术的智慧城市、智慧社区、智慧农村的建设推动，数字化公共文化管理体系也将逐步完善。

1. 数字媒体文化装备业发展趋势

严格意义上讲，装备业属于工业体系。但文化装备业作为"文化生产性服务业"，因为与信息产业的文化趋近，已经变革为全然的文化产业。

（1）基于智能技术的视频设备创新

新媒体技术的发展推动了视频设备的创新与发展，例如智能电视、高清互动电视、电视盒子、电视棒、裸眼3D手机等设备的研发。谷歌、百度、阿里巴巴、爱奇艺等互联网公司和各视频网站开始进入传统的电视制造业，在三网融合的大趋势下，试图抢占电视终端市场。

智能电视，是具有全开放式平台，搭载了操作系统，顾客在欣赏普通电视节目的同时可自行安装和卸载各类应用软件、持续对功能进行扩充和升级的新型电视产品。智能电视能够不断给顾客带来丰富的个性化体验。例如，2013年9月，阿里巴巴正式发布阿里智能电视操作系统，联合华数传媒推出搭载该操作系统的第一代盒子产品。[①]

电视盒子，是一个小型的计算机终端设备，只要通过HDMI或色差线等技术将其与传统电视连接，就能在传统电视上实现网页浏览、网络视频播放、应用程序安装等功能，甚至能将手机、平板电脑中的照片和视频在电视大屏幕上播放。它可以将互联网上的内容在电视机上播放，此前在互联网领域被称为网络高清播放机，后被国家新闻出版广电总局定义为互联网电视机顶盒。它与可接入互联网的智能电视一起被统称为"互联网电视"。目前，百度推出了一款名为"百度影棒"的硬件产品，这是一款发烧友级硬件配置的互联网电视高清播放设备，用户可通过百度影棒将手机、iPhone、iPad和电脑上的网络视频、本地视频无线投射到电视上免费观看。

电视棒，是运用全球领先的IPTV技术所研发的视频应用产品，基于Microsoft Windows系统设计开发；电视棒的信号来自服务器，通过网络传输到电脑接收端。在2013年7月26日举行的新产品发布会上，谷歌发布全新连接设备Chromecast。该设备运行简化版Chrome操作系统，可以插在

① 《阿里TV操作系统发布盒子产品9月出售》，http：//news. xinhuanet. com/info/2013 – 07/23/c_132566685. htm。

电视 HDMI 接口上。谷歌发言人在会上表示："插上 Chromecast 后，用户在设备上打开 YouTube，就可以直接在界面上看到'Cast'键。点击该键后，Chromecast 就能在云端获取用户希望播放的视频信息，并在电视上播放视频。"

互联网电视，是一种利用宽带有线电视网，集互联网、多媒体、通信等多种技术于一体，向家庭互联网电视用户提供包括数字电视在内的多种交互式服务的新技术。用户在家中可以通过计算机和网络机顶盒两种方式享受 IPTV 服务。IPTV 利用计算机或机顶盒电视完成接收视频点播节目、视频广播及网上冲浪等功能。它采用高效的视频压缩技术，使视频流传输带宽在 800kb/s 时可以有接近 DVD 的收视效果（通常 DVD 的视频流传输带宽需要 3Mb/s），对今后开展视频类业务，如互联网视频直播、节目源制作等有很强的优势，是一个全新的技术概念，例如 TCL 与爱奇艺共同发布了"TCL 爱奇艺电视——TV＋"。爱奇艺创始人、CEO 龚宇表示，目前视频用户的观看习惯，正在从 PC 移动端向电视屏转移，传统电视行业面临着客厅的娱乐化转型，电视将逐渐成为家庭娱乐中心。

（2）基于云计算技术的服务创新

新媒体技术的发展推动了云计算技术的完善，使免费或成本低廉的公有云服务成为可能，也使得高速的云同步和移动云服务成为可能，推动了云游戏和教育云服务的实现。

公有云通常指第三方提供商为用户提供的能够使用的云，公有云一般可通过 Internet 使用，可能是免费的或成本低廉的。这种云有许多实例，可在当今整个开放的公有网络中提供服务，例如百度云。

云 U 盘是指一个构建在高速分布式存储网络上的数据中心，它将网络中大量不同类型的存储设备通过应用软件集合起来协同工作，形成一个安全的数据存储和访问系统，适用于各大中小型企业与个人用户的数据资料存储、备份、归档等一系列需求。其代表产品云秘盘最大优势在于将存储产品转换为存储服务，如 360 的随身 Wi－Fi。

云同步是指在云平台上，云设备与服务器之间的数据同步，或者与以个人为中心的不同设备之间数据共享，基于云计算。Google 即将发布的升级版 Google Play 将提高 Android 平台上游戏的社交性，支持多玩家和云同步功能。①

把虚拟化技术应用于手机和平板电脑，适用于移动 3G 设备终端（平板电脑或手机）使用企业的应用系统资源，是云计算移动虚拟化中非常重要的一部分，简称移动云。新浪移动云引入 AppCan 中间件，成为国内第一个完整覆盖 HTML5 移动应用开发、部署、调试和打包的应用流水线。新浪移动云是在 Sina App Engine 基础上的子平台，专注于为移动设备同时提供"云+端"的能力，之前对 PhoneGap 中间件的在线打包和实时调试等特色功能得到开发者的一致好评。此次引入 AppCan 中间件，不仅为国内的开发者提供了更多的选择，而且为烦恼于 HTML5 游戏在 PhoneGap 上运行较慢的开发者提供了解决方案。

云游戏是以云计算为基础的游戏方式，在云游戏的运行模式下，所有游戏都在服务器端运行，并将渲染完毕后的游戏画面压缩后通过网络传送给用户。在客户端，用户的游戏设备不需要任何高端处理器和显卡，只需要具有基本的视频解压能力就可以了。

教育云是云计算在教育领域中的迁移，是未来教育信息化的基础架构，包括了教育信息化所必需的一切硬件计算资源，这些资源经虚拟化后，向教育机构、教育从业人员和学员提供一个良好的平台，该平台的作用就是为教育领域提供云服务。教育云包括云计算辅助教学（Cloud Computing Assisted Instructions，CCAI）和云计算辅助教育（Clouds Computing Based Education，CCBE）等多种形式。

（3）基于大数据技术的服务创新

2013 年被称为"大数据元年"。牛津大学网络学院互联网治理与监管专业教授维克托·迈尔.舍恩伯格在《大数据时代》一书中前瞻性地指出，大数据带来的信息风暴正在变革我们的生活、工作和思维，开启了一次重大的代际转型，发动了一次时代的思维变革、商业变革和管理变革。他明确提出，要放弃对因果关系的渴求，取而代之关注相关性关系②。我

---

① 《谷歌拟发布 Google Play Games 平台服务》，http://tech.qq.com/a/20130513/000005.htm。

② 〔英〕维克托·迈尔.舍恩伯格、肯尼思·库克耶：《大数据时代》，盛杨燕、周涛译，浙江人民出版社，2012。

们只要知道"是什么",不需要知道"为什么"。大数据时代的新变化,颠覆了千百年来人类的思维习惯,对人类认知和交流方式提出了全新的挑战。

哈佛大学社会学教授加里·金说:"这是一场革命,庞大的数据资源使得各个领域开始了量化进程,无论学术界、商界还是政府,所有领域都将开始数据革命。"①

在 PB 级非结构化数据中,合理时间内撷取、管理、处理并整理成为有助于企业经营决策的资讯,使网络环境下形成的海量资料成为新兴资源,从而诞生了新的经营模式和盈利模式。大数据具有 4V 特点②,美国著名的信息技术研究和分析公司高德纳咨询公司提出,这些海量、高增长率和多样化的信息资产,在新处理模式下具有更强的决策力、洞察力和流程优化能力。

正如《纽约时报》在 2012 年 2 月的一篇专栏中所称,"大数据"时代已经来临,在商业、经济及其他领域中,决策将日益基于数据和分析而做出,而并非基于经验和直觉。

新处理模式正在衍生千变万化的计算技术和信息处理技术,这些技术的创新者伴随着他们的分析智慧和敏锐观察力,正在形成一种新兴职业——数据科学家。他们说,如果把大数据比作一种产业,那么这种产业实现盈利的关键在于提高对数据的"加工能力",通过"加工"实现数据的"增值"。大数据技术的战略意义就在于,掌握庞大的看似无用的数据信息,对其筛选并进行专业化处理,就能得出连我们自己都无法预知的结果。

数据科学家被认为是 21 世纪最敏感的职业之一。因为他们反思近半个世纪以来的数字成果,发现 PB 级的数据就足以判断人的行为模式。数据不再是事实的依据,而是新的科学研究范式和思维模式,是揭示人类心理活动的新技术。未来,根据大数据技术判别人的心理趋势和情感偏好变得异常简单。大数据技术标志着正在将信息科技带入文化领域,并越来越深

---

① 《大数据时代来临》,北京晚报网,http://bjwb.bjd.com.cn/html/2012 - 06/15/content_100013.htm.

② 4V 特点分别为 Volume(大量)、Velocity(速度)、Variety(多样)、Veracity(真实)。

刻地影响着人们的精神世界。大数据技术的应用说明，信息产业的背后是文化产业。因而，文化数字化资源变得弥足珍贵，既是信息产业的基础，也是现代文化产业的主体。

Netflix《纸牌屋》的成功让基于大数据分析"订制"电视剧模式打开了想象的空间。Netflix 基于 AWS 的 Hadoop 架构的大数据平台包含了对3000 万用户的收视选择、400 万条评论、300 万次主题的搜索。《纸牌屋》项目中，拍什么、谁来拍、谁来演、怎么播，都由对数千万观众的客观喜好统计决定。从受众洞察、受众定位、受众接触到受众转化，每一步都由精准、细致、高效、经济的数据引导，从而实现大众创造的 C2B，即由用户需求决定生产。凭借《纸牌屋》的大获成功，Netflix 第一季财报公布后股价飙升 26%，达到每股 217 美元，较上年 8 月的低谷价格累计涨幅超过三倍，① 大数据的应用直接在资本市场的公司价值上得以体现。

信息技术走过了数字化、网络化、智能化、物联网、云计算，今天，随着大数据时代的到来，大数据技术成为全世界信息技术发展的前沿，正在势不可当地进入生产生活的各个领域，改变我们的思维模式、行为习惯，并以迅雷不及掩耳之势接近人类的情感体系。

文化大数据背景下的大众化创作、云服务生产、文化传播以及随之带来的传播力建设红利，都将是大数据技术对文化的深刻影响。大数据技术在引发了新的盈利模式的同时，也引发了新的国家信息安全和文化安全的反思。

2012 年 3 月 22 日，奥巴马宣布美国政府投资 2 亿美元启动"大数据研究和发展计划"②，实施多项大数据计划，认为大数据是"未来的新石油"，真正意义上启动人类创造力的"石油"是文化的数字化资源。美国Google、亚马孙、苹果、Facebook 纷纷启动数据科研机构建设，微软也投入巨资兴建关于人类行为模式研究的大数据科研机构。Google 拉里·佩奇说："我们在亚洲建设两大数据中心，并有一支庞大的街景数据采集队伍

---

① 《〈纸牌屋〉的大数据力量：巫术一般的精准营销》，http://tech.163.com/13/0624/01/923MS59U000915BF.html。

② 李国杰、程学旗：《大数据研究：未来科技及经济社会发展的重大战略领域——大数据的研究现状与科学思考》，《中国科学院院刊》2012 年第 6 期。

在中国。"美国的文化数字化和文化大数据研究就像一支新兴的"国防部队",进驻中国。

继美国国家安全局 1997 年开始的"特定情报行动办公室"黑客计划,渗透 89 个国家的 258 个目标之后,2013 年 6 月,美国国家安全局"棱镜计划"(PRISM)曝光。据网络信息,美国国家安全局信号情报机构(SIGINT)从 2010 年 6 月起就开始访问 PRISM 系统,截至 2012 年,共使用该计划的数据撰写了 197 份报告。2011 年埃及危机从酝酿、爆发、升级到转折的全过程,"脸谱网"和"推特"全程参与,成为事件发展的"催化剂"及反对派力量的"放大器"。

无论是为了应对挑战还是开发利用,文化行政部门和文化企业都应该敏锐地抓住这次机会,及早开发大数据背景下的文化高新技术,并主动培养文化艺术领域的大数据科学家。

2. 数字媒体公共文化发展趋势

(1) 公共文化数字化服务体系

随着新媒体技术和物联网技术的进步,公共文化数字化服务体系也日益完善。文化数据共享机制的建立可以为文化部门内部及其他有关部门(如城市建设和城市规划等相关部门)提供文化数据信息,消除"信息孤岛",减少信息采集的重复劳动。同时,通过互联网或物联网等其他途径向社会提供有关信息服务,实现公众参与。

"智慧社区"是指通过利用各种智能技术和方式,整合社区现有的各类服务资源,为社区群众提供政务、商务、娱乐、教育、医护及生活互助等多种便捷服务的模式。从应用方向来看,"智慧社区"应实现"以智慧政务提高办事效率,以智慧民生改善人民生活,以智慧家庭打造智能生活,以智慧小区提升社区品质"的目标。"智慧农村"是不同于智慧城市的一种新兴概念体,指基于物联网技术的现代化新农村建设。它以现在最先进的物联网技术为依托,针对中国农村普遍不发达的现状,以实现农村生活现代化、科技化、智能化为目标,提高农民的生活水平和建立农民自有的智能生活价值体系。核心是通过发挥自身的网络优势、人才优势,将光纤宽带网的发展与信息化建设紧密结合在一起,加速推进"农村信息化"建设。

基于"智慧社区"和"智慧农村"的建设，公共数字文化基础设施建设也随之完善，文化信息共享工程建设得以推进。公共文化数字化的推进，将促进信息的沟通、知识技能的提高、人际交往的便利，进而有效地减少城乡之间的差异。

（2）公共文化服务体系数字化

数字图书馆、数字博物馆、数字美术馆、数字文化馆、数字纪念馆，以及数字剧院、数字影院等数字文化场馆，远非网络博物馆、网络图书馆等形式和概念。数字文化场馆是实体设施，其核心技术是馆藏藏品的数字化及数字化资源服务；网络文化场馆则是建立在数字场馆基础上的网络终端应用。

我国除了国家数字图书馆实现了真正意义上的数字化以外，其他博物馆、美术馆、剧院、影院等文化场所和文化设施均未实现数字化。馆藏文化资源的数字化服务是各个国家文化现代化的必然趋势。美国、英国、法国等国，早已开展了公共文化场所的数字化推进工程，重点是馆藏资源的全面数字化。我国故宫、敦煌等博物馆也开始了这方面的推进工程，但类似数字图书馆意义的数字故宫、数字敦煌，还远没有实现。

3. 数字媒体产业发展趋势

新媒体技术在文化产业发展中的广泛应用，极大地促进了文化产业生产传播方式的发展和创新。第一，催生了新型的文化业态，像信息技术、网络技术和数字技术在文化产业的广泛应用，动漫、网络游戏、网络文化、数字出版等；第二，优化了文化产业的结构；第三，完善了文化产业链。但新媒体技术将主要推动以下文化业态的发展。

（1）基于4G网络的移动业务发展

4G移动网络的发展，必然推动手机多媒体增值业务的多元化发展，除传统的移动增值业务外，还将催生移动智慧旅游服务。智慧旅游，也被称为智能旅游，就是利用云计算、物联网等新技术，通过互联网或移动互联网，借助便携的终端上网设备，主动搜集旅游资源、旅游经济、旅游活动、旅游者等方面的信息并及时发布，及时安排和调整工作与旅游计划，从而达到对各类旅游信息的智能感知、方便利用的目的。智慧旅游的建设与发展最终将体现在旅游管理、旅游服务和旅游营销三个层面。

（2）基于移动多媒体广播技术的数字产业

移动多媒体广播技术必然会推动适合移动过程中消费内容产业的发展，推动数字广播电视节目、综合信息和紧急广播服务等业务的发展。

（3）基于实景地图技术的街景地图应用

街景地图（Street View）是一种实景地图服务，为用户提供城市、街道或其他环境的360度全景图像，用户可以通过该服务获得如临其境的地图浏览体验。通过街景地图，用户只要坐在电脑前就可以真实地看到街道上的高清景象。街景地图使用新的地图技术，营造了新的产品体验，真正实现了"人视角"的地图浏览体验，为用户提供更加真实准确、更富画面细节的地图服务。这可以让用户不出门就实现网上虚拟旅游，也可以让文化艺术设施更直观地呈现出来。

三 基于文化数字化技术的传统文化转型升级

数字化技术不仅创造了新型文化业态，也促进了传统文化业态的全面升级换代。每一次科技进步都是对传统文化的洗礼，每一次科技革命都是对民族文化的内生性创新。

（一）文化数字化技术

数字技术是信息技术体系的一部分，或者说，是信息科技革命的原点与基础。正是因为数字技术，才使得电脑具备了智慧系统，形成了互联互通的网络体系，也才有了后期的物联网技术、云计算技术、大数据技术。数字化技术之所以能够代替信息技术体系，并成为电脑的核心，是因为数字技术作为电脑最基础的机器语言，不仅使机器之间实现对话，而且使人机之间也能实现对话。数字化是电脑拥有"智慧"的根本。

文化数字化技术源于数字化技术，是关于文化语系与机器语言的对接体系，是电脑识别、记忆、推理文化的技术体系。无论是以人作为文化载体，还是以物作为文化载体，文化自身的语言体系与电脑数字化语言的对接使电脑进入文化体系，伴同人类一起从事文化活动。

文化数字化建立在计算机数字技术基础上，伴随着信息技术的不断进步而变化。目前，信息技术体系按照发展路线已形成如下重要技术：数字技术、网络技术、智能技术、物联网技术、云计算技术、大数据技术。

尽管信息科技每半年更新换代一次，并不断涌现新技术，但作为核心技术体系，上述六类技术基本说明了信息技术的发展脉络。

1. 文化数字化基础技术

正如 0、1 是电脑语言的基础一样，文化同样由最基本的语素构成文化语言体系。

（1）文字数字化技术

文字是人类文化的基础语素，文化的表达表现最初从文字开始。文字数字化是电脑读取文化、识别文化的基础技术之一。电脑之所以引发了新的文化业态，最关键的技术是文字录入技术的诞生。键盘的文字录入技术使得电脑不仅具备了识别人类文化的能力，而且具有高级语言的快速升级能力。

文字数字化作为文化数字化的基础技术，不仅仅是键盘或书写板与电脑数字化语言的对话，更包含各民族的文字编码标准，书写体的文化录入与识别，文字构成词、句、文章的语义识别，以及文字间的转换和翻译等基本技术体系。

字库的数据库建设，就是文字数字化基础建设。

（2）语言数字化技术

尽管语言源于文字，或者说，与文字高度相关，但是，语言是文字经过人加工而成的产物，具有了独特的语素意义。语言编码标准、语言采集、语音识别、语言合成等都是语言数字化技术的重要基础。

文库的数据库建设，就是语言数字化基础建设。

（3）图符数字化技术

图符或者构图，是美术或与美术有关的电影、电视、舞台艺术的基础语素。文字是固化的图符。文字之外的图符丰富多彩，尽管每个民族、每类艺术都有有限的特征化图符，但图符的样式、数量比起文字而言，复杂得多、丰富得多。像素编码标准、图像采集、图符识别、图像合成等数字化技术，是电脑认识和理解艺术语言的基础。

图库的数据库建设，就是反映文化的典范图符数字化基础建设。

（4）音乐数字化技术

如果说文字、语言、图符是文化的基本要素，也是文化语言的基本语素，那么，音乐、美术、舞蹈就是艺术的基本语言体系，也是艺术的三大基本语素。

音乐数字化技术的根本是电脑能够识别音乐本身。数字乐谱是音乐数字化的基础标准，也是音乐标准的数字化。乐谱要素的分离与合成构成数字音乐的基本语素，也是电脑解读和理解音乐的基本语言。乐谱编码标准是数字乐谱的机器语言，在此基础上，音乐采集技术、音乐识别技术、音乐合成技术构成了音乐数字化技术体系。

乐库的数据库建设，就是音乐数字化基础建设。

（5）动画数字化技术

图符的另一个表述是构图，构图是美术的基本语言。除构图以外，色彩与文字也是美术的基本语言。动画技术本身建立在构图和色彩体系之中，今天的动画技术或动漫技术，已经是完全数字化的新技术体系了。动画技术本身就是美术数字化技术的基础技术，反映构图和色彩的基本语素。构筑于构图和色彩语言之上的书法谱系编码标准、画谱编码标准、动画通用技术，构成了美术数字化基础体系。

画库的数据库建设，就是美术的数字化基础建设。

（6）动作数字化技术

舞蹈的基本要素除了将人体数字化以外，还有就是人体的动作数字化。动作的数字化以及人体的数字化，是舞蹈艺术与电脑对接的基本语言。在此基础上，舞谱编码标准、动作捕捉、舞蹈识别、舞蹈合成的数字化技术构成了电脑解读舞蹈的基本机器语言体系。

舞库的数据库建设，就是舞蹈数字化的基础建设。

当机器读得懂文化的五类基础语言要素，当"五库"数字化建设完成，就意味着文化数字化基础技术体系的建立。

2. 文化资源数字化采集

如果说文化识别包括了文化资源的数字化采集，那么数字化采集也就是数字化识别的基础与前提。文化资源的数字化采集不仅仅是文化对象本身的数字化，更加重要的文化对象定性素材的数字化和定量数据的数字化，以及与文化对象相关的信息数据库建设。

根据文化资源类别不同，文化资源的采集技术也不同。

（1）静态平面文化资源数字化采集与存储

书籍、报刊、照片、书画作品以及油画等大量的文化资源都呈现平面二维形态。静态的二维文化资源采集远不是数字相机拍摄的过程，更不是一个图片文件的扫描过程。平面文化资源数字化采集的重要依据是判别资源数据是否已经作为美术或文学的基本语素而分离。这一过程被称为要素分离。文化资源数字化的过程本身就是元素分离并建立要素库的过程。一幅美术作品包含丰富的文化内容，不同的文化内容包含不同的文化元素。因此，要素分离的前提，是需要进行文化资源碎片化处理。文化资源碎片化就是对平面文化资源不同内容的分离和独立保存。

（2）静态三维文化资源数字化采集与存储

可移动文物中的瓷器、铜器等，都是静态三维文化资源。静态三维文化资源的数字化采集与静态平面文化资源的数字化采集一致，相当于多个平面文化资源的数字化采集。因此，碎片化、要素化分离与合成技术，就是静态三维文化资源数字化技术。

（3）动态二维文化资源数字化采集与存储

电影、电视、录音等馆藏，都是典型的动态二维文化资源。动态二维文化资源的数字化采集技术同样包括内容的碎片化和要素的分离技术，以及它们的合成技术；同时，动态二维文化资源数字化存储和使用，如同影像存储和调用一样，需要统一的标准格式。

（4）动态三维文化资源数字化采集与存储

一部舞台剧或一部完整的舞蹈，其基本信息不是一个角度或一个维度的数字化采集，而是不同角度的全方位数字化采集。其碎片化技术不仅要按照剧本、舞台美术、音乐、舞蹈进行分离，还要对不同内容的要素进行抽取，这些要素的信息应当是全方位的完整信息。这就导致了动态三维文化资源数字化采集与存储技术的复杂性、系统性和规模化。

（5）活态文化资源数字化采集与存储

一座文化遗址或一个文物保护群（如故宫），其保护对象不仅仅是它本身，还有其所处的周边环境，我们称之为"文物环境"或"文物保护缓冲区"。对一座古村落或一个文化生态保护区的数字化采集，同样也包括文化对象的相关环境。于是，基于动态三维数字化采集基础之上的环境数字化采集，构成了活态文化资源数字化采集与存储的技术特色。

3. 文化资源数字化开发

文化资源数字化的目的不仅仅是数字化保存，更重要的是将文化数字化资源进行二次创作和使用。这就要求文化数字化资源的存储格式、数据清洗标准、数据的碎片化分离与要素分离及数据的调用与保密级别的划分，以及数字化资源的版权标识、资源流转跟踪等具有统一的标准，这些构成了文化资源数字化开发技术体系。

（1）文化资源碎片化技术与数据库技术

不同文化资源类别的碎片化技术不同，不同题材、不同作品的碎片化技术也不同。文化资源的碎片化技术建立在文化类别分类体系基础上，而分类体系的国家标准化构成国家文化资源碎片化的基础技术体系。

对于碎片化资源的同类资源或关联资源，则需要在数据库建设中建立若干个关联数据库。因而，资源碎片化技术包含了数据库技术体系。

（2）文化资源元素分离技术与素材库技术

文化资源要素分离和要素数据库，是文化资源二次开发的精华。要素数据库被称为"素材库"，素材进入文化要素市场时，必然包含要素的估价及要素的关联信息。因此，元素分离技术包括元素的素材库技术体系和估价体系。

（3）文化要素合成技术与知识库技术

一幅美术作品经过碎片化、要素化分离以后，基于数字化保护的技术要求，必须保证能够合成原作品，同时，同一画家的同类要素构成了画风的大数据，或者某类文化主题的大数据。大数据的合成构成了大数据技术体系，而基于算法的关联信息大数据分析技术，是知识库技术体系的基础技术。另外，知识库的建设，还必须建立在某类知识体系的知识建构技术之上。因此，文化要素合成技术包括了文化大数据技术和知识库技术，也包括恢复原作品的合成技术。

（4）文化元素转换技术

无论是文字、语言，还是构图、色彩，文化元素之间具有关联性：语言可以通过电脑智能技术转换为文字，文字也可以通过播音员转换为语言；色彩能够反映情绪和情感，音乐同样能反映情绪和情感，因此色彩与音乐之间必定存在关联和对应关系。建构这样的关联技术和转换技术，是电脑介入文化的重要手段。因而，文化资源的元素转换技术是文化资源开发的重要技术体系。

（5）国家文化地图建构

国家文化地图本身是一套标准的数字化地理信息系统和文化资源数据库系统。将文化资源纳入统一的国家文化地图体系之中，意味着对国家文化资源的统一标识和统一定位，实现国家资源的统一管理。同时，国家文化地图为文化资源提供地理信息和历史信息的关联网，文化资源的地图化意味着文化要素的有序化和关联化，为文化资源的关联信息提供基础，使按图索骥搜索文化资源成为便捷的资源服务。文化地图本身就是一种文化大数据技术。

（6）基于语义的文化资源统一揭示与搜索引擎

无论是文字还是语言，无论是音乐还是美术，其要素是语义表达的基本方式，解析一部美术作品或戏剧，尽管使用的是语素，但阐释的却是语义。因此，基于语义库的文化资源配置，是文化资源能够统一揭示的基础条件。海量文化数字化资源只有具备统一揭示的可能，才具有利用价值。因此，基于语义库的搜索引擎是建设文化资源数字化开发利用的基础技术条件。

4. 文化数字化创作与生产

（1）新媒体创作生产

基于新媒体的创作生产技术区别于传统文化形态的创作生产方式和手段。博客、播客创作生产技术，微博技术，微信技术，网络文学平台技术，网游设计平台与创作技术，网络音乐创作生产技术，IPTV创作生产技术，类似"中西合璧"的全球一体化视频创作生产技术。

无论是基于有线互联网的网络文化、高清有线网的互动电视、各类无线网络的手机文化，以及各种传播方式的移动电视、分众媒体、本地互动媒体，还是自媒体、云媒体、门户网，随着新媒体方式的变化和呈现方式的多样化，新媒体创作生产的方式与传统媒体有了根本区别。创作云平台和公共技术的普及，新媒体的文化创作生产越来越大众化，创作与生产的时间和空间越来越模糊，创作与消费越来越一体化，信息越来越碎片化，作品越来越微型化，消费越来越既得化。在这些共同特征驱使下，新媒体文学、动漫、音乐、新闻、戏剧、电视等新型业态日趋繁多，品质日益提高。大众创作、专业分工、社会合作、既得消费的新媒体文化或早或晚根本上冲击着传统媒体和传统文化形式。在这样的趋势下，新媒体创作生产方式必将影响传统创作生产的原有组织结构和社会分工。

（2）传统文化业态的创作生产升级

基于数字出版的文学创作生产改变了传统意义上的创作方式和出版印刷方式，与传统书籍报刊对应的数字书籍报刊，既有传统意义上的创作，也有线上创作。随着即时印刷、网络发行和数字出版等方式的日益兴起，传统意义上的创作生产组织结构和专业人才必将发生重构重组。

基于网络云平台的表演艺术业创作生产方式，日益成为不分地域、不分民族的集体创作生产模式，数字编剧成为互动的不断更新的线上创作，网上服装设计、道具设计等舞美设计、音乐创作合成、编舞与合成、视频媒体创作、彩排、巡演等，都因为数字化技术而彻底改变了以往的创作生产方式。

随着通用动画技术的推广和云平台的延伸，绘画艺术和书法艺术从传统纸介向数字介质转移，静态书画艺术向数字化静态书画、动态书画演变，数字美术改变的不仅仅是雕塑和漫画，对整个书画艺术行业将是一次彻底的变革。

5. 文化数字化传播

随着三网融合和第二代互联网技术的应用，作为国家内网的有线高清电视网、作为国家外网的有线互联网建构了我国新型文化数字化有线传播网络；随着资源数字化工程的推进，以馆藏数字资源为基础的地面数字文化传播体系被重新建构。地面数字文化传播体系由数字图书馆、数字博物馆、数字文化馆、数字美术馆、数字纪念馆、数字剧院、数字电影院等"五馆两院"构成，它们是基于传统文化媒介馆藏实体建设的实体建筑数字馆藏，基于数字馆藏的 SOLOMO 新型文化数字化传播体系也日益成熟；将传统文化设施上传网络平台的线上文化设施被称为网络图书馆、网络博物馆、网络美术馆、网络电视、网络剧院等，这些网络文化设施日益成为具有核心辐射能力和内容影响力的文化门户。

随着 4D 技术、CDMA 技术和 Wi－Fi 技术的应用，空中无线网络传播体系日益完善，随身即时即得的移动数字文化成为空中文化的新形式；随着遥感技术民用化和卫星频道文化租赁业的发展，基于空间技术的文化数字化采集与传播体系建立，空间文化传播体系弥补了所有传播体系的不足。

地下有线文化传播体系、地面文化基站传播体系、空中文化传播体系、空间文化传播体系共同构建了我国多方式立体化传播网络。

6. 文化数字化呈现

随着文化资源数字化、文化创作生产数字化的发展，文化呈现方式从静态向动态发展、从平面向立体发展、从模拟立体向空间立体发展、从模拟彩色向自然彩色发展、从虚拟向现实发展、从仿真向真实发展，以文化数字化技术为基础的文化呈现方式趋向于场景的空间再现和个性需求的主动重现。

7. 文化数字化消费

随着文化传播方式和呈现方式的变革，文化载体也将发生根本变化，数字媒介成为文化消费的主要载体，现实意义上的电视、桌面电脑、平板移动电脑、智能手机向更加真实、便捷的数字终端发展，向储备知识库、资源库的终端发展，向携带素材库便于创作生产的创作消费一体化终端发展。

（二）传统文化转型升级

文化数字化技术不仅为新型文化业态提供文化资源，同时也为传统文化业态的数字化提供支持。传统文化资源的数字化意味着传统文化的创作、生产、传播、呈现、消费整体性数字化。这一过程被称为传统文化的转型升级。

1. 文化遗产保护与传播的转型升级

数字化保护已经是文化遗产界普遍接受的新型保护方法。从文化遗产物理数据的采集，到与遗产相关联的文化内容数据库的建设，文化遗产的数字化保护为传统馆藏文物保护增添了更多的技术内容。正因为如此，文化遗产数字化成为具有数字文化意义的重要数字资源。文化遗产数字资源是继承民族文化的根源，也是大数据技术挖掘民族文化特质的重要资源。正如美国人将数字资源视为"石油"一样，文化遗产数字资源开采的正是民族文化这一主要矿藏。

文化遗产的数字资源开发，不仅实现了馆藏文化资源的再利用和历史文化的再生产，而且，如习近平在第十二次中央集体学习会上所说，系统梳理传统文化资源，让收藏在故宫里的文物、陈列在广阔大地上的遗产、书写在古籍里的文字都活起来。文化资源数字化是传播、收藏文物文化价值的重要新方式。

具有很高艺术价值和人文价值的非物质文化遗产，例如苏州评弹和昆曲等艺术形式，有数百年的历史，在海外也享有盛誉，且表现形式多样，内容丰富多彩。但在经济大潮和外来文化的冲击下，许多艺术传承出现了明显的断裂和萎缩，精湛的技艺逐渐消逝，艺人年事已高无法再演，而年轻人却又不肯学习继承。然而，新媒体技术可以更好地让这些濒危的地域文化在一个全新的领域内得以复活、延续。文化遗产通过数字化进入新媒体，实现文化遗产的多媒体传播，是其重要的转型升级路径。

基于空间再现技术的文物古迹典藏新展示，是文化数字化技术应用于藏品展览陈列的升级形式。利用空间再现技术，可以弥补传统动画在多方位、任意角度、动态方面的不足，实现具有真实感的地形地物三维模型，实现封闭场景的360度环场视觉效果，提高3D动画的真实度，更好地呈现文物古迹的全貌，实现文物古迹等文化素材的数码典藏，进而更好地实现对具有本土文化特色文化遗产的传承、再造、开掘、传播和推广。

2. 印刷出版业数字化转型

激光照排技术开启了我国汉文化印刷出版业的数字化进程。印刷文字的激光采集与图案和笔形的计算机识别，使得汉字的数字排版印刷成为可能。当前，我国印刷出版业从采编到排版、印刷、出版，全部实现了数字化转型，出版业ERP系统使得整个印刷出版传统业态进入崭新的数字化发展模式。尽管传统出版企业大部分因为版权问题没有实现纸介质出版物与数字出版物同步发行，但从技术上已经具备了数字出版全面转型换代的条件。

3. 广播电视业数字化转型

广播电视的数字化转型从制作开始，模拟非编系统的数字化、数字录音系统的数字化率先开启了广播电视创作生产的数字化进程。节目存储也从磁记录逐步过渡到光信号记录，实现了数字化。从 2004 年广电总局发布《电影数字化发展纲要》开始，经过近十年的努力，从无线发射到有线数字电视转型，从模拟普清向数字高清的电视转播系统升级换代，直到用户的数字电视机更新换代，整个广播电视业实现了全面升级换代。

4. 电影业数字化转型

继广播电视数字化转型升级之后，随着数字化后期制作系统的逐步升级，数字电影从数字播放机到数字院线发布，创作、生产、传播、呈现、消费全过程实现了数字化转型。

电影业数字化转型之后，IMAX、3D 电影频出。未来，基于大型计算机系统的全景电影模式，随着资源数字化进程和要素合成技术的发展，必将呈现一种新的电影体验模式。

5. 艺术品业数字化转型

动漫作为艺术品业最早数字化的领域，并没有带动美术业和工艺品业的创作生产、传播消费全面转型。尽管当前的动画技术开始影响美术数字作品的呈现，但仅限于色彩数字化、构图数字化，传统绘画材料、工具、输入系统的数字化技术长期没有得到突破，整个艺术品业的数字化至今仍停留在动漫艺术这一独枝上。

6. 表演业数字化转型

表演艺术业作为最传统的文化业态之一，其数字化转型升级进程比较缓慢。最先开始数字化进程的是扩音系统的相关设备，在我国新型剧场建设初期，就基本实现了数字化。这一转型有赖于日本相关设备的全数字化制造。之后，剧院调音台、调光台的数字化升级换代以及扩音系统、灯光系统和舞台监督系统的网络化应用，实现了舞台系统的数字化转型。2008年，我国建设的现代剧场还保留模拟调音台，从 2009 年开始，整个行业的模拟台开始退出演出场所。今天，舞台机械、舞台视频等大部分舞台设备与系统实现了数字化、网络化。目前，基于数字技术和智能技术的舞台数字化集成系统研发已进入实验阶段。

然而，演出行业的全面数字化转型还依赖于空间再现技术在剧场中的广泛应用，依赖于音乐、舞蹈、美术的全数字化转型。只有艺术要素和设备系统的全数字化，才能促使舞台艺术工程走向由电脑陪伴的智能化演出。

四 文化资源数字化发展战略

习近平在 2014 年中共中央第十二次集体学习会上指出，要使中华民族最基本的文化基因与当代文化相适应、与现代社会相协调，以人们喜闻乐见、具有广泛参与性的方式推广开来，把跨越时空、超越国度、富有永恒魅力、具有当代价值的文化精神弘扬起来，把继承传统优秀文化又弘扬时代精神、立足本国又面向世界的当代中国文化创新成果传播出去。这一目标的实现，要建立在民族文化的继承和创新基础上。文化资源数字化正是启动民族文化继承和创新的基础工程。

（一）文化数字化概念体系与战略意义

无论是新媒体，还是网络文化、手机文化，当今新型文化业态蓬勃发展的根本是数字化。数字化是信息科技革命的起源，也是信息科技日新月异迅猛发展的基础。数字化代表着信息化，信息科技与文化艺术的融合日益深刻，不仅诞生了新型文化业态，而且带来了传统文化的全面转型升级。"文化数字化"揭示了文化与信息科技融合发展的核心概念，信息科技革命给文化带来的根本性变革，特指文化信息化的基础和起源，也在某种程度上代表了"文化信息化"概念体系。

信息科技革命的本质是智慧革命，是指电脑日益替代人脑，越来越成为人类智慧不可分割的一部分。机械工业革命和电力工业革命替代了人类动力系统，使人类的力量超越了自身体力；化工业和电子工业革命替代了人类的控制系统，使人类的力量超越了自身的控制力，不仅控制了与人类生活密切相关的动物、植物，而且控制了与人类生产生活密切相关的自然，甚至创造了自然界原本没有的物质；信息科技革命从根本上改变了人类的记忆能力和分析计算能力，正在以超时空的方式改变人类的思维体系和智慧系统。随着生物科技、材料科技的快速发展，以及与信息科技的日益融合，人类的生命系统和智慧系统将发生从未有过的深刻变革。电脑成为人脑不可分割的一部分，直接参与人脑的分析、判断、决策，电脑不仅时刻检测人类生物特征的变化，而且参与和控制人类生命体的延长；电脑也协助人脑记忆所有与人有关的信息，协助人脑对外界事物做出判断和决策。因为电脑的存在，人与人之间的交往不再仅依赖于物理空间的迁移；人与人之间的交流也不再仅依赖于传统文化形式；人与社会、人与自然的关系变得不再受限于时间和空间。人类生产、生活因为电脑工业的智慧革命将发生根本变化，人类的认知体系、知识体系和情感体系将重新建构。面对这样的人类发展前景，传统文化以数字化方式进入人类新的文化体系将变得异常重要，各民族、各个国家发展自身的现代文化也变得异常重要。

（二）国家文化资源数字化建设应启动的重大工程

文化数字化揭示了文化现代化不仅表现在技术层面，也表现在中华文化传承与创新的基本路径上。每年一百亿元投资、持续推进一百年的"双百工程"，是一项浩大的工程，但却是中华文化走向现代、走向世界的重要路线。为有效推进国家文化数字化建设，本报告依据国内外发展动态及我国发展现状，提出如下建议。

1. 国家文化资源数字化基础建设工程

文化数字化基础技术体系建设和亟须数字资源的提供，有赖于一个发动全社会力量整体启动的数字资源基础建设工程。

文化数字化基础技术体系是推进文化资源数字化的基础。先奠定基础技术并验证基础技术的可行性和有效性，再全面推动应用技术和数字化资源建设工程，才是科学的、理性的选择。当前，我国科研领域急功近利风潮涌动，很多相关课题的立项在没有基础技术的条件下，就直接开展资源数字化开发技术和利用技术，这无异于还没有栽树，就先思考如何摘果分配的问题。

国家文化资源数字化基础建设工程集合我国科研院所、大专院校等文化科技研究开发机构和相关的基础科技研发机构，吸纳部分有数字化能力的企业，共同构成实验性文化数字化基础技术体系研发队伍，并通过实验性数据开发，检验基础技术体系的科学性和合理性。

2. 国家文化素材库建设工程

文化素材库又称"文化基因库"，是传统文化资源的结晶，也是优秀文化的核心要素。素材库的建设应当建立在资源保护合理利用的前提下，在文化资源数字化开发利用的进程中，必须清醒地认识到，数字文物也是文物。作为文物保护的数字化级别与作为资源再开发再利用的级别，需要一个科学理性的标准化规范。

以文化五要素为核心的文化要素库"五库"，是建立国家文化素材库的基本逻辑体系，应当在"五库"基础技术研发的基础上同期开展资源保护技术研发、价值估价体系研发和科学备案系统建设。同时，资源的统一揭示搜索引擎开发也是必要的，便于社会公开公平享有国家文化资源。

3. 国家文化和科技融合示范工程

鉴于目前我国文化和科技融合示范基地建设处在盲目混乱的困境，将国家文化资源数字化建设工程设立在已经评选的基地中，可以减少国家投资的浪费。同时，有利于整合资源、集聚同类技术体系，也便于数字化工程的整体管理和协同运行。

4. 国家文化地图建设工程

国家文化地图标准体系为文化资源建立了统一管理体系，也开发了文化资源数字化基础数据库系统和采集技术体系。建立一个共享的相互协作和共同发展的数字化平台是必要的，既有利于管理，也有利于开发利用，更有利于实验性传播，以验证文化资源数字化效果。

5. 国家文化创新工程

随着新媒体技术的创新发展，新型文化形式和文化传播方式不断推陈出新，在文化资源数字化的进程中，不断结合新媒体、高新技术发展创新传统文化。以包容的态度鼓励传统文化创新发展，是验证文化资源数字化效果的有效方式。文化资源数字化工程是一个漫长的建设过程，需要对成功的创新成果不断给予鼓励和信心。

（三）选择与被选择

我们对"文化数字化"并不陌生，或许早已耳熟能详。但是，对文化数字化的本质却很少有人探究，由此引发的一场新的文化变革，至今也还没有引起我国文化领域的足够重视。在世界各国都面临转折的重要时刻，本报告想要努力说明，我国也需要尽快启动"国家文化数字化工程"战略。

1. 数字时代的数字化

无论我们是否承认或者接受文化已经进入数字时代，数字化技术对文化的影响正在从创新的意义走向转型的意义。数字化技术对文化艺术的影响，已经不是传统业态的升级，也不是民族文化的创新，而是一种新文化的诞生。6亿网民的集体转向，绝不是一次普通意义上的转型。4亿网民承载并引领的数字时代风潮，正在改变着当今的主流文化。"数字化"所代表的信息科技革命，根本上变革的是文化科技，信息产业最终将走向文化产业。因数字化而诞生的网络文化，远不止今天的影响和意义。

"文化数字化"是基于信息技术在文化艺术领域全面推广应用的简称，包括文化遗产数字化、文化资源数字化、文化创作生产数字化、文化传播消费数字化、文化决策与管理数字化等文化数字化全过程。因为文化艺术领域信息技术应用建立在数字化技术的基础之上，所以，文化艺术与信息技术全面融合发展的过程被简称为"文化数字化"。事实上，学界关于文化数字化的定义，包括数字化技术、网络技术、智能化技术、物联网技术、云计算技术、大数据技术等信息技术的全面应用。

"数字"从揭示自然规律的数学符号到计算机二进制的机器语言，其概念和意义已经发生了变革。计算机语言从机器语言到汇编语言，再到软件的高级编程语言，作为人与计算机的沟通语言，"数字"，已经不同于数学的"逻辑符号"。当计算机与软件共同成为人机交互语言的时候，计算机不再是机器，而是电脑，具有了近似于人类的智慧。甚至计算能力已经超越了人脑。麻省理工学院的"地球模型"能够快速计算出每一个国家物质消耗带来的资源危机。每秒千兆次电脑运算相当于全世界60亿人46年的集体运算。如果说数学的"数字"和软件的"数字"还停留在"计算器"的层面，更多的是命令语言或指令语言，电脑受人类的指挥和控制。但当文字、语音、图符、动作、色彩成为计算机语言以后，电脑就已不再是计算器，也不是受器，而是具有主动功能的自组织体系。电脑具有主动识别人类文化语言的功能，同时也具备合成人类文化语言的功能，并具备人类文化语言之间相互转换的功能，电脑逻辑运算的自洽和文化语系的互通，已经具有了生命体的自我认知能力和自主判断能力。大数据技术能够从一个人的购买行为推理出其消费偏好和生活习惯，甚至这个人的精神状态。如果大数据技术覆盖人的表情、语调、语义、肤色，那么生物芯片在文化资源池的培育中，不仅是推理和判断，而是直接再现一个具有生命活力的人的情感体系，包括生活习惯、处事原则、伦理观、价值观、知识体系、精神追求、思想观念等。数字时代的"数字"对于文化而言，已经失去了数字的本义，也远离了机器的含义。数字时代的"数字化"是一种人脑与电脑之间的对话，生命与生命之间的交流，一种人脑与电脑协同思维和表达的新方式。文化数字化的本质反映的是"人—机—人"新的沟通语言，数字时代的文化数字化全然是一场新的语系建构。

对于联合国和美国提出的第六次科技革命而言，信息科技、材料科技、生物科技日益聚焦的"生命科学"反映的"数字化"意义远不只是基于信息交互的语言体系。量子技术（量子通信技术）以光的速度传播信息；太赫兹技术（太赫兹生物大分子检测技术）能够从生物细胞中采集生命信息；物联网与电脑的结合，意味着人与外界的距离无论多远，都能超距离感应。人与大自然的交互交流变得更直接，仿佛就在身边、就在眼前。

光纤入户、家庭基站、高清互联网、4G移动网、全景航拍、卫星遥感以及空间再现技术等，所有这些现代科技在文化领域的不断应用，基于数字化的第三空间构筑的新型文化时空。现实世界和精神世界在这一时空中融为一体，足不出户便可以走遍千山万水，人未谋面也可以依偎在一起。人与人之间、民族与民族之间、国家与国家之间的交流，变得不再有距离，不再受限制。数字化将人类文化的传播与共享变得更加直接。

大脑记忆芯片（神经细胞生物芯片）和大脑信息传递芯片（大脑思维交互技术）使人脑与电脑联通，意味着人脑与电脑相通。人在想什么，能够传给电脑，电脑再通过量子通信技术，传给远在异国他乡的亲人、朋友。意念传递已经不是传说。数字化所带来的生命意义，意味着人与人之间交往，不再需要物理空间的移动；心与心之间的交流，不再需要过多的语言。人与人之间因为数字化的电脑存在，沟通和交流变得更加直接，无时无刻无所不在。

基于数字化矢量技术的文化地图和空间再现技术，不仅联通人与人之间的交流，联通本地与异地之间的交互，而且，联通了现代与历史之间、现实与神话之间的文化交往。逝去的可以再现，活着的穿越时空，古今对话、传统与现代对话已经不是神话，也不是艺术创作，而是实实在在的现实存在。如果说今天的邓丽君复活还是人工的造作，明天的邓丽君重新走进人们的视野，绝不是传说。历史的不再是历史，现代的也不再是现代，数字化使我们生活在物理和精神交织在一起的多维空间。

数字时代的数字化代表的已经不是信息技术，而是将生物科技、材料科技、信息科技融于一体的多维空间网络体系。电脑成为这一空间网络体系的神经元。人与人之间的沟通交流，人与人之间的情感交往，因为数字化技术而跨越人类的任何文化语言；人类的文化生活将不再依赖传统的文化表达。

这样的数字化语言体系建立，意味着"文化数字化采集"不是扫描、录入，更不是数字摄影摄像的数字化采集。正如激光拍照一样，电脑视听觉系统在读取人类符号、文字、色彩、音乐、图像的时候，本身就是一种语言识别，不仅解析人类的语音、动作、喜怒哀乐，而且开始直接读取人类大脑的思考，真正意义上实现了人机之间的意识交流。汉语言编程不仅是键盘文字的自组织程序，而且是具备识别不同乡音构建的自我认知。数字时代的文化数字化全然是一场电脑对人脑的解读，并以自组织形式构建人类结构化知识体系。

数字化的意义，也表现在电脑智慧系统对人类文化表达的重构。每一个人大脑涌现的情景，电脑都能按照文化表现形式一一呈现。文学、音乐、舞蹈、美术、戏剧，因为电脑的存在变得轻而易举，甚至异彩纷呈。空间再现技术不需要懂得电影艺术，更不需要具备舞台表演技能，新媒体剧场将电影艺术和舞台艺术融于一体，使大众登上舞台成为现实。文化数字化正在成为电脑协同人脑创作生产传播文化的全新过程。由自媒体为主体的新型文化业态，正在蓬勃发展为现代社会文化的主流形态。

不仅如此，因为电脑的存在，艺术与艺术之间、语言与语言之间的相互转换和对应表达变得可能。色彩与音乐对应，舞蹈与语言互换，新的创作手法和艺术表现形式异彩纷呈。整个文化艺术业态因为数字化技术进步开始受到全面挑战。

"数字"对于文化语言而言，是"人—机—人"的新语系建构，不仅覆盖人类所有文化语系，而且超越人类文化语系，形成新型的、更加庞大的文化沟通。新媒体的文化传播正在挑战所有的传统文化样式。

2. 现代文化产业

无论是后工业、再工业，还是第三次工业革命，以信息科技、材料科技、生物科技为核心的第六次科技革命，终将使人类的科学技术从关注地球、太空，向关注人本身转移。以"生命科学"为焦点的高新科技体系，最终都集中在具有生命特征的电脑工业上；电脑工业的蓬勃发展，最终引发的是一场智力革命。电脑和人脑通过数字化形成的语言体系，最终爆发的是一场轰轰烈烈的文化产业现代化浪潮。

如果说电力革命彻底解放了人类的体力，电子革命解放的是人类的控制力，而今天的电脑革命，解放的则是人类的智力，是一场电脑工业彻底解放人脑的"智力革命"。如果说工业革命一次又一次地改变人类的生产方式和生活方式，那么今天的电脑工业革命改变人类的不仅仅是生产生活，而是思维方式和情感交流表达方式。若干的信息构成文化，并通过数字化构成新的语系，信息服务业终将走向新型文化业态。信息服务业的兴起，恰是文化服务业兴起的前奏。文化产业是信息产业的高端形态。电脑革命带来的结果不是信息产业革命，而是文化工业的再现代化。

法兰克福学派《启蒙辩证法》的"文化工业"以及阿多诺"文化工业的欺骗性"，仅仅看到了传统工业意义上的机器理性和复制生产的商品属性，于是，它们推理文化工业是反文化的机器替代，是娱乐化、趋利化的"文化异化"。当我们认真地观察现代高新科技的发展机理和实现趋势，当我们真正理解现代意义上的"数字化"含义后，就很容易认识到，植根于文化语系的电脑工业，已经不是传统工业制造的标准化复制，而是"电脑"与人脑共同构筑的大脑体系所具有的智慧创造力。3D打印机之所以引起世界轰动，是因为它揭示了电脑对再工业化的意义。未来的"再工业"不是昨天的"工业"，未来的"文化产业"也远不是法兰克福学派的

"文化工业"。电脑不再是机器，而是人脑的一部分，协同参与文化创造。科技因文化产业的加入和并购，必将使科技的"第一生产力"转向文化的"第一创造力"。电脑的生命属性和智慧能力从根本上改变了现代工业的属性，并因此而改变了文化的工业属性。

今天的电脑不再是 20 世纪 60 年代的计算机，它正在越来越多地介入人们的思考和感情生活；今天的网络也不再是 20 世纪 70 年代的通信网络，而是时刻联通人类神经系统的器官。基于网络的电脑与人类的生产生活休戚相关；基于人脑与人脑之间的电脑，已经进入人类的精神世界，并开始介入人们的日常文化生活。没有电脑参与的文化产业，事实上，已经算不上当今世界的文化产业。因为数字语系孕育出的新型文化，迥异于任何一种传统文化。这是一种新科技下的新文化，一种从创作到生产、传播、消费都发生根本变革的新文化工业。

随着信息科技日新月异的创新发展，材料技术和生物技术与信息技术的不断融合，电脑不再是电脑，而是智慧系统；人脑不再是人脑，而是电脑作为人脑的外脑协同合作构成新的大脑。未来电脑与人脑日益融合，我们面向的是关于人的精神世界科技进步，我们迎接的是文化创造力的"脑力革命"，是脑需求的产业革命。这种产业就是"现代文化产业"，是法兰克福学派批判下的"文化工业"再现代化。正如 3D 打印机带来的"再工业现代化"一样，智力革命的科技带给文化现代化以新的创造力和新的文化表达能力，这种创造力和文化表达能力是大众的、艺术的人机协同，不仅不解构艺术的独立批判性，不消解艺术的自由和个性化特征，而且，将文化工业的文化异化引向新型文化创造的现代化，文学、美术、音乐、舞蹈、戏曲、戏剧，所有的文化艺术表现，都将因为电脑工业的革命发生本质上的变革。

事实上，电脑工业已经悄悄地进入文化产业，正在掀起一场看不见的文化产业变革。数字出版已经与传统出版大相径庭，高清电视也区别于传统意义上的电视，环幕立体电影和深度无境电影的感染力已不是传统意义上的电影能比拟的，新媒体剧场实现的现场体验也不是传统剧场所能企及的。乔布斯留给世人的"i 媒体"已经引起全世界的骚动，未来的多媒体世界，将带来无法想象的感动。随着光纤入户、文化生产机构的高清网络传输、4G 网的空间传输、卫星遥感通信，以及全景航拍、家庭基站、空间再现的技术应用，新技术改革的不仅是传统出版业、电影、电视、文学、美术、舞蹈、音乐、戏曲、戏剧的创新发展，而是全面接受现代高新科技的洗礼，所有的文学艺术形态将发生根本变革。只要人类有精神活动，就有电脑的参与。只要有电脑的文化参与，人类的精神生活便焕然一新。立体电影似乎变得幼稚落后，《阿凡达》很快将成为历史的笑料。由电脑参与的文化活动，正在全面改变致思模式、表达模式和交流模式。电脑无处不在，并且，从文化资源的开发利用，到文化再生产体系，全面实现文化产业的现代化转型。

文化产业现代化所带来的新文化和新产业是彻底的变革。从文化资源的开发利用，一直到文化创作、文化生产、文化传播、文化呈现、文化消费、文化载体，全然地区别于传统文化生产模式。电脑工业带来的智力革命，不仅彻底地解放了大众的文化生产力，而且彻底地解放了文化表现力。

3. 自觉与不自觉

数字时代的数字化本质是文化语系建构，信息科技革命的结果，是文化产业的现代化变革。未来的产业革命，将从满足物质需求的工业革命，转向满足精神需求的文化产业变革；未来的经济增长，将从高物质消费增长转向高文化消费增长；或许，这才是转变国家经济发展方式的唯一出路，才是发展和振兴文化产业的国家战略意义。数字时代文化现代化的自觉与不自觉，反映着文化强国战略实施的主动与被动。是自觉地融入文化产业的现代化进程，还是不自觉地将我们的传统文化推向现代文化产业浪潮。今天的文化现代化选择，是面向未来、面向现代化、面向世界的文化自觉与不自觉。

数字化改变了文化，现代化改变了文化产业。传统的文化管理模式、传统的文化生产模式，是自觉地走向新文化新生产，还是不自觉地被现代技术和现代化浪潮推进，将是两种截然不同的结果。

从 2011 年中国科学院关于"未来科技革命"是基于生命科学的"再生革命"战略研究之后，信息科技的认知科学和智能技术就越来越接近人的意识。知识库技术使计算机具有了学习能力，智慧电脑开始协同人的体外思维；大数据技术使计算机具有了判别能力，从关联信息能够判别人的行为，分析电脑开始在体外协同人脑。人类文化的精神世界中，电脑越来越靠近人脑，共同形成感知世界、认识世界、改造世界的意识共同体，认知模式、思维模式的人机互动，意味着人类特有的感知模式、情感模式和思维模式距离电脑越来越近。这一切，都来源于数字化技术。无论我们自觉走向数字化，还是不自觉被数字化，现代数字蕴含的魅力正在悄然改变我们的生活。几亿人因为 iPhone 而改变习惯，这绝不是因为乔布斯，而是以数字技术为核心的文化高新科技改变了这个世界。如果我们的文化自觉没有领会这样的发展潮流，未来占据中国文化市场的将是那些拥有最先进文化科技的国家和企业。

文化资源因为其数字化而变得弥足珍贵，数字文化资源带来的商业价值和经济效益，就如同一件小小的馆藏珍品带来千亿元的拍卖价一样，带来无限的商机和增加值。非物质文化资源所构成的无形资产，远远超过任何一家企业的有形资产。数字文化资源就像待开采的金矿，带来无限的商机和经济增长。更加关注无形资产、更加发挥非物质文化资产的经济效益，似乎揭示了国家文化资产管理机构存在的核心意义和最大价值。如果我们的文化没有意识到数字文化资源的弥足珍贵，或许我们的文化管理将落入无意义的物质资产管理，我们的文化投资将落入消耗性的重复性生产。如果说物化的文化遗产保护与管理是文化事业机构存在的意义，那么，对文化数字化资源的管理则是国家文化资源管理机构存在的根本意义。因为资源数字化是文化现代化的必经之路，数字文化资源的管理远比物化资产管理重要得多。

在新文化的现代化浪潮中，我们同样关注那些传统文化产业的转型升级。尽管它们有太多的制约和担忧，患得患失使它们裹足不前。但现代化的自觉与不自觉同样将它们送入存在与不存在的前途命运之中。现代多媒体文化产业对传统媒体的挑战是残酷的、必然的。没有对未来文化的自觉，历史将成为历史，现代的将以鲜活的生命力更新时代。

今天的网络文化尽管还不成熟，但人类获取文化的方式已经改变，下一代文学、下一代美术、下一代戏剧的范式喷涌而出；今天的数字出版渠道尽管没有畅通，但人类文化生产方式已经改变，云服务即时出版蜂拥而至；今天的大数据技术尽管刚刚成形，但新的文化产品营销模式已经出现，震惊世界的聚变盈利模式和个性销售模式正在改变人们的文化消费习惯。知识库技术、3S智能技术、云计算技术、大数据技术，以及越来越近的空间再现技术，从提出到成熟，集聚强大创造力的"国家计划"和"商业开发"很快就将信息技术延伸至文化技术，从意识形态到情感表达，文化数字化技术意味着一个国家的精神边界正在被突破。无论我们开放与不开放，无论我们自觉与不自觉，数字时代的文化现代化迎面而来。美国GPS向文化领域的延伸已经起航，星球皮肤计划、大脑扫描计划、黑袋行动计划等大数据技术的应用，都涵括文化影响力和国民行为导引。正如Netflix的《纸牌屋》所展示的，是技术在判断消费还是技术在引导消费？文化产业的现代化浪潮席卷而来，任何一个国家都不能等候。在美国高新技术席卷全球的浪潮中，中华文化的自信是崛起，还是再一次遭受打击？对于尚未启动的中华文化数字化，我们面临的是又一次机遇或是挑战？

未来，手机不再仅是通信工具，会议、讨论、交友、购物，甚至阅读，看电影、电视，都能移动随身。未来，电脑以自组织形式参与人类的文化活动，能够从文化数据库直接建立知识库体系，建立任何一个文化名人的性格、技艺、情操知识库。逝去的将能再现，活着的将直接表达。电脑真正意义上解放了人脑的智力和技艺，电脑与人脑并列生活，越来越成为人脑依赖的伴侣，参与到人类的日常生活中，与人类沟通和交流。人脑的情感体系开始与电脑变得休戚相关。从这一意义上讲，"文化数字化"已经不是文化内容的机器代码化，更不是仅利用电脑从事"数字内容产业"的概念和意义。"数字"是电脑的文化禀赋，也是电脑特有的文化语言，它与人类文化语系越来越多地对接，随着知识库技术、云计算技术、大数据技术等电脑智慧技术体系的发育，人脑和电脑合成的大脑智慧系统，彻底改变传统的文化形态。下一代文学、下一代绘画、下一代文艺，因为电脑革命而全然变革。从文化内容到文化形式，从创作生产到传播消费，文化艺术从内到外、文化生产自始至终将发生全新的变革。电脑解放人类智力的时代已经到来，脑力革命正在全面释放人类的文化生产力。中国的文化产业是依然迷恋固有的传统历史，还是走向现代文化产业，直接关系着中华文化对未来文明的自觉与不自觉。

无论是文化数字化，还是文化现代化，文化高新技术具有革命性转折的时代已经到来，信息技术革命的后面是文化创造力的变革，脑力革命后的新兴文化业态发生的是一场文化上的根本变革。也正是数字化技术对文化生产力的深刻影响，才使得今天的信息服务业变得如此重要。信息服务业的兴起正在启明文化服务业的前夜。因为真正意义上能推动一个国家走向生态文明的主导产业，不是服务业，也不再是工业，而是文化产业。以精神消费逐步替代物质消费，以文化经济增长逐步代替工业经济增长，才是解决自然资源趋紧、环境污染问题的唯一方法，才是这个国家转变经济发展方式、保持 GDP 高速增长的唯一途径。文化产业的现代化，文化的自觉与不自觉正在关系国家的发展战略。

4. 选择与被选择

1840 年的枪炮打开了中国现代化的大门，中国的近代史是一部被现代化的受难史。曾经我们认为动力机械是"奇技淫巧"，宁肯让太监拉着火车走，也不肯承认动力的革命意义。后来，我们不得不"师夷长技以制夷"。直到 1949 年，我们在屈辱中被工业文明启蒙了近百年，我们在高傲中被列强驱向了现代化。

20 世纪 70 年代，钱学森参加联合国大会时，被美国大使警告，计算机工业再一次淘汰了古老的东方民族。我们这才意识到，汉字的电脑输入法关系我们民族的现代化，关系一个国家再一次被时代淘汰。

当我们的国家领导人乘坐日本新干线沉默不语的时候，当我们参观美国自动化生产线看不到工人的时候，我们无论如何也没有想到技术革命能发展到通过几百颗卫星就能日夜盯着中国领土。无论是 Google 地球，还是百度 GIS、手机 GIS，我国民用地图服务系统都是基于美国 NASA 坐标系的地球检测系统，这是美国与欧洲联合实施的"星球皮肤计划"的一部分。Google、百度、GPS 把中国发生的一切，随时随地呈现给美国政府。

当英特尔笨拙的芯片和微软简单的 DOS 操作系统开启了计算机工业的时候，我们也万万没有想到，计算机工业革命将再一次淘汰我们这一古老的东方民族。当电脑、手机、3D 电影风靡全球的时候，我们也同样不会预料到，未来的几十年，我们的民族文化要通过他国来解读。这就是今天的文化数字化，我们正在面临着一轮新的现代化浪潮。在数字化的自觉与不自觉之中，我们正处在现代化的选择与被选择之中。

汉字代码标准体系实现了人脑与电脑的键盘通话，语音知识库技术实现了任何一种方言都能与电脑沟通交流；图文识别技术使电脑能够识别任何印刷品的文化语言；动作捕捉数据库技术开始识别人类行为；文学、绘画、音乐、舞蹈的数字化，意味着电脑与人类文化语系的直接对话，并参与到我们的文化创作生产体系中来，形成既得的立体的动态的全景的空间再现式文化艺术形式，以其崭新的魅力吸引着每一个人。"苹果i"的中国潮仅仅是一个开始。第三空间的新文化技术将现实的物质世界与精神世界联通，以SOLOMO的服务模式改变人类的文化生活方式和精神表达方式。尤为重要的是，神经信号捕捉系统与电脑的连接，将人脑与电脑合二为一，人类大脑神经活动直接传达到文化对象的另一方，他们可以无语，也不必面视，爱意在心与心之间直接传达。数字化正在从根本上改变人类的精神世界和人类的情感体系。文化数字化意味着文化现代化。选择与被选择关系到民族的未来。

文化产业从制度上为中华民族文化现代化提供了路径，但是，能不能建设一批传统文化资源数字化队伍，关系到中华传统文化能不能主动进入电脑语系，能不能主动将中华文化通过现代电脑工业传播到世界。今天的文化改革发展，面临的是一场新兴现代化的选择与被选择。尽管当下的文化科技是星星之火，尽管当下的网络文化还远离艺术，但我们必须予以重视，正如17世纪的"奇技淫巧"，百年后变成了西方侵略中国的强大武装。

参考文献

专著

［1］陈任：《面向数字文物的图形技术研究》，博士学位论文，浙江大学，2004。

［2］国家图书馆数字战略研究课题组：《国家图书馆数字战略研究》，国家图书馆出版社，2011。

［3］李欣：《数字化保护：非物质文化遗产保护的新路向》，科学出版社，2011。

［4］谈国新、钟正：《民族文化资源数字化与产业开发》，华中师范大学出版社，2012。

［5］〔英〕维克托·迈尔·舍恩伯格、肯尼思·库克耶著《大数据时代》，盛杨燕、周

涛译，浙江人民出版社，2012。

[6] 王耀希：《民族文化遗产数字化》，人民出版社，2009。

[7] 姚伟钧：《从文化资源到文化产业：历史文化资源的保护与开发》，华中师范大学。

[8] 郑巨欣、陈峰：《文化遗产保护的数字化展示与传播》，学苑出版社，2011。

[9] 周明全、耿国华、武仲科：《文化遗产数字化保护技术及应用》，高等教育出版社，2011。

报刊文献

[1] 富平：《全国文化信息共享工程资源建设与图书馆数字资源建设》，《国家图书馆学刊》2003 年第 4 期。

[2] 霍笑游、孟中元、杨琦：《虚拟现实——秦兵马俑遗址与文物的数字化保护与展示》，《东南文化》2009 年第 4 期。

[3] 姬相轩、张雪：《传统文化数字化的三段论》，《现代视听》2009 年第 3 期。

[4] 蒋蕾：《国家图书馆二期暨国家数字图书馆工程概述》，《科技情报开发与经济》2009 年第 8 期。

[5] 李国杰、程学旗：《大数据研究：未来科技及经济社会发展的重大战略领域——大数据的研究现状与科学思考》，《中国科学院院刊》2012 年第 6 期。

[6] 李伟坤：《欧委会呼吁加快欧洲文化数字化进程》，《中国文化报》2009 年 3 月 18 日。

[7] 李月明、伍艺：《文化信息资源数字化建设与服务初论》，《高校图书馆工作》2009 年第 1 期。

[8] 梁广寒：《中国记忆工程文献遗产整合研究》，博士学位论文，武汉大学，2004。

[9] 罗彦、蒋淑君：《数字时代的文化基因重组——我国文化遗产数字化现状与未来发展》，《科技进步与对策》2004 年第 9 期。

[10] 毛琦：《北京城市文化资源的数字化虚拟传播——以胡同与四合院文化传播为例》，《现代传播》2013 年第 5 期。

[11] 潘云鹤、鲁东明：《古代敦煌壁画的数字化保护与修复》，《系统仿真学报》2003 年第 3 期。

[12] 裴张龙：《非物质文化遗产的数字化保护及其实施方案》，《非物质文化遗产研究集刊》2008 年第 8 期。

[13] 彭纲：《非物质文化遗产的数字化保护》，《非物质文化遗产研究集刊》2009 年第 6 期。

［14］邵未、张倩、孙守迁：《面向编钟乐舞的动作捕捉技术的研究》，《系统仿真学报》2003 年第 3 期。

［15］孙海芳：《数字化时代的文化透视》，《北京邮电大学学报》（社会科学版）2003年第 7 期。

［16］覃京燕：《文化遗产保护中的信息可视化设计方法研究》，博士学位论文，清华大学，2006。

［17］谭必勇、徐拥军、张莹：《技术·文化·制度：非物质文化遗产数字化研究述评》，《浙江档案》2011 年第 6 期。

［18］谭必勇、张莹：《中外非物质文化遗产数字化保护研究》，《图书与情报》2011 年第 4 期。

［19］王汉熙、刘凯：《面向三网融合信息服务产业的基础文化资源考察框架研究》，《华北电力大学学报》（社会科学版）2012 年第 1 期。

［20］许哲平：《从欧洲文化遗产在线（ECHO）看我国非物质文化遗产数字化建设》，《中国文物报》2007 年 2 月 16 日。

［21］杨程、孙守迁、苏焕：《楚文化保护中编钟乐舞的复原与展示》，《中国图象图形学报》2006 年第 10 期。

［22］杨程：《传统文化活动及其空间的数字保护技术研究》，博士学位论文，浙江大学，2007。

［23］郑建明、钱鹏：《国内数字图书馆建设模式研究——以国家数字图书馆与中国高等教育数字图书馆为例》，《大学图书馆学报》2011 年第 1 期。

［24］朱晓云：《法国文化数字化有大动作》，《中国文化报》2010 年 9 月 30 日。

［25］卓么措：《民族文化数字化保护与传承研究》，《兰台世界》2012 年第 12 期。

第二章　加强公共文化服务体系建设 推进文化产品及服务的政府购买[*]

首都经贸大学课题组[**]

一　理论篇

（一）本文相关概念研究

1. 公共文化服务

陈坚良（2007）认为，公共文化服务是指与经营性文化产业相对应，主要着眼于社会效益，以非营利性为目的，为全社会提供非竞争性的公共文化产品和服务的文化领域，涵盖广播、电视、电影、出版、报刊、互联网、演出、文物、图书和哲学社会科学研究等诸多文化领域。周晓丽、毛寿龙（2008）在肯定公共文化服务的非营利性、非竞争性、非排他性的同时，强调公共文化服务是一种具有很强的积极外部效应的公益性服务。孔进强调公共文化服务的作用及供给者，他认为，公共文化服务是指实现公民基本公共文化权利，满足公众公共文化需求，由政府或其他主体提供的文化产品或服务。尽管学术界对"公共文化服务"一词有不同的解释，但

---

　*　鸣谢：本报告获得首都经济贸易大学工商管理一级学科博士点、北京市经济社会发展政策研究基地、特大城市研究院学术支持。

**　参与的教师：张祖群（副教授，硕导），吴少平（教授），张学平（教授），蔡红（教授），吴冬梅（教授）、彭广黄（博士）；参与的研究生：罗琼、陈青霞、涂婷婷、王悦、钟佳芹、王晓芝、王波（博士生）；参与的本科生：林姗、罗星婷、王雪、杨依月、刘凤、杨艳玲、康希夏、何慧子、戴威。

在概念上的理解趋于一致，认为它是一种公共物品，是一种公益性的文化产品和服务。而作为公共物品，它具有非营利性、非竞争性和非排他性的特征，如上述对公共物品的讨论，在各国，公共物品是由以政府为主导的包括私人企业和非营利性组织为供给者提供的。因此，公共文化服务具有公共物品的特征和供给特点。

2. 公共文化服务的四对关系

（1）供需关系

我国公共物品及服务的供给，是为了保障公民的基本公共文化权利，满足人民日益提高的文化需求，丰富人民精神文化生活。我国公共文化服务需求的特点是层次不断提升并且落差大，内容要求多样化，需求者由被动接受变为主动需求，农民文化活动参与性需求强烈等，这逐渐造成我国公共物品及服务的供给与需求的诸多矛盾。

（2）支出关系

政府对我国公共文化服务的投入大幅增加，但目前我国公共文化服务总体水平仍然不高，公共文化服务体系建设投入总量少、比重低，出现了文化服务水平的提升与政府公共财政投入不足的矛盾。

（3）产业关系

公共文化产品的生产、消费、价格、产品市场以及产品升级都具有其独有的特征。

（4）差异关系

受历史、文化及自然环境等因素影响，我国东部地区、东北地区、中部地区和西部地区之间公共文化服务水平存在差异。

3. 农村文化"真空"

农村公共文化的现实服务水平并没有与人民群众文化需求的增长相匹配，农村公共文化的供给严重缺失，农村文化生活存在"真空"，主要原因归结为以下几点。第一，由于大众媒介具有城市中心主义以及面向农村的主流媒介的单一性导致的农村大众传媒的缺位；第二，城乡"二元结构"，主要表现为，政府在城乡公共文化服务"人、财、物"供给上存在较大差异和在城乡收入差距、区域收入差距扩大的背景下，农民消费不足；第三，农村公共文化供给质量不高，出现了不良文化，供给形式单一，缺乏趣味性；第四，政治体制障碍，主要表现在公共文化服务体系建设的法律法规和规范性文件在微观的执行层面上，缺乏刚性的政策支撑。

4. 文化创意产业

文化创意产业具有非常广泛的内涵，广泛来说包括艺术文化服务、艺术文化产品、电子产品等，具体细分则更加复杂。文化创意产业为受众提供的是具有娱乐、信息价值的文化艺术产品或服务，例如影视艺术，歌曲，书籍出版，游戏、电子产品等。从字面上看，"文化创意产业"至少具备以下三个条件。第一，文化性；第二，创新性；第三，产业性。文化创意产业的核心就在于人的创造力以及最大限度地发挥人的创造力。"创意"是产生新事物的能力，创意必须是独特的、原创的以及有意义的。在"内容为王"的时代，无论是电视影像这样的传统媒介产品，还是数码、动漫等新兴产业，所有资本运作的基础都是优良的产品，而在竞争中脱颖而出的优良产品恰恰来源于人们丰富的创造力。因此文化创意产业本质上就是一种"创意经济"，其核心竞争力就是人本身的创造力，由原创激发的"差异"和"个性"是"文化创意产业"的根基和生命。

5. 财政转移支付

《现代经济词典》将财政转移支付解释为："是指政府或企业的一种不以取得商品和劳务作为补偿的支出"，联合国《1990年国民账户制度修订案》的解释更为宽泛，"是指货币资金、商品、服务或金融资产的所有权由一方向另一方的无偿转移。转移的对象可以是现金，也可以是实物"。总体上看，转移支付的含义主要有以下几个要点：一是无偿性；二是形式不仅包括支出，还包括税收的转移；三是对象既包括政府，也包括家庭及个人；四是不仅包括货币，也包括商品服务及实物。

6. 政府采购

政府采购是指国家各级政府为从事日常的政务活动或为了满足公共服务的目的，利用国家财政性资金和政府借款购买货物、工程和服务的行为。政府采购不仅是指具体的采购过程，而且是采购政策、采购程序、采购过程及采购管理的总称，是一种对公共采购管理的制度。完善、合理的政府采购是对社会资源的有效利用，对提高财政资金的利用效果起到很大的作用，因而是财政支出管理的一个重要环节。

（二）本文构架

第一部分为理论篇，主要对公共文化服务供需关系、支出关系、产业关系、差异关系以及相关概念和理论进行分析。

第二部分为农村基层公共文化服务，通过对东部发达地区、中部地区、西部地区农村文化生活分别进行调研，发现农村公共文化生活的"真空"状态，并提出农村文化重建的构想。

第三部分为城市公共文化服务。主要对北京城市公共文化服务进行分析，分析北京公共图书馆、博物馆、对外文化交流以及文艺会演等公共文化事业的发展情况，进一步对公共文化创意产业和公共文化服务体系等问题进行深入阐述。

第四部分为对策篇，通过对公共文化服务的进一步研究，提出政府采购这一建设性意见，并就政府采购存在的弊端进行分析，最后对我国文化体制改革进行总结性分析，为更好地发展我国公共文化事业提供理论依据。

（三）我国公共文化服务供需不匹配

我国公共物品及服务的供给，是为了保障公民的基本公共文化权利，满足人民日益提高的文化需求，丰富人民精神文化生活。它形成了以政府为主导，市场、非营利性组织为辅助的供给者。在公共物品及服务的供给制度中，安排者和生产者主要由政府、市场、非营利性组织三者组成。当政府同时作为安排者和生产者时，政府通过政府机构或者公共企业向公众直接提供公共物品及服务；当政府只是安排者，市场和非营利性组织作为生产者时，政府通过合同承包、特许经营、政府补助以及政府采购的方式向公众间接提供公共物品及服务；当市场和非营利性组织作为安排者时，政府在这种经济交易中的介入程度较浅，主要是确定服务并制定安全和其他标准，政府起到的是监督者的作用；当市场和非营利性组织同时作为安排者和生产者时，公共物品的供给则成了私人企业和社会非营利性组织志愿供给的活动，提供的物品和服务的形式主要为无偿捐赠、志愿服务、没有营利性目的的收费服务，此外也包括为自己的公共消费而生产的活动。

"十一五"以来，文化事业费总量、人均文化事业费持续增长，全国文化事业费整体呈现快速增长的态势。随着我国公共文化服务条件的有效改善，财政对公共文化经费投入的进一步加大，我国公共文化服务水平也得到了显著提升。文化投入结构有所改善：一是文化事业费逐步向西部欠发达地区倾斜；二是文化事业费逐步向基层倾斜；三是文化事业费逐步向群众文化倾斜；四是对文化产业的投入从无到有。

近年来，我国政策不断向农村、西部地区倾斜。尽管如此，城市公共文化服务一直是我国的重点发展部分，占全国文化事业投入总量的较大比重，与农村文化事业费相比，城市文化事业费投入总量仍然保持着领先地位。

针对农村基层文化服务供给匮乏、文化建设薄弱的问题，各级政府坚持重心下移、面对基层、面向群众的方针，逐年增加对农村基层文化供给投入力度，不断满足农民日益增长的文化需求。供给政策的逐渐完善，资金供给不断加大，各种文化服务工程全面展开，如广播电视村村通工程、农村电影放映"2131"工程、"农家书屋"工程、文化信息资源共享工程、乡镇综合文化站建设工程，都在一定程度上促进了农村基层文化服务的发展。

近年来，城市人民的文化需求具有以下特点和趋势：第一，文化需求层次落差大；第二，文化需求层次不断提升；第三，文化需求内容要求多样化。同时，农民对文化的需求既迫切又多样化，农民文化需求由被动接受变为主动需求，农民文化需求层次逐步提高，农民文化活动的参与性需求强烈。

由于文化供需结构不平衡，我国公共文化服务的供给与需求存在诸多矛盾。第一，政府文化供给总量不足与巨大的文化需求量之间的矛盾。第二，政府文化供给内容与城市市民文化需求错位的矛盾。第三，农村公共文化供给与需求的矛盾。第四，政府文化供给不足与农民的文化活动需求日益提高之间的矛盾。这主要表现在三个方面。一是政府的文化供给难以满足农民最基本的求知需求，二是政府的文化供给难以满足维护农民优良道德的需要，三是政府的文化供给难以满足农民日常休闲活动的需要。第五，农村公共文化服务供给内容与民众实际需求脱节之间的矛盾。第六，农村官办"送文化"与农民需求"种文化"之间的矛盾。

（四）公共文化服务的产业关系

产品的分工可以提高效率，但这是针对一般商品而言，对文化来说，专修一样文化产品，其短期的效率是高的，但是总效率却不高。从文化角度讲，现在开发一种文化产品，比如研究某一领域，那么现在专门生产研究这一领域的文化，可以达到专修，例如专业研究员。但是如果专门研究一个领域，也许对于这个领域内部知识掌握牢固，但是要想拓展是难的。因此，文化产品的生产可以分工，分工后也要相互沟通。在文化产品的生产过程中，素材是广泛的，可能是任意一项事务，关键是如何进行优良的加工，也就是怎样选择推出的方法，这最终决定了文化产品的内涵。

虽然有些文化产品的需求者很少，导致生产者再生产不能获得更大的效益，但是文化产品整体上从需求角度上看是广阔的。随着文化产品被接受数量的增加，总效用是不断增加的，而边际效用却不是递减的。文化产品比一般产品更需要创新，尤其是在现今经济高速发展的时代。人们接触过一次的文化产品如果没有提升，那么随着时间的推移人们对该文化产品的需求会降低。文化产品也不像奢侈品那样可有可无，即使普通产品匮乏，但是只要文化产品是丰富的，那么人们获得的价值也是很高的。

目前，我国文化产品市场进入竞争状态，文化产品生产效率大幅度提高。由于文化产品具有较高的可复制性和可传播性，为了能够在竞争中脱颖而出，必然要寻求与众不同，进行文化产品创新。不同地区的文化产品生产是具有比较优势的，甚至有些地方具有绝对优势。文化产品的生产者可以利用比较优势进行地区分工创新，但是消费者由于地区性的原因却不能接受过多的文化产品。因此，从文化利益角度讲，比较优势并不一定十分可取。

文化产品涉及产业升级，像科学、技术等产品，文化产品在有资金的情况下，节能会促进其研发和生产。文化产品的研发和生产需要高级人才，而培训高级人才的费用和时间的成本是高昂的。文化产品的不断创新和多样化无论对于文化产品的生产者，还是文化产品的消费者，都是好的。只有不断创新，才能保证文化产品生产者在市场上立足和消费者对文化产品的渴望。文化产品的多样性使得文化产品变得精益求精。在竞争条件下，文化产品才能促使文化创新和多样性。文化产品的地域性拓展虽然很难，但是文化产品当地化却可以促使文化产业繁荣。

（五）公共文化服务的政府支出基数增加，比重减少

近年来，政府对我国公共文化服务投入增加，但目前我国公共文化服务总体水平不高，公共文化服务体系建设投入总量少、比重低，出现文化服务水平的提升与政府公共财政投入不足的矛盾，这与经济社会发展的进程和水平不相适应，与广大人民群众日益增长的精神文化需求不相适应，与底蕴深厚的文化资源强国地位不相适应，与社会主义文化强国的目标要求不相适应。

"十五"期间，国家实施了县级"两馆"建设规划、送书下乡等工程，极大地促进了公共文化服务的发展。"十一五"以来，各级政府不断加大文化投入，大力推进重大文化工程项目，如流动舞台车工程，文化产品和服务丰富多样，全国文化投入呈现持续增长的态势。"十一五"期间，我国文化事业费总量持续快速增长，是近十年来文化事业费增长最快的一个时期。文化事业费总量呈现不断攀升的趋势，但文化事业占财政支出的比重明显偏低。我国文化事业费明显不足的原因，一方面是由于我国经济社会发展不同，文化建设长期以来底子薄、欠账多；另一方面也是由于一些基层地方政府对文化建设特别是公共文化服务体系建设重视不够，缺乏文化自觉性。另外，比较公共文化服务中的各项类别，近年来，我国政府对文物的保护力度加大，对体育事业费的支出下降。

"十二五"期间，各级政府继续高度重视文化发展，采取多种措施，加大投入保障，不断满足广大群众迫切的基本文化需求，逐步实现文化的大发展大繁荣。《文化部"十二五"时期公共文化服务体系建设实施纲要》指出，到2015年，覆盖城乡、结构合理、功能健全、实用高效的公共文化服务体系初步建立，公共文化设施网络更加完善，服务运行机制进一步健全，服务效能明显提高，"十二五"时期公共文化服务国家基本标准有效落实，人民群众基本文化权益得到更好保障，公共文化服务体系主要指标均达到一定高度。

（六）公共文化服务水平区域差异大

我国东部地区、东北地区、中部地区和西部地区公共文化服务水平存

在差异，东部地区、东北地区、中部地区、西部地区这四个地区的公共文化投入综合指数（总量）平均得分依次呈递减趋势。东部地区和东北地区的公共文化投入明显高于中部地区和西部地区，西部地区政府对于公共文化服务的重视程度还有待进一步提高。西部地区相较于东部地区来说，由于受历史、文化及自然环境等因素的综合影响，该地区总体的经济水平尤其是文化发展水平相对落后。

（七）公共文化服务体系与政府采购

公共文化服务的构成主体一般包括政府、企业、非政府组织和社区，它们在公共文化服务体系中扮演着不同的角色，承担着不同的责任。政府作为公共文化服务体系构建的核心主体，其职责有：转变政府职能，维护文化市场秩序；建立健全文化法规体系；制定文化发展规划；建立政策支持体系；深化文化体制改革。企业作为公共文化服务体系构建的竞争参与主体，其作用是扮演公共文化产品和服务提供者的角色，弥补政府公共文化服务的不足，提高公共文化服务的质量和效率。非政府组织作为公共文化服务体系构建的重要主体，其职能是促进公共文化产品供给和公共文化服务中的组织协调作用。社区作为公共文化服务体系构建的基本主体，其功能有：整合功能、导向功能、传承功能、发展功能。

国外对文化的行政管理制度多介于政府、市场和商业部门三者之间。只有具有公共性、责任性、透明性和有效性的政府体制，才能提高公共文化服务效率，实现社会公平。美国和日本的政府采购救济制度相对比较完善，组织机构和救济程序都比较健全。另外，英、美、法国的绩效考核和激励机制对公共文化服务体系的建设完善具有重要的促进意义。

政府在公共文化服务中的投入主要有三种方式：政府采购、政府转移支付和预算拨款。我国的公共文化服务是政府主导型模式，在这个模型中，政府是政策制定者、资金供应者和生产安排者。政府在制定制度的同时，也应具有执行贯彻方针政策的能力，制定辅助提供公共文化服务的配套设施。在不同时期，政府根据经济形势和经济发展目标决定对公共文化的投入规模和投入方向等。政府还可以通过特许经营等制度选择来履行提供公共文化服务功能。政府主导模式能够充分发挥政府动员资源的能力，在较短时间内提供基本的公共文化服务。但是，腐败问题也容易由此产生。在公共文化产品政府采购中，政府角色有五个，即采购产品、采购方向、采购模式、功能定位和角色定位。政府采购目标是：用最少的钱办最多的事，实现公共资金的最大价值。然而，在现实中，政府采购活动不透明，价格高质量差的现象比比皆是，这违背了政府采购制度的初衷，侵犯了纳税人的权益。有三种学说，即劣币驱逐良币说、腐败说、制度缺陷说，可以解释政府采购何以价高质差这个问题。为了解决政府采购价高质次和腐败问题，必须严格执行公开透明原则，提高政府采购投标过程和结果的透明度，是加强政府采购监管、提高其公信力的关键所在。建立健全预防政府采购中腐败制度机制，并严格执行；严肃查处商业贿赂，加强政府廉政建设和监督机制，将贪污腐败扼杀在摇篮中；政府采购必须进行即时审计，以防腐败行为等措施也是很有必要的。

（八）公共文化服务投入向转移支付转变

转移支付"是指政府或企业的一种不以取得商品和劳务作为补偿的支出"，转移对象可以是现金，也可以是实物。转移支付的含义主要有以下几个要点：一是无偿性；二是形式不仅包括支出，还包括税收的转移；三是对象既包括政府，也包括家庭及个人；四是不仅包括货币，也包括商品服务及实物。[①] 按照中央政府向地方政府转移支付时规定的该转移支付项目资金的具体用途，可以将转移支付划分为一般性转移支付（或无条件的转移支付）和有条件的转移支付。[②] 转移支付模型是需要具备相对性和动态性的。相对性，即确定转移支付标准时由于经济不断发展和地区自然、文化、人口结构的差异，财政提供的公共服务的成本是不断变化的，不同地区对达到一定公共服务水平的需求不同，供给能力也不同；动态性是要求转移支付模型能够随时根据经济发展和社会发展的特点进行调整，只有这样，才能有效调动各地区发展经济、增收节支的积极性，避免基层政府对上级补助"等、靠、要"等不作为倾向，也能有效避免"鞭打快牛"情

---

① 王鹏：《财政转移支付制度改革研究》，吉林大学经济学系博士学位论文，2012。
② 中共河北省委党校课题组：《河北省财政转移支付政策研究——政府间财政转移支付理论研究》，《经济研究参考》，2006。

况的出现。因此，转移支付资金分配应激励资金承受主体开源节流，培植地方财力和税基，控制无效率的财政行为。应当将基本公共服务逐项梳理，根据国家财力可能，根据急缓先后，将这些项目逐项纳入专项转移支付范围。由于转移支付的承受人总是那些财力困难的地区，因而经过若干年努力，这些地区将会获得财力上的根本改善。这是符合渐进论的，或者说，经过数年努力，才能达到大体上财力分配公平的目标。转移支付是由科学原则、规范原则、均衡原则、公正原则、效率原则这五个原则保证实施的。公共文化转移支付制度创新具有重要的积极意义——有助于建立和完善"责权明确""事权与财力相匹配"的管理体制；有助于实现公共文化服务均等化；有助于提高资金的使用效率。

（九）文化产业政策分析

党的十七大以来，我国相继制定了一系列促进文化产业的发展政策，从文化体制、财政税收、金融等各个层面支持文化产业，特别是文化体制改革，有力地促进了我国文化产业的大发展。

区域发展不平衡是影响我国各个方面发展的重要因素，公共文化服务的发展也不例外。改善东西部区域间的不平衡，不仅要根据各地实际情况，实行差异化的公共文化服务体系建设策略，而且要大力实行财政体制创新，切实有效地强化欠发达地区的公共文化服务体系建设。我国现有的财政支出政策主要有政府采购、政府转移支付和预算拨款等，面对区域发展不平衡的问题，很多地方政府只想到了用政府转移支付这一种财政支出政策。但近年来，随着政府采购的兴起，我们可以看到，在市场经济机制逐渐健全的条件下，政府采购本身也是具有一定的可行性的。

文化体制改革的开端，是随着经济体制改革和社会主义市场经济体制的建立而必然发生的。文化体制改革的目的是通过全面推进体制机制创新，通过提供丰富的文化产品和服务，不断满足人民群众不断增长的精神文化需求，促进人的全面发展。长期以来，制约文化发展的体制性障碍就是事业职能和企业职能混淆，把经营性文化产业与公益性文化事业混同，应该由政府主导的公益性文化事业长期投入不足，应该由市场主导的经营性文化产业长期以来政府介入深化文化体制改革。因此，必须区分情况，对不同类型的文化单位提出不同的改革要求。充分发挥在国家宏观调控下市场对文化资源配置的基础性作用，打破地区、部门、行业、所有制界限，对文化资源重新进行整合，提高集约化经营水平和产业集中度；不断拓宽经营范围，调整经营结构，拓展发展空间；增强政府引导调控和公共服务能力，加强内容引导示范，促进产业集聚和人才培养，推进产业和产品升级，提升产业总体素质，增强产业发展后劲。未来的公共文化服务和产品供给应该是以政府为主、社会参与、共同管理。随着市场经济体制的进一步成熟，广大人民群众文化重心正在从消费领域转向生产投资领域，政府宏观调控正在从行政管理转向经济发展。改革文化管理体制，推动文化产业升级应打破条块分割与行业壁垒，优化产业组织结构，调整区域产业布局；建立文化产业法律体系，加强文化市场监管，建立依法经营、违法必究、公平交易、诚实守信的市场秩序，营造公开、公平、公正的文化产业市场竞争环境；高度重视资本市场对文化产业发展的作用，鼓励更多的文化企业上市，广泛吸引社会资金，通过资本市场收购兼并其他文化企业，壮大规模，提高竞争力；推进高新技术成果与文化产业的结合，提高文化产品生产和文化服务的科技含量，用高新技术和适用技术改造传统文化产业，培育开发新兴文化产业。

二　现实篇：农村基层公共文化服务

（一）农村公共文化服务现状

党的十七大报告提出"要提高国家文化软实力"，这是我国文化建设的一个战略重点。文化是一个国家的精神食粮，也是民族传承的血脉。文化作为一种社会现象，是人们长期创造的产物，也是社会历史的沉淀物。它包含着人类在发展过程中所创造的所有物质文化和精神文化。在党的十八大报告中也提出"要扎实推进社会主义文化强国建设……在改善民生和创新管理中加强社会建设"①，这是我国社会主义建设的又一重要战略。维

---

① 胡锦涛：《中国共产党第十八次全国代表大会报告》，http://wenku.baidu.com/view/6faec4c4da38376baf1faed3.html，2012 年 11 月 26 日。

护最广大人民的根本利益，加快健全基本公共服务体系，加强和创新服务管理是实现社会建设的基本着手点。由此可见，公共文化服务建设是国家发展的重要部分。

随着改革开放以来农业生产方式的转变，农村的生产力有了很大提高，广大农民的生活水平有了很大改善。近年来，国家越来越认识到农村文化发展在新农村建设中的重要地位和作用，采取了一系列的措施，使得农村的文化有了一定的发展。

1. 农村公共文化服务取得的成就

（1）公共文化服务激发了农民对公共文化的需求

社会主义新农村建设的主体是农民，农村公共文化服务体系建设的受益者也是农民，过去农民的消费支出主要集中在衣、食、住、用、行等生活必需品上，在公共文化方面的支出比重很小。随着农村经济的逐步发展，农民的消费需求有了很大转变，他们不再仅仅满足于生活必需品的消费，而是更加注重精神文化生活对他们的影响。2001～2010 年地区综合发展指数报告见表 2－1。

表 2－1　2001～2010 年各地区综合发展指数增长情况

地　区	2001～2010 年累计增长速度（%）	2001～2010 年累计增长速度排序（位）	"十五"期间年平均增长速度（%）	"十一五"期间年均增长速度（%）
北　京	35. 26	31	3. 57	2. 56
天　津	37. 37	29	3. 03	3. 43
河　北	46. 33	19	3. 18	4. 59
山　西	58. 36	4	3. 88	5. 54
内蒙古	53. 24	12	3. 81	4. 92
辽　宁	45. 08	22	3. 46	4. 12
吉　林	43. 52	25	3. 09	4. 27
黑龙江	44. 76	24	2. 85	4. 69
上　海	35. 35	30	2. 79	3. 35
江　苏	52. 60	13	3. 70	4. 94
浙　江	47. 22	17	3. 58	4. 31
安　徽	55. 29	8	3. 08	5. 94
福　建	41. 05	26	2. 89	4. 11

地 区	2001～2010 年累计增长速度（%）	2001～2010 年累计增长速度排序（位）	"十五"期间年平均增长速度（%）	"十一五"期间年均增长速度（%）
江　西	56.86	5	4.36	4.85
山　东	45.91	20	3.15	4.56
河　南	45.39	15	3.51	4.66
湖　北	40.18	18	3.11	4.65
湖　南	45.39	21	2.88	4.75
广　东	40.18	28	2.63	4.24
广　西	48.67	16	3.02	5.08
海　南	40.08	27	2.27	4.69
重　庆	60.02	3	3.79	5.85
四　川	57.35	5	3.51	5.78
贵　州	68.20	1	4.40	5.29
云　南	53.83	11	2.95	5.88
西　藏	56.17	7	3.64	5.49
陕　西	45.06	23	1.66	5.96
甘　肃	54.42	10	3.50	5.40
青　海	49.94	14	3.57	4.70
宁　夏	55.27	9	3.46	5.55
新　疆	62.78	2	3.96	6.04

从表 2-1 可以看出，2001 年以来，全国各地区综合发展指数都呈上升状态，贵州、重庆、新疆等中西部地区综合发展速度最快，江苏、浙江、内蒙古等北部及南部沿海地区综合发展速度较快，黑龙江、吉林、辽宁等地区综合发展速度较慢。北京、上海等经济政治发展较完善地区的综合发展速度最慢。但是，"十五"期间，从各地区年平均增长速度比较来看：北京、天津、江苏等经济较发达地区平均综合发展速度较快，云南、广西、陕西等经济发展较缓慢地区年平均综合发展速度较慢。"十一五"期间出现相反现象，北京、上海等经济较发达地区发展速度下降。从这些数据可以看出，由于"十五"期间和"十一五"期间国家发展扶持重心不同，地区经济受到不同影响。但是从整体来看，2001～2010 年，各地区经济都呈上升状态。

表 2-2 2010 年各省（市、区）综合发展指数与人均 GDP、HDI、全面小康指数比较

地 区	综合发展指数	人均 GDP	HDI*	全面小康指数
北 京	1	2	2	2
天 津	3	3	3	4
河 北	21	12	10	21
山 西	19	18	14	23
内蒙古	20	5	13	13
辽 宁	8	8	7	8
吉 林	12	11	9	11
黑龙江	18	16	11	14
上 海	2	1	1	1
江 苏	4	4	6	5
浙 江	5	5	5	6
安 徽	23	26	26	17
福 建	7	10	12	7
江 西	15	24	25	19
山 东	9	9	8	9
河 南	24	21	15	20
湖 北	10	13	16	12
湖 南	14	20	19	10
广 东	6	7	4	3
广 西	22	27	20	24
海 南	17	23	17	16
重 庆	11	14	18	15
四 川	16	25	24	18
贵 州	27	31	30	29
云 南	25	30	28	25
西 藏	31	28	31	28
陕 西	13	15	22	22
甘 肃	29	29	29	27
青 海	30	22	27	31
宁 夏	26	17	23	26
新 疆	28	19	21	30

注：* HDI（人类发展指数）为 2008 年排名。①

---

① 盛来运、严建辉：《中国发展报告》，中国统计出版社，2012，第 174 页。

由表 2-2 可知，地区的综合发展指数、人均 GDP、HDI 与全面小康水平呈正相关关系。而这些数据正是反映一地区各方面发展的指标。根据表中数据可知，2010 年，北京、上海、浙江、江苏、辽宁等经济较发达地区的综合发展指数、人均 GDP、HDI 和全面小康指数排名靠前；新疆、西藏、安徽、河南等经济发展较缓慢地区的综合发展指数、人均 GDP、HDI 和全面小康指数排名偏后。尽管 HDI 为 2008 年排名，但根据表 2-2 中其他数据指标排名可以看出 2008 年 HDI 排名与 2010 年各发展指标排名数据基本一致，都呈正相关关系。

因此，由表 2-1、表 2-2 可以看出，国家政策、地理位置、经济发展等各方面因素导致了各地区发展不平衡，中西部地区与东部沿海地区发展差距还很大。但是，总体来说，21 世纪以来我国各地区经济发展都呈上升状态。农民群众物质需求若得到改善，对精神文化产品就会有更大的需求。

（2）农村公共文化基础设施有明显改善

近年来，国家加大对农村文化基础设施建设的投资力度，在硬件设施方面比以前有较大提高，全国各农村地区开始着手或已经建成图书馆、文化站、文化书屋等文化活动中心，为农民群众提供文化活动场所。

表 2-3　第二次全国农业普查中有文化教育设施的乡镇或村比重

单位:%

地区　　分布	全　国	东部地区	中部地区	西部地区	东北部地区
有职业技术学校的乡镇	10.8	14.3	12.3	7.8	11.7
有公园的乡镇	11.7	23.3	9.9	6.6	8.9
有广播、电视站的乡镇	71.3	72.6	75.6	67.4	74.7
按村与小学的距离分					
村内有小学	32.4	25.9	37.8	34.1	38.2
1~3 公里	55.2	64.4	51.8	48.5	47.2
4~5 公里	6.3	5.7	5.8	7.6	7.2
6~10 公里	3.9	3.0	3.4	5.3	5.1
11~20 公里	1.5	0.9	1.1	2.6	1.8
20 公里以上	0.7	0.1	0.1	1.9	0.5

续表

地区 分布	全　国	东部地区	中部地区	西部地区	东北部地区
按村离中学的距离分					
村内有中学	5.8	5.3	6.2	5.9	6.9
1~3公里	43.6	52.2	47.1	31.1	32.2
4~5公里	20.0	21.1	21.1	17.1	23.0
6~10公里	18.2	15.3	17.7	21.1	27.1
11~20公里	8.3	4.8	6.4	14.5	8.7
20公里以上	4.1	1.3	1.5	10.3	2.1
能接收电视节目的村	97.6	99.2	98.0	94.9	99.7
安装了有线电视的村	57.4	73.6	48.2	43.4	74.5
有幼儿园、托儿所的村	30.2	35.1	31.1	22.0	37.3
有体育健身场所的村	10.7	19.0	6.7	4.8	7.6
有图书室、文化站的村	13.4	18.1	9.7	10.9	16.4
有农民业余文化组织的村	15.1	19.4	12.8	12.0	15.4

资料来源：第二次全国农业普查主要数据公报（第三号）。[1]

截至 2006 年末，全国 10.8% 的乡镇有职业技术学校，11.7% 的乡镇有公园，71.3% 的乡镇有广播、电视站。87.6% 的村在 3 公里范围内有小学，69.4% 的村在 5 公里范围内有中学。97.6% 的村能接收电视节目，57.4% 的村安装了有线电视。30.2% 的村有幼儿园、托儿所，10.7% 的村有体育健身场所，13.4% 的村有图书室、文化站。从表 2-3 中可以看出，近年来国家加大对农村公共文化基础设施的建设，农村公共文化基础设施逐渐健全，尤其是东部地区和东北部地区基础设施状况较好，体育健身场所、图书室、文化站及农民业余文化组织在东部和东北部地区也都有了一定的发展。目前大部分农村地区有文化活动中心、文化站、学校及广播站，农村的公共文化基础设施水平有了显著提高。

（3）初步形成农村公共文化服务市场

近年来，国家规范农村公共文化服务市场，建立健全监督管理制度，

---

[1] 梁媛：《农村公共文化服务体系建设现状及路径选择》，东北师范大学行政管理专业硕士学位论文，2011。

规范文化市场经营方式，形成了多元化的农村文化市场格局。据国家文化部的不完全统计，目前我国有 6800 余家民间文艺表演团体，他们常年在乡间表演，演出形式丰富多样，了解群众需要，贴近群众生活。① 这些民间艺术家的文化艺术作品直接来自农村。既是农民，又是文化的发扬者，这些民间艺术家以他们特有的方式，把农村本土文化所蕴含的德育、娱乐的内容带给了广大农民群众，能够有效地丰富农村文化市场。

（4）基层公共文化服务正在悄然改变

第一，从零散到品牌，文化活动创新不断。

如今基层群众文化活动零散开展得越来越少，品牌意识越来越强。这些文化活动成为品牌并不是依赖于昂贵开支，而是凭借形式创新和群众互动，走出了一条"政府主导、群众主体、社会支持、市场运作"的基层群众文化活动新路。

拖拉机手来不及换衣服就开唱，菜贩拉着女儿跳拉丁舞，机械工人组建摇滚乐队登台，上访户成了文化活动带头人……浙江省舟山市定海区的选秀节目"唱响定海"成了名副其实的浙江群众文化品牌活动。河南举办的群众文化活动中，"教你一招"最得人心。活动中，人们能学到杂技魔术、书法绘画、摄影舞蹈和器乐演奏等。黑龙江有哈尔滨的"激情广场"、伊春的"大森林之声"、鸡西的中俄文化交流周、漠河的中国北方少数民族歌舞服饰展演、海林的"端午诗会"等。这些已经形成品牌的文化活动反响很好，并且群众参与广泛。

第二，从主动到互动，文化服务以人为本。

从单一的"送文化"到培养人才"种文化"，再到文化服务预订、选择，基层文化服务正在逐步从主动走向互动，群众对于文化服务的期待正在得到更多尊重和满足。"看样订货"让观众意见得以传达，"文化超市"则让服务有了更多选择。登录定海区的文化超市网页，服务项目清晰明确，有演出、电影、培训、健身、"非遗"学习等。

---

① 李少惠、崔吉磊：《我国农村公共文化服务内生机制的构建》，《经济体制改革》2007 年第 5 期。

除此之外，还有江西省乐平市赣剧演艺责任有限公司的"我们的剧目可以看样订货"；山西芮城县青年蒲剧团也在尝试通过一边演、一边发放演出评价单方式，征求观众对演出的建议；山东省青岛市城阳区的文化超市还设有"导购""文化套餐"和"自助配餐"；湖北省宜昌市夷陵区"十艺节"；吉林东北风二人转艺术团"农民文化活动月"；陕西省周至县农村电影放映技术比武竞赛锻炼人才。

第三，从传统到新潮，服务手段随时代进步。

科技发展也为图书馆拓展服务方式提供了更多可能。各地涌现的"自助图书馆"成了街边的文化风景线。挤地铁上班前先借本小说，下班回来再顺路归还；在购物中心逛累了，随手插卡借本书翻上几页，读者可以更加方便省时地自助借还图书。

农民"看电视"正在逐渐被"用电视"取代，浙江省安吉县建立起了"村村用"信息云台，时髦的"云服务"走进了农村；天津广播电视网络有限公司蓟县分公司 2012 年启动了农网数字化、双向化、信息化"三化"网络改造工程，使蓟县农村地区和市区一样享受互动电视和点播电视；吉林省长白县新房子镇的农村电影流动放映车，每一部放映设备上都安装了GPS 模块，放映地点、时间、片名、场次一目了然，使放映电影越来越方便。

2. 农村公共文化服务的问题

（1）农村公共文化服务供给主体单一，财政投入不足

长期以来，政府是文化事业的主要投入者，使得公共文化服务供给主体单一，缺少其他供给主体的有效参与。我国文化事业费基数较小，增长比较缓慢，文化事业投入总量偏少。在这种情况下，农村文化事业投入所占的比例更低。2006 年国家对农村文化共投入 4416 亿元，仅占全国财政文化总投入比重的 28.5%。扣除对县级文化单位的投入，作为直接为 7.37 亿农民提供文化服务的乡镇文化站，2006 年获得的财政投入经费只有 1019 亿元，每个农民一年仅能享受 1148 元的文化投入。①

---

① 李少惠、崔吉磊：《论我国农村公共文化服务内生机制的构建》，《经济体制改革》2007年第 5 期。

表 2-4　世界各国研究与开发经费支出和公共教育经费支出占国内生产总值比重

单位：%

国家或地区	研究与开发经费支出占国内生产总值比重		公共教育经费支出占国内生产总值比重	
	2000 年	2007 年	2000 年	2007 年
世　　　界	2.15	2.21	4.17	4.53
高 收 入 国 家	2.44	2.45	5.00	5.00
中 等 收 入 国 家	0.65	—	4.09	4.09
中　　　国	0.90	1.49	—	—
中 国 香 港	0.47	—	—	3.52
中 国 澳 门	—	—	3.68	2.03
孟 加 拉 国	—	—	2.38	2.56
文　　　莱	—	—	3.71	—
柬 埔 寨	—	—	1.67	1.60
印　　　度	0.77	0.80	4.40	—
印 度 尼 西 亚	0.07	—	—	3.53
伊　　　朗	—	—	4.38	5.49
以 色 列	4.45	4.74	6.55	6.36
日　　　本	3.04	3.44	3.67	3.45
哈 萨 克 斯 坦	0.18	0.21	3.26	2.83
韩　　　国	2.39	3.47	—	4.21
老　　　挝	—	—	1.50	3.04
马 来 西 亚	0.49	—	5.97	4.53
蒙　　　古	0.20	0.23	5.79	5.05
缅　　　甸	0.11	—	0.57	—
巴 基 斯 坦	0.13	0.67	1.84	2.84
菲 律 宾	—	—	3.49	2.58
新 加 坡	1.88	2.61	—	—
斯 里 兰 卡	0.14	—	—	—
泰　　　国	0.25	—	5.41	4.00
埃　　　及	0.19	0.23	—	3.68
南　　　非	—	—	5.58	5.34
加 拿 大	1.91	2.03	5.56	4.93
墨 西 哥	0.37	—	4.86	4.83
美　　　国	2.75	2.67	—	5.54
阿 根 廷	0.44	0.51	4.60	4.93

续表

国家或地区	研究与开发经费支出占国内生产总值比重		公共教育经费支出占国内生产总值比重	
	2000 年	2007 年	2000 年	2007 年
巴　　　西	0.94	—	4.02	5.21
委 内 瑞 拉	0.38	—	—	3.66
捷　　　克	1.21	1.59	3.97	—
法　　　国	2.15	2.10	5.67	—
德　　　国	2.45	2.56	4.46	—
意　大　利	1.05	—	4.47	4.32
荷　　　兰	1.82	1.75	4.96	—
波　　　兰	0.64	0.57	5.01	4.92
俄 罗 斯 联 邦	1.05	1.12	2.94	3.10
西　班　牙	0.91	1.28	4.28	4.36
土　耳　其	0.48	0.71	2.59	—
乌　克　兰	0.96	0.87	4.17	5.28
英　　　国	1.86	1.84	4.60	5.56
澳 大 利 亚	1.62	—	5.00	4.65
新　西　兰	—	1.26	—	6.16

资料来源：世界银行 WDI 数据库。

　　表 2-4 为世界各国研究与开发经费支出和公共教育经费支出占国内生产总值比重。由表中数据可知，2000 年老挝、缅甸等国公共教育经费支出占国内生产总值的比重不超过 2%，不及世界平均水平的一半。高收入国家公共教育经费支出占国内生产总值的比重为 5%，世界平均水平为 4.17%；中等收入国家公共教育经费支出占国内生产总值的 4.09%，不及世界平均水平。

　　（2）农民主动参与农村公共文化建设的意识不强

　　近年来，农村公共文化服务建设有了一定程度的改善，农民的文化水平得到了一定程度的提高，但是农村居民文化认同意识仍然薄弱，农民主动参与公共文化活动的意识不强。与城市相比较，农村人均可支配收入较少，消费水平较低。尽管有一系列政府扶持政策，但城乡收入差距大，农民参与度仍然不高。

表 2 – 5　国民消费率和部门消费率

年　份	农村消费率	城市消费率	居民消费率	政府消费率	国民消费率
1992	0.238	0.229	0.467	0.131	0.598
1993	0.219	0.234	0.453	0.130	0.583
1994	0.210	0.235	0.445	0.128	0.573
1995	0.222	0.246	0.468	0.116	0.584
1996	0.229	0.250	0.479	0.117	0.596
1997	0.214	0.259	0.473	0.118	0.591
1998	0.202	0.276	0.478	0.123	0.601
1999	0.189	0.296	0.485	0.128	0.613
2000	0.179	0.304	0.483	0.132	0.615
2001	0.168	0.308	0.476	0.135	0.611
2002	0.150	0.316	0.466	0.133	0.599
2003	0.136	0.310	0.446	0.125	0.570
2004	0.125	0.273	0.395	0.143	0.538
2005	0.123	0.260	0.383	0.143	0.526

资料来源：张全红：《中国低消费率问题探究——1992～2005 年中国资金流量表的分析》，《当代财经》2009 年第 8 期。

从表 2 – 5 可以看出，1992～2005 年国民消费率总体呈下降态势，2002 年后降速加快。农村消费率一直呈下降趋势；相反，城市消费率除 2004 年和 2005 年外，一直呈上升态势。14 年间，城乡居民消费率降幅较大，达到 8 个多百分点。政府消费率在 14 年间的前半期略有下降，后半期略有提高，总体上比较稳定。可以看出，1992～2005 年城市消费率逐渐上升、政府消费率较为稳定，而农村消费率持续下降。

表 2 – 6　农村、城市和政府部门消费率的进一步分解

年　份	农村部门		城市部门		政府部门	
	平均消费倾向	可支配收入占比	平均消费倾向	可支配收入占比	平均消费倾向	可支配收入占比
1992	0.841	0.342	0.825	0.335	0.689	0.190
1993	0.835	0.309	0.819	0.336	0.676	0.192
1994	0.833	0.308	0.816	0.351	0.710	0.180

续表

年　份	农村部门		城市部门		政府部门	
	平均消费倾向	可支配收入占比	平均消费倾向	可支配收入占比	平均消费倾向	可支配收入占比
1995	0.831	0.316	0.826	0.352	0.704	0.165
1996	0.816	0.330	0.810	0.363	0.683	0.171
1997	0.774	0.316	0.811	0.365	0.676	0.175
1998	0.735	0.303	0.798	0.379	0.700	0.175
1999	0.714	0.278	0.789	0.393	0.690	0.186
2000	0.741	0.251	0.796	0.397	0.647	0.195
2001	0.736	0.232	0.774	0.407	0.641	0.211
2002	0.741	0.218	0.783	0.435	0.647	0.205
2003	0.741	0.196	0.769	0.432	0.573	0.218
2004	0.744	0.175	0.762	0.403	0.704	0.204
2005	0.789	0.173	0.763	0.421	0.696	0.205[①]

数据来源：根据统计年鉴中的城乡消费数据和资金流量表中的实物交易表计算的农村、城市和政府部门的平均消费倾向和可支配收入占比。

从表 2-6 可看出，1992～2005 年，农村和城市的平均消费倾向都呈递减趋势，农村从 0.841 降低到 0.789，城市从 0.825 降低到 0.763。由于农村可支配收入占比从 1992 年的 0.342 快速降到 2005 年的 0.173，农村消费对国民消费的贡献不断降低。城市部门的平均消费倾向虽然也不断下降，但由于城市部门的可支配收入占比的快速提高，其对于国民消费的贡献仍不断加大。可见，农村平均消费倾向和其可支配收入占比的同时下降，导致农村部门消费率的快速下降。主要的原因在于城乡收入差距的扩大，14 年间城乡收入差距从 2.6 倍扩大到了 3.2 倍。在这样巨大的城乡可支配收入差距下，农村居民参与公共文化服务的积极性普遍低下。

（3）农村公共文化服务管理体制与机制落后，公共文化资源城乡配置不平衡

农村公共文化服务建设的体制不顺、机制不活已经对农村公共文化服

---

① 张全红：《中国低消费率问题探究——1992～2005 年中国资金流量表的分析》，《当代财经》2009 年第 8 期。

务的建设造成了严重的影响。县文化馆作为农村公共文化服务的管理单位，从机制上来看，其组织运行机制僵化进而导致效率低下、人浮于事。因此，干部职工没有动力，事业没有活力。

著名发展经济学家刘易斯提出，发展中国家并存着以传统生产方式为主的农业和以现代制造业为主的现代化部门，工农业之间的二元经济结构转化实质上是一个经济增长的过程。"中国的二元结构由于其特殊的形成原因，不仅表现为现代工业部门与传统农业之间的二元经济结构，还表现在城市社会与农村社会长期分割的二元社会结构"①。改革开放前我国在城乡之间实行了区域界限分明、人员控制严格、产业分工清晰、管理方式迥异的体制，形成了所谓的城乡"二元结构"，使城乡差别不断扩大，陷入恶性循环，是造成城乡差别的重要原因之一。②

我国城乡二元结构的形成有多方面的原因。在国情方面，农村人口众多、工业化起步晚，新中国成立后的几十年内经济基础薄弱，城乡由于发展方向不同，存在体制和机制方面的因素，这些都是形成二元结构的客观原因。在卫生事业方面，我国 80% 的卫生资源集中在城市，农村只占 20%，城市人均卫生事业经费是农村人均卫生事业经费的 3~4 倍。在文化教育事业方面，我国教育投入约占 GDP 的 3%，低于世界 5% 的平均水平，教育投入不足集中反映在对农村教育投入不足上，因为城市教育主要以政府投资为主，农村基本以农民自己投资为主。在社会保障方面，20 世纪 80 年代中期以来，我国对计划经济时期的社会保障制度进行了一系列改革，在城镇逐步建立起与市场经济体制相适应、由中央政府和地方政府分级负责的社会保障体系基本框架，农村主要靠家庭保障和土地保障。在现行农村社会事业的投入分担体制下，基层政府和农民是农村公共产品供给的主要承担者。由于大多数基层政府财政困难，农民承担了很多本该由政府承担的经济负担。据国务院发展研究中心调查，在农村义务教育经费保障机制改革之前，中央只负担义务教育经费的 2%，省地两级负担 11%，县级负担 9%，78% 的经费由乡镇负担。而在城镇中政府是公共文化产品的主

① 李森：《城乡二元结构下的基础教育公平：体制性障碍及改革路径探索》，《教育与经济》2011 年第 4 期。

② 丁国光：《城乡二元结构的形成与突破》，《中国财政》2008 年第 16 期。

要承担者。①

城乡公共文化服务的"二元结构"是我国农村公共文化服务建设中亟须解决的问题。尽管近年来，中央和地方文化事业投入不断增加，但是农村与城市的文化财政投入差距仍然很大。以县级购书费为例，2007年全国2391个县级公共图书馆中，有733个县没有购书费，占公共图书馆总数的1/4。而且，长期以来，县级公共图书馆购书经费占总支出的比例持续下降。② 从第二次全国农业普查中可以看到，我国有职业技术学校的乡镇只占10.8%，11.7%的乡镇有公园，10.7%的村有体育健身场所，13.4%的村有图书室、文化站，但这些基础设施的比例在全国来说仍然很低。以山东临沂市为例，在新建临沂市图书馆后，2012年1月7日临沂大剧院又开工建设，剧院设计"占地面积近200亩，总建筑面积40000平方米，总投资约6亿元"，③ 但该市大多数农村公共文化服务及基础设施建设还不完善。这种文化资源配置的不平衡性使得广大农村地区农民群众文化消费单一。

如果一个时期内农村公共文化服务建设的成就与问题能得到正确地看待，那么就既能完善当前的公共文化服务的发展，也能为公共文化未来的发展提供借鉴。当前，农村公共文化服务体系建设取得了很多成就，同时也存在很多问题。利用辩证唯物主义的思想来看，中国农村人口多，面积大，经济发展缓慢，农村公共文化服务体系发展时间短，经验不足，因此，农村公共文化服务体系的建设绝不是一朝一夕、一蹴而就的事。从现实和长远来看，农村公共文化服务的建设单靠政府的力量是不够的，我们必须坚持走内生与外供相统一的路子。④ 因此，农村公共文化服务的建设，只有立足农村，着眼农民，以广大农民群众为主体，在外部有效的帮助和引导之下，才能使农村公共文化服务体系建设更加完善。

---

① 中国海南发展研究院：《城乡二元结构与基本公共服务均等化》，http：//www.cird.org.cn/WeAreCird/Research/Briefing/200812/t20081216_ 23630.htm，2008年12月6日。

② 李少惠、崔吉磊：《论我国农村公共文化服务内生机制的构建》，《经济体制改革》2007年第5期。

③ 王富军：《农村公共文化服务体系建设研究》，福建师范大学马克思主义中国化专业博士学位论文，2012。

④ 疏仁华：《论现代化过程中农村文化的建设境遇》，《农业高等教育》2006年第3期。

3. 发展农村文化的重要性

中华文化上下五千年，早在新石器时代便出现了农耕文化，远古时代就有了黄帝播百谷草木的传说。漫漫历史长河中，中华农耕文化也从未间断，随之而来的是农村及农民在历代王朝中不可替代的重要地位。中华文化始于农耕文化，其发展也始终与农耕文化紧密相连。因此，中国社会的基层是乡土性的，广大的农村地区和当下 9.4 亿的农民才是中国社会的基层。费孝通先生认为，中国的农民是根植于土地之上的，中国人通过家族或者地缘关系彼此联结。因此，可以认为，对中国人而言，民族认同是一个社会化的空间，有血缘的坐标，可以说中国的基层是由农村及其复杂的血缘关系组建而成的。农村和农民是中国的基础，是中华文化最大的载体。因此，要深化文化体制改革、推动社会主义文化发展，农村文化建设是必须攻克的重要阵地。

在当今全球局势大调整大变动的背景下，发展农村文化对于深化文化体制改革、推动社会主义文化大发展大繁荣、进一步掀起社会主义建设新高潮、夺取全面建设小康社会新胜利、开创中国特色社会主义事业新局面、实现中华民族伟大复兴等具有重大而深远的意义。

《国家"十二五"时期文化改革发展规划纲要》指出："文化是民族的血脉，是人民的精神家园。当今世界，文化地位和作用更加凸显，越来越成为民族凝聚力和创造力的重要源泉、越来越成为综合国力竞争的重要因素、越来越成为经济社会发展的重要支撑，丰富精神文化生活越来越成为我国人民的热切愿望。在新的历史起点上深化文化体制改革、推动社会主义文化大发展大繁荣，关系实现全面建设小康社会奋斗目标，关系坚持和发展中国特色社会主义，关系实现中华民族伟大复兴。"[1] 随着经济全球化的深入，文化思想之间的碰撞愈加频繁，文化在综合国力竞争中的作用越来越凸显，进一步解放和发展文化生产力、提高文化产品和服务供给能力的需求更加迫切，增强我国文化整体实力和国际竞争力、抵御国际敌对势力文化渗透的任务更加紧迫。我们要把握时代文化发展趋势，抓住重要发展战略机遇，加快文化改革创新，奋力开创社会主义文化建设新格局。

---

① 《国家"十二五"时期文化改革发展规划纲要》，《人民日报》2012 年 2 月 16 日。

（二）农村文化生活的调研访谈

1. 东部发达地区：浙江省丽水市案例

（1）东部发达地区农村文化生活

从全国范围来看，我国东部地区的经济发展水平相对较高，在经济发展的影响下，不仅居民的文化需求相对较高，而且政府对农村文化建设的支持力度也要大于全国其他地区。东部地方政府不仅加大了对农村文化建设的投入力度，还加大了对农村文化建设的组织管理，通过发挥政府在农村文化建设中的组织作用，使农村文化建设有序地开展。[①] 所以，东部地区农村文化建设所取得的成绩成果，无论是在速度上还是规模上都远远优于其他地区。

东部地区农村文化建设投入资金多，技术人员水平高，人员数量多。其中，东部很大一部分地区，硬件设施配备齐全，软件设施也不断完善。农民社区休闲活动较多，农民的实际文化需求朝着多样性趋势发展，正逐步向社会主义新农村迈进。

东部地区在农村文化建设取得进步的同时，也存在着一定的不足之处。东部地区作为我国经济发展较快地区，农村地区的发展相较于其他地区要先进，但是与城市地区相比，其经济基础仍比较薄弱，文化生活观念开发程度也比较弱，这样就影响了某些新事物、新文化观念的传递，落后的生活方式阻碍了现行文化的引导作用，想让这些新生理念进入乡村地区，让每一位朴实的老百姓认可是比较困难的。[②]

农村文化建设要有序进行，这已成为政府的共识。在农村文化建设已经取得一定成效的东部农村地区，政府对农村文化建设的规划越来越重视，地方政府纷纷制定了本地区农村文化建设规划，引导农村文化建设有序进行。

（2）丽水市案例

随着国民经济的发展，政府越来越重视社会主义文化建设。农村公共

[①] 周岚岚、陈琦、李文学、龚杏娟：《发达地区农村文化设施建设研究——以绍兴市为例》，《绍兴文理学院学报》（自然科学版）2013 年第 2 期。

[②] 张立峰：《对东部地区农村文化建设的几点思考》，《黑龙江教育学院学报》2011 年第 9 期。

文化服务体系不断完善，政府财政对公共文化服务方面的投入不断加大，文化产品也日趋多元化。以丽水市为例，丽水位于浙江省西南部，既是一个山区市，也是一个农业大市。

第一，农村科技信息服务。

自 2002 年以来，丽水市科技信息中心投入大量资金，按照"一次规划、分步实施、边建边用、适当超前"的原则，建设农村信息化综合服务平台。通过十年的发展，先后建设了 5 个"涉农网站"，分别为农村科技信息网（中国星火计划网丽水站）、星火科技 30 分、丽水市农业专家系统、丽水新农村信息港（太平乡站）、中国食用菌信息网；[①] "四系统一频道"，分别为网络视频互动系统、网络视频转播系统、网络视频点播系统、电话呼叫系统和电视教育频道。丽水市科技信息中心已在全市范围内建成了一个"以网络技术为主，融广播、电视、语音等为一体"，可在同一时间内对不同空间的农民进行"点播式""交互式"和"现场直播式"培训的现代化农村科技远程培训大平台。[②] 在利用新技术培训的同时也不忘进行传统的现场教学，丽水市科技信息中心在开展农村实用技术培训过程中，还注重传统培训方式与农村科技远程教育的互补，实现了培训的多元化。农民不仅可以直接接受劳务技能、农业技术培训，还可以接受农村政策、法律法规等方面的知识，丽水市的农村科技信息服务建设受到了广大农民群众的普遍欢迎，也激发了广大农民参加培训的积极性。

第二，农村信息化大篷车培训。

自 2008 年起，由丽水市农业部门开始组织实施农村信息化大篷车培训，为了保证实施质量，政府制定并印发了《农村信息化大篷车培训实施方案》。丽水市选取有优势的村镇作为"试点"，安排大篷车流动巡回到村展示宣传，并安排体验活动。为提高大篷车教学效果，丽水市组织有关人员编写了农村信息化培训教材，并组织大篷车教师备课活动。为扩大大篷

---

① 曹美娟、毛玉清：《丽水市农村科技信息网络服务平台建设现状和对策研究》，《农业网络信息》2009 年第 9 期。

② 曹美娟：《农村科技信息服务的实证研究——以丽水市农村科技远程教育为例》，《农业图书情报刊》2011 年第 8 期。

车的影响面和提高农民知晓率，大篷车每到一个地方，农业部门会主动与当地电视台、报社等媒体联系，加强对大篷车的宣传，让村民了解大篷车，增强农民科技信息意识。

丽水市在培训过程中，充分利用大篷车的功能，与农民信箱用户培训工作相结合、与全市农业科技信息应用示范村培育相结合、与农业信息推广应用相结合。① 根据当地农业产业和特色农产品的发展情况，推广农业科技应用，把信息培训与农民增收结合起来，增强了培训吸引力，普及了农业技术，推广了信息应用。全市积极利用大篷车下乡进村开展宣传活动，村民学习兴趣浓厚，大篷车受到各地农民的喜爱。

第三，公共图书馆服务。

丽水市公共图书馆经过不断发展，已成为向广大读者提供信息服务的一个主要场所。公共图书馆创新服务理念，拓展信息服务渠道，开创了读者与图书馆、图书馆与社会协调发展的良好局面。

丽水市公共图书馆注重创新服务建设，开展了一系列创新性活动。如，云和馆设立的爱才奖；云和县图书馆与主流媒体相结合；本着"你有我优，你优我强，服务当地，良性发展"文化品牌建设原则打造了特色文化品牌；"新、优、特、异"的地方特色数据库建设；云和县图书馆的自主创新"常春藤"文化系列主题讲座；等等。

丽水市各馆利用图书流通车送书下乡、进社区、进学校，通过多种服务方式建立图书流通站点，派技术骨干力量予以图书分类、制度制定、流通管理等业务指导，为读者提供实用便捷的信息服务。广大读者，特别是乡村农民受益匪浅，在一定程度上，满足了他们对农业知识的需求。

丽水市公共文化服务呈多元化发展，该市在不同乡镇设有群众艺术馆、艺术表演团体、艺术表演场所、公共图书馆、文化馆、文化站等文化机构。2010 年丽水市合计拥有文化服务机构 208 个，人员 658 人，公共图书馆藏书 134.1 万册（件）（见表 2 - 7）。

---

① 黄端祥、廖小丽、张瑛等：《丽水市农村信息化大篷车培训成效与启示》，《农业网络信息》2010 年第 3 期。

表2－7　丽水市文化事业机构、人员数和公共图书馆情况（2010年）

分布\地区	全市	莲都区	青田县	缙云县	遂昌县	松阳县	云和县	庆元县	景宁县	龙泉市
机构合计（个）	208	22	35	19	22	23	16	23	25	23
群众艺术馆	1	1	—	—	—	—	—	—	—	—
艺术表演团体	5	—	1	1	—	1	—	1	1	1
艺术表演场所	3	1	—	—	1	1	—	—	—	1
公共图书馆	9	1	1	1	1	1	1	1	1	1
文化馆	9	1	1	1	1	1	1	1	1	1
文化站	181	18	32	16	20	20	14	20	22	19
人员合计（人）	658	127	72	84	54	65	46	47	87	76
群众艺术馆	29	29	—	—	—	—	—	—	—	—
艺术表演团体	91	—	5	20	—	—	—	18	30	18
艺术表演场所	18	9	—	—	—	5	—	—	—	4
公共图书馆	104	13	14	12	12	11	10	8	9	15
文化馆	133	38	11	9	12	11	14	9	15	14
文化站	283	38	42	43	30	38	22	12	33	25
公共图书馆总藏书（万册件）	1341	295	151	161	109	129	187	75	40	194
图书	1155	254	125	153	93	126	135	69	41	161
本年新购藏书量（册）	102512	25560	8710	11000	11020	12350	9500	8905	5023	10444
书刊文献外借册次（万册次）	715	111	43	85	38	121	151	79	50	37

资料来源：由丽水市文化广电新闻出版局提供。[1]

① 董淑萍：《丽水统计年鉴》，中国统计出版社，2011，第305页。

由表2-7可以看出，文化机构在各乡镇的分布是存在差异的，青田县设置文化机构合计35个，数量最多；莲都区、缙云县、景宁县参与文化事业机构的人员数量相对较多；莲都区、缙云县、遂昌县、龙泉市地区图书藏量和购进新书量都相对较多；莲都区、松阳县及元和县图书外借册次较多，说明这些地区图书馆相关方面的公共文化资源得到了充分利用，其他地区有待提高。艺术表演团体、艺术表演场所及艺术馆等公共文化机构根据各地区人口规模及需求呈差异性分布，使各地区的公共文化资源得到了更大程度的利用，使丽水市各区居民充分参与到公共文化服务建设中。

2. 中原崛起地区：河南驻马店市案例

（1）中原崛起地区农村文化生活

经济条件的变化使得农村文化生活相对于传统有了很大的变化，但通过政府外力嵌入来构建的农村文化生活方式仍不尽如人意，农村文化生活目前正处于喜忧参半的状态。中原崛起地区在农村公共文化建设方面取得了较大的成绩，比如广播电视"村村通"、文化信息资源共享、乡镇综合文化站、农村电影放映、农家书屋等五大文化惠民工程顺利实施。河南省农村电影放映工程提前完成，实现了一村一月放一场公益电影的目标。另外，广泛开展的"先进文化进基层""欢乐中原""舞台艺术送农民"等群众文化活动，也受到基层群众的普遍欢迎。

但是还存在很多问题，如农村公共文化服务基础设施建设比较薄弱；农村公共文化服务资金严重不足，缺乏有效的资金投入和基本经费保障；农村公共文化服务人才缺乏，农民参与公共文化服务体系建设的积极性和主动性不足；农村公共文化产品与服务供给需求矛盾突出；农村新建公共文化基础设施利用率低、农村公共文化服务缺乏效能；农村图书馆被长期置于公共图书馆范畴之外，其功能与设施被分散于各种不同的文化项目中，呈现分头建设、多头管理、效益低下、专业薄弱、难以持续的局面；等等。①

随着经济的快速发展，河南省对农村公共文化建设的投入逐步增加，

---

① 王宏鑫、仝亚伟、周云颜、陈辉玲、龙文：《走向农村公共图书馆服务的整体化平台——河南信阳"平桥模式"研究》，《中国图书馆学报》2013年第4期。

依托河南深厚的历史文化积淀和丰富的文化资源，近年来，河南省加快了农村公共文化基础设施建设的步伐，一方面积极争取中央扶持农村文化发展资金；另一方面加大了省级财政投入力度，为农村公共文化基础设施建设打下坚实的基础。目前，全省共建成县级公共图书馆 125 个、文化馆 183 个、乡镇（街道）文化站 2264 个，基本实现了"县有图书馆、文化馆，乡（镇）有综合文化站"的建设目标。① 例如河南信阳建设乡镇公共图书馆的"平桥模式"，初步形成了农村图书馆服务的整体化平台。

（2）河南省驻马店市案例

第一，调研背景。

驻马店位于河南省中部，为中原腹地，是一个农业大市，② 全市常住人口为 723 万，其中农村人口 508 万，占总人口的 70.2%。但是随着时代的发展，这样一个被称为中国车舆文化之乡、中国冶铁铸剑文化之乡、中国嫘祖文化之乡的历史小城，这样一个曾经流传着盘古开天地、梁祝以及董永七仙女爱情故事的浪漫小城却正在逐步走向农村文化生活的真空。

2013 年假期，2012 级外语系商务英语 2 班杨艳玲同学通过对驻马店市朱古洞乡大任楼村的 60 位不同文化程度的人的调查发现：他们的主要文化生活是看电视和打牌。其中，50% 的人最重要的文化生活是看电视；30% 的人最主要的文化生活是打纸牌或搓麻将；15% 的人最主要的文化生活是用电脑上网；还有 5% 的人则选择在闲暇时和邻居聊天。

我们村没有图书馆，没有篮球场，没有戏台和电影院，有一个文化站是主要抓中小学教育的，基本上不管广大村民的文化生活。其实整个乡整个县整个市的远离城镇的农村庄的情况也大抵相同。我又调查了村上一部分 40 岁以上的中老年人，他们说 20 世纪七八十年代时，放露天电影的、搭戏台唱戏的、表演杂技的、舞狮子舞龙的时常有，

① 王桂兰、信民乐：《河南省农村公共文化服务体系建设论略》，《河南师范大学学报》（哲学社会科学版）2013 年第 3 期。

② 中华人民共和国国家统计局：《2010 年第六次全国人口普查主要数据公报》（第 1 号、第 2 号）2011 年 4 月 28 日。

而现在却很少很少，有许多唱戏的、舞狮的技艺已经失传了，因为年轻人不愿意学。（杨艳玲，2013）

第二，农村文化生活越来越单调的原因。

首先，一部分传统文化生活形式被取代。

> 我还记得以前如果有戏班到村里唱戏，就会有人到家里舀走一大舀粮食，或许后来是因为大家都不想看了也不愿出粮食了，这种现象就没有了。

其实是因为现在人们把看电视取代了看戏。当看电视逐渐被接受成为传统，一部分传统的生活文化就被取代了。众多的村民像之前固守着旧的习俗一样固守着电视，没有去探索比电视内容更丰富的其他媒介与高科技，亦没有从电视中获取新的创意去改良自己传统的文化生活。"最近我遇着一位到内蒙古旅行回来的美国朋友，他很奇怪地问我：你们中原去的人，到了这最适宜于放牧的草原，依旧锄地播种，一家家划分着小小的一方地，种植起来；真像是向土里一钻，看不到其他利用这片地的方法了。我记得我的老师史禄国先生也告诉过我，远在西伯利亚，中国人住下了，不管天气如何，还是要下些种子，试试看能不能种地。——这样说来，我们的民族确是和泥土分不开的了。"[1] 从土里长出过光荣的历史，自然也会受到土的束缚，现在很有些飞不上天的样子。但是在乡土社会中，传统的重要性比现代社会更甚。那是因为在乡土社会里传统的效力更大。

其次，硬件设施缺乏。

在空闲的时候，村民没有书可看，大部分农民舍不得自己花钱买书看。反复地在同一生活定型中生活的人们，并不是愚昧到字都不认得，而是没有用字来帮助他们在社会中生活的需要。[2] 村民也没有歌舞可学（一是没有老师教，二是没有地方学），久而久之，只剩下打牌了，这成为他们在无聊时打发时间的方式。其实，现在的年轻人，除了上学外，大部分选择外出打工，这样他们的见识与思维就更容易突破传统，如果在乡村多

---

① 费孝通：《乡土中国》，上海人民出版社，2006，第5页。
② 费孝通：《乡土中国》，上海人民出版社，2006，第19页。

修建图书馆、体育场等设施，青年人是可以带动农村文化生活发展的。

最后，管理不善。

驻马店市 60% 以上的文化站已经"名存实亡"。[①] 20 世纪 80 年代以前，露天电影、戏班子、踩高跷、舞狮子等的兴盛，为乡里提供了一个绝佳的交流平台。1984 年西平县唢呐调演规模巨大，有 13 个队伍参加，演了 4 天；此外，还有河南坠子、大调曲子、评书大鼓书等曲艺四十余种；驻马店杂技团曾多次给国外贵宾演出，参加电影电视剧的拍摄等。但是自 80 年代中期以后，乡镇文化站由县区文化主管部门归到乡镇"块块"管理，人财物均归乡镇统管，文化部门想管管不了，乡镇部门想怎样管就怎样管，甚至不管，以至于发生专干不专、主业荒废的现象。[②] 在这里我们可以看到的是乡土社会里的权力结构，虽名义上可以说是"专制""独裁"，但是从人民实际生活来看，却是松弛和微弱的、是挂名的、是无为的。这种状况的持续导致很多宝贵的民间艺术凋零。

3. 中部崛起地区：湖北省孝感市案例

（1）中部崛起地区农村文化生活

当前我国农村文化建设还相当落后，特别是中部地区更加明显。近年来，全国经济发展水平的提高带来了居民文化需求的上升，但与居民文化需求水平上升相对应的却并不是农村文化建设水平的上升，而是倒退。特别是在农村文化基础设施建设上，中部农村地区文化基础设施水平明显跟不上居民的文化生活需要。

中部地区的农村文化基础设施建设与东部地区有着明显的差距，这种差距产生的一个重要原因就是政府对农村文化建设的重视程度存在差异。当前地方政府还没有将地方文化建设纳入地方社会经济发展的总体规划之中，中部农村地区的文化建设基本上还是靠民众的自觉，政府在农村文化建设中所起的作用并不大，政府在农村文化建设中的缺位在中部地区是一种相当普遍的现象。[③]

---

① 张锟：《农村文化将何去何从》，《驻马店日报》2005 年 7 月 30 日。
② 费孝通：《乡土中国》，上海人民出版社，2006，第 230 页。
③ 王菊华：《中部地区农村文化建设中的政府作用研究》，湖南大学政治与公共管理学院公共管理专业硕士学位论文，2009。

　　从已有的对湖北、安徽的调研来看，中部地区的农村文化生活存在公共文化衰落与公私文化失衡之间的矛盾。农民的私人文化生活日益丰富多样，主要有看电视、看书看报、上网、打牌打麻将、听广播和体育活动等形式，并且出现"一强多样"的局面，排第一位的是看电视。而公共文化生活却面临着设备缺乏、活动稀少且质量不高、服务机制落后的困境。另外，村庄传统的农村公共文化活动也日益衰落，昔日里村庄比较盛行的一些活动，像唱戏、庙会、舞龙、宗族活动和民间的花灯等这些在传统农村文化中带有标志性地位的文化形式，已经逐渐淡出了农村公共文化舞台。①

　　中部各地区农村文化生活建设还有很多不足，各省对农村文化生活的建设还处于探索中，但也是有一些成效的。例如，江西省的农村文化三项活动，即一是为全乡镇农民请来各类专业文艺演出团体表演优秀节目；二是电影放映部门为全省行政村以及农村中小学每月免费放映电影；三是乡镇政府因地制宜，组织由各行政村农民群众共同参与的具有地方特色、内容健康的各种活动。② 这些活动激活了农村文化市场，激发了农民的参与热情，促进了农村文化产业的大融合，拉开了农村文化建设的大格局，推动了农村文化事业的大发展。

　　（2）湖北省孝感市案例

　　第一，城市对农村文化的单方面输入。

　　2010 年中央一号文件③以"加大统筹城乡发展力度，进一步夯实农业农村发展基础"为主题，各省市也紧接着出台了一系列政策。基于城市的各种公共建设优于农村，大部分城乡统筹是以城市为主导开展，而这样花大功夫、大资金投入的结果却是忽略农村人民自身的创造力和需求，严重挤压了农村文化生存的空间。而且在现代化的车轮驱使下，城市的生活方式和审美取向，席卷了每一个乡村。尤为可怕的是，当这种已经变异的、蹩脚的"城市文化"长驱直入的时候，乡村不仅没有接受真正的先进文

---

① 胡海鹏、熊嘉：《农民文化生活的失衡与调适——基于湖北安徽农村文化生活的实证分析》，《厦门特区党校学报》2010 年第 1 期。

② 王晓庆：《探索建立农村文化活动机制的实践与思考——以江西省农村文化三项活动为例》，《艺海探真——论文论著选编》2011 年第 7 期。

③ 新华社：《中共中央国务院关于加大统筹城乡发展力度，进一步夯实农业农村发展基础的若干意见》，http：//news. xinhuanet. com/politics/2010 - 01/31/content_ 12907829. htm。

化，反而连固有的传统文化也毫不吝惜地丢弃了，迅速造成了农村文化的真空期。何为变异的、蹩脚的"城市文化"？"城市作为社会文化的写照，反映着它所处的时代、社会、经济、科学技术、生活方式、人际关系、哲学观点、宗教信仰等"。"城市文化是一个复杂的、多层次的统一体"①，但是目前我国城市建设时间短，所处的又是时刻变化的信息时代，经济、生活方式、人际关系等还未发展成熟，不成体系。此时的城市文化以"拜金"、"炫富"、盲目追逐名声地位，"快餐式"为主体，从而使文化逐渐"变异而蹩脚"。

第二，农村人口的大量减少。

2012 年 8 月 14 日，中国社会科学院在北京发布《城市蓝皮书：中国城市发展报告 No.5》。蓝皮书表示，中国城镇化率首次突破 50% 的关口，城镇常住人口超过了农村常住人口。

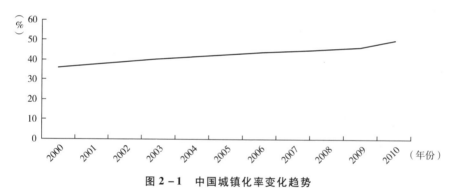

图 2 - 1　中国城镇化率变化趋势

资料来源：国家统计局：《中国城市化率历年统计数据》（1949～2010 年），http：//wenku. baidu. com/view/d4a365f4f61fb7360b4c6560. html。

这意味着中国已经结束了以乡村型社会为主体的时代，开始进入以城市型社会为主体的新时代。随着改革开放的进行，大量农村人口进入城市，使乡村"空心化"，包括农村土地空心化、人口空心化、农村产业空心化和基础设施空心化等，其本质是农村地域经济社会功能的整体退化②。在人口空心化上，农村人口年龄结构极度不合理：常住人口只有老人和留

---

① 　汪寿松：《论城市文化与城市文化建设》，《南方论丛》2006 年第 3 期。
② 　徐经勇：《着力化解"乡村空心化"给城乡一体化造成的困扰》，《北方经济》2013 年第 3 期。

守儿童，与青壮年相比，这两者在创造和传承农村文化方面都处于劣势。另外，外出人口整体素质普遍高于留守人员，使得文化需求的强烈性、急迫性急剧降低，人才青黄不接，造成了农村文化的直接流失。

第三，对传统民俗的忽略。

一段时间内，现代工业的发展使大部分民间艺人丢弃本行，主要原因是工业代替手工业，赚钱少，受众减少，没有得到相应的尊重，很多艺术逐渐失传。例如，在金华市婺城区罗埠镇静谧的老街上，存在着一批在城里早已难觅踪影的手艺人。篾匠陈土泉 12 岁就开始跟着父亲学做竹编，一晃 47 年过去了。他带过的徒弟只有六七个。他说，这些徒弟如今没有一个在做篾匠，做生意的做生意、打工的打工，都早已改行了。除竹编手艺人外，罗埠老街上其他传统手艺人也都面临着技艺传承的困境。做了 40 多年木桶的箍桶匠何益松，因为身体状况不佳，加上生意清淡，已经很少拿起斧头。记者找到他的时候，他正在茶馆看人家打牌，默而不语。由于缺少继承人，罗埠镇上的手艺人群体越来越小，手工艺市场也逐渐萎缩，从前一些有名的手工制品店甚至已经消失。

第四，农村文化市场的特点。

农村市场经营规模小，从业人员少，分布零散，没有形成产业化。笔者以湖北省孝感市肖港镇夏河村调研访谈为例：

> 我们的家乡位于江汉平原北部，大部分青年人都出门打工了，只剩下老人，所以他们的娱乐活动主要是看看电视，有时打打牌，对于我们来说，有盼头的也只是过年过节等着看唱戏。（访谈对象：湖北省孝感市肖港镇夏河村　杨华，访谈人：杨依月）

可见农村文化市场存在的主要问题有：一是数量少，服务方式单一，服务水平不高，文化消费品种单调，通常为打麻将等，传统文化娱乐项目呈逐步萎缩趋势，贴近农村广大群众需求的娱乐项目少，不能满足农村群众的文化消费需求。二是分布分散，不仅是居民居住地的分散，更是文化服务点的分散。三是管理文化市场难度大。

第五，地域问题。

许多农村地处偏远，交通不发达，居民与外界沟通困难，文化程度较低，文化交流少。另外，居民生活也比较艰苦，人们没有时间考虑精神方面的需求，即没有精力发展乡村文化。

第六，人们的认识错觉。

近年来许多民俗学家对民俗文化的细致描述，给我们好多人造成了"民俗还活着，只是活得不太好"这样的印象。例如，最近中央电视台热播的纪录片《舌尖上的中国》，还有该片执行总导演任长箴以前的作品《留住手艺》《北京记忆》等，均是反映民俗的主题，在社会上产生了巨大的反响，片中主人公的一举一动深深刻画到了观众心中，使观众认为民俗还"活着"，只不过很少有人在做这件事罢了。其实不然，好多文化早已成为博物馆的一员，此时文化大多以静态形式展示和保存，例如濒临失传的皮影戏，人们只能看到当初的戏台、道具，却再也不能亲眼看到老艺人的表演，也不能体会其中的乐趣了。于是，在大家并没有给予相应重视的这段时间内，农村文化越来越快地消亡了。

4. 西部大开发地区：贵州省兴义市案例

（1）西部大开发地区农村文化生活

在西部广大农村，尤其是在少数民族地区，交通的闭塞和经济的落后给人们的生活带来了贫困，农村文化的建设和发展总体水平不高，不管是在思想观念、财政投入、文化设施、政策措施方面，还是在文化产品和服务的数量、质量、文化发展实力和水平等方面，都与城市文化发展差距甚大。

改革开放以来，西南地区的农村文化建设在党和国家的关心下取得了一系列的成就，农民群众精神文化生活得到改善，农村文化建设呈现较好的发展局面，为西南地区农村建设提供了强有力的精神动力和智力支持。但是我们也应该看到，西南地区的农村文化建设还远没有达到小康社会的要求和目标，特别是西南地区的农村文化建设由于经济不发达、思想观念落后等原因还存在一系列的问题。[①] 同时，由于体制、机制等方面的制约，农村文化队伍结构不合理，一些专业人才青黄不接、后继乏人，缺乏整体

[①] 何叶：《浅析西南地区农村文化建设存在的问题及对策》，《全国商情（理论研究）》2013年第6期。

活力和竞争力。基层文化队伍建设后备力量明显不足，文化工作质量不高，各项文化活动开展受到制约。主要有文化经费投入不足、文化设施建设不快、文化资源分布不均、文化需求消费不高、文化活动开展不多、文化队伍建设不强等问题。

就目前云南省文化产业的发展情况来看，总体上比较受重视的是广播、电影、电视、新闻出版和报业等大文化企业、大文化集团的发展，而对立足于少数民族地区农村、以少数民族为主体、能为农民群众带来直接利益的农村文化产业却关注不够。①

西部农村文化生活的建设成果不佳主要是因为领导层面重视不够，群众参与积极性不高，农民文化娱乐面不广，文化体制改革不力，城乡文化发展投入不均，农村保障性机制不多，区域性发展优势不明显，思想观念更新滞后等。②

（2）贵州省兴义市案例

第一，调研背景。

在社会主义市场经济条件下，文化产业与文化事业是社会主义先进文化的两种形态。近年来，随着国家关于文化的各种政策的不断出台，各地政府也越来越注重文化的发展，有的地方选择文化遗址的重建，有的地方做起了文化旅游产业，有的地方走文化产品生产这条路。在这一背景下，课题组以贵州省兴义市南盘江镇箐口村杨家湾组为例进行实地分析。

> 我的家乡位于贵州省西南部的一个小村庄，在我们那一个组里总共有 63 户人家，一条泥泞的道路直通村子里。在我的记忆里，从我爷爷这一代起，我家就一直住在这个村里，从来没有真正离开过。然而，即使村子存在了那么多年，经济和文化的发展进步却不是很大。（采访样本，2012 级广告学二班　刘凤）

刘凤认为，她所在家乡农村文化生活真空，似乎离大城市的节奏还很

---

① 樊泳湄：《加快云南民族地区农村文化产业的发展》，《中共云南省委党校学报》2010 年第 5 期。

② 熊超：《我国西部地区农村文化发展的问题与对策研究——以宜宾市翠屏区为例》，电子科技大学公共管理专业硕士毕业论文，2010。

远。人们都说："要致富，先修路。"可是，她所在村子一直都是一条泥巴路，虽也修修补补过几次，但是大体的样貌却从未改变。这其中有很多的原因，首先，政府的原因是不可忽略的，一是没有经济能力，二是没有努力争取，因此修路的事没能提上日程；其次，一个很重要的原因是村里的人没有发展的意识，他们总是害怕修路会占了自己家的土地。正如费孝通先生所说："乡下人离不了泥土，因为在乡下住，种地是最普通的谋生方法。"① 所以每次一提到这个问题，村里的人首先就表态，不能占用自己家的土地。政府和村民不能良好地协商，导致到现在路都还没有畅通。因此，在这样的条件下，想在经济上取得很大的发展简直是天方夜谭，经济若止步不前，文化的进步自然也就不大。

第二，文化发展与人才培养。

文化的发展离不开人才的培养。人才培养包括三个方面：一是现有文化人才的开发；二是文化人才的引进；三是未来文化产业人才的培养。

> 在我的家乡，似乎没有一个方面做到了，虽然实行了九年义务教育，但是由于在偏僻地区，教育水平很落后，很多小孩上学上到一半，自己甚至家长都觉得没有什么意思，因此很多青年人选择外出务工，很多没有继续学业的女生也都在十八九岁的时候就找个所谓的"好人家"嫁了，这就导致了人才的断层现象。同时，由于经济的落后，发展的缓慢，想要引进外来人才也是相当难的。没有了新生力量的加入，文化也不可能取得长足的发展。（采访样本，2012级广告学二班　刘凤）

然而，文化生活是建立在文化发展的基础之上的，文化没有得到提高，文化生活自然很匮乏。

> 人们外出务工，村里就只剩下老人和孩子，偶尔几户人家有女方留下来照顾小孩。在这样的环境下，人们赚的钱都拿来补贴家用了，根本就没有多余的闲钱来支持文化消费，更不可能有什么标志性的文

---

① 费孝通：《乡土中国》，上海人民出版社，2008。

化建筑，文化消费后劲严重不足。近几年我一直在外读书，几乎都是春节的时候才回家，可是我还是发现了一个很不好的现象，就是村里人们的娱乐方式多是打扑克和搓麻将，除此以外，再也没有别的娱乐。通过询问奶奶，我发现这种现象不仅是只出现在春节这种特殊的节日，而是常年如此，我想就是因为缺少文化娱乐设施及场所，村民难以享受各式各样的文化服务，才使得赌博等不良风气得以盛行。而还有更令人担忧的，就是我们村里的小学附近开了一间网吧，里面还有老虎机，很多读书的孩子都会光顾，有很多已经上瘾，这对孩子的教育产生了很大且很恶劣的影响，如果不引起重视，我想我们村的命运只会不断地循环，甚至朝着更坏的方向发展。

记得在高三毕业的那年，我去贵州省兴义市安龙县的一个同学家玩，这时我才真正知道什么叫"新农村建设"，他们的柏油马路直接通到了每一家门口，每户人家的房子都是统一规划的，最关键的是，在村子的中心还修建了文化中心，里面有篮球场、羽毛球场，供人们闲暇时间玩耍，逢年过节还会在这里举办各种晚会。可是这些在我们村子里就不存在，光修路的事就已经说了好多年，可到现在还没有开始行动。我们村子里连每年例行的会议都很少开，所以，我们村要想发展到这样的程度，或者说修建起自己的文化中心，是一件非常困难的事。因此，就出现了文化生活的真空。（采访样本，2012级广告学二班　刘凤）

第三，国家出台的公共文化政策。

随着我国经济的发展，国家出台了很多公共文化政策，大体可分为三个阶段：一是公共文化政策的萌芽期；二是公共文化政策的停滞期；三是公共文化政策的复兴和蓬勃发展期。在各个阶段，国家都出台了很多支持公共文化发展的政策，如，在2005年《国家"十一五"时期文化发展规划纲要》中提出"以大型公共文化设施为骨干，以社区和乡镇基层文化设施为基础，优先安排关系人民群众切身文化利益的设施建设，加强图书馆、博物馆、文化馆、美术馆、电台、电视台、广播电视发射转播台（站）、互联网公共信息服务点等公共文化基础设施建设"。在这些政策的支持下，国家的文化产业及文化事业取得了很大发展，公共文化建设取得了令人瞩目的成就，公共文化设施网络日益健全，文化产品和服务的内容更加丰富。[①] 深圳经济特区不仅注重经济的发展，也注重文化建设，建立了设施比较齐全、产品比较丰富、服务质量较高、机制比较健全的公共文化服务体系。全市广播电视覆盖率达100%，各区普遍加大投入，加快社区文化设施建设，如福田区从2002年开始在3年内投入13亿元建设文体设施，努力为居民构建"一公里文化圈"，建立了图书馆、文化馆的总分馆制。[②]

> 贵州省的公共文化建设，与之相比，简直就是天壤之别，当然，这也是经济的不发达所致。也因此，我们村里面的公共文化服务体系简直就是一塌糊涂，63户人家中，最多就只有电视，连广播都没有，网络的存在就更不可能了，更没有图书馆、文化馆等大型的公共文化设施，村民们在闲时没有什么好去处，打扑克、搓麻将等自然就成了人们日常生活中的娱乐方式。（采访样本，2012级广告学二班　刘凤）

第四，独具贵州特色的文化产业发展模式。

文化与旅游相结合，是独具贵州特色的文化产业发展模式。贵州省贵阳市每年安排500万元文化产业发展基金，其中黔西南州200万元，安顺市120万元，对其他市（州、地）也都安排了一定的文化创作专项资金和文化产业发展专项资金。[③] 从基金的分配来看，黔西南州占了多数，虽然这些资金是用来搞文化发展的，但是这其中有很多并不包括发展公共文化。党的十六届六中全会《中共中央关于深化文化体制改革推动社会主义文化大发展大繁荣若干重大问题的决定》明确提出逐步实现基本公共服务均等化，2006年3月第十届全国人大第四次会议通过的"十一五"规划纲

---

① 李少惠、张红娟：《建国以来我国公共文化政策的发展》，《社会主义研究》2010年第2期。

② 黄士芳、杨立青、毛少莹：《深圳公共文化服务体系研究》，《特区实践与理论》2006年第3期。

③ 李波、倪芹、吕方龙：《从文化自信转向文化自觉——贵州九市州地文化体制改革和文化产业发展观察》，《当代贵州》2008年第20期。

要提出实现基本公共服务均等化的具体任务，党的十七大报告明确提出要积极推进和注重实现基本公共服务均等化①。黔西南州现在正在打造"中国金州"品牌，推介"金州十八景"，繁荣和发展布衣民族风情②。可见，如果是少数民族集聚的地方，或者是有可以开发的旅游景点，政府就会考虑投入资金进行文化建设，这样，他们所在地方的公共文化服务体系就很容易建立起来，就有更多的机会享受公共文化服务。如之前提到的贵州省兴义市安龙县的村子就是典型的苗族聚集村，所以就成了"新农村建设"的试点村；还有遵义会议纪念馆，现在正紧紧抓住遵义会议会址这一核心，积极开发长征文化资源。这些地方也因此有了较完善的公共文化服务体系，而刘凤所在的村子，这些条件都不具备，以政府目前的经济实力，多数只会注重在经济上取得发展，从而忽略了公共文化服务体系的建设，因此就失去了公平地享受公共文化服务的机会，也就谈不上公共文化服务的"均等化"了。

（三）农村文化生活的真空

农村文化是我国文化的重要组成部分，农村文化生活的丰富和繁荣对于深化文化体制改革、开创中国特色社会主义新局面起着举足轻重的作用。农村物质生活水平的显著提高，必然使人们增加对文化消费的需求，渴望提高精神生活质量。然而农村公共文化的服务水平并没有与文化需求的增长相匹配，农村文化的供给缺失。

我国农村社会发展呈现两种显著的并存现象：一方面是农民物质生活明显改善；另一方面则是公共文化服务供给严重缺失，农民公共文化生活日益衰微③，这就导致了农民日益增长的精神文化需求与文化发展和经济社会发展之间尖锐的矛盾。笔者认为农村文化服务的缺失主要体现在以下几个方面。

① 张桂琳：《论我国公共文化服务均等化的基本原则》，《中国政法大学学报》2009 年第 5 期。
② 李波、倪芹、吕方龙：《从文化自信转向文化自觉——贵州九市州地文化体制改革和文化产业发展观察》，《当代贵州》2008 年第 20 期。
③ 巩村磊：《农村公共文化服务缺失的社会影响与改进对策》，《理论导刊》2010 年第 7 期。

1. 大众传媒的缺位

（1）大众媒介具有城市中心主义

虽然大众媒介在农村文化生活中扮演了重要角色，但是长期以来，我国的大众媒体传播内容明显向城市倾斜，农民享受不到与城镇居民相同的待遇，农民与农业在媒介内容中缺失。与城市相比，农村地区媒体的拥有量少，使农民不能及时全面地获取有关生产生活的信息。

电视媒体方面，在全国各类电视台中，真正关注农业、贴近农村、服务农民、受农民欢迎的节目匮乏，除央视七套（少儿·军事·农业频道）外，省级电视台中，只有山东、吉林等四家省级电视台有对农专业频道。广播媒体方面，目前全国已经开通或者正在筹备的对农广播频率数量为 11 套，这个频率占全国 2371 套广播频率的 0.42%，显然，如此低的比例与我国 9.4 亿农民的受众规模极不相称。书籍报纸媒体方面，目前我国"三农"类报纸，包括专业类和综合类，共 61 种，仅占全国报纸的 3.17%；如果仅是农村报、农民报，只有 17 种，占全国报纸比重不到 1%。这些数据与农民占全国人口 2/3 的比例相比，差距太大。[①]

大多数媒体在经济利益的驱使下，着重生产能够满足有着更强消费能力的城市消费者需求的文化产品，忽视了农村居民的需求。然而随着经济的高速发展，农民对媒体服务的需求日益增长，大众传媒的这种缺陷逐渐凸显。

（2）面向农村的媒体手段单一

所谓手段单一，是指能产生主流影响的媒介单一。电视是农民最普遍接触的媒介，调查显示（多选），农民受众获取农业政策的渠道主要是电视（65.5%）、乡政府（38.7%）、村喇叭（35.0%），获取文化知识信息的渠道主要是电视（70.6%）、报纸（37.6%）、学校（25.7%），获取市场信息的渠道主要是电视（54.8%）、集市（35.9%）、邻居（28.8%）[②]，

---

① 杜刚、钱金良、朱卫华、张萍：《农村信息服务主要媒体的现状与思考》，《农业网络信息》2010 年第 8 期。

② 维博、谭英、奉公：《电视文化传播及其在新农村建设中的作用——来自全国 27 个省市区农户的调查报告》，《中国农业大学学报》（社会科学版）2006 年第 3 期。

可见，电视在农村中所起的作用是其他媒介所不能比拟的，报纸、书籍、网络等媒介发挥的作用微乎其微（见表 2 - 8）。

表 2 - 8　农民获取不同种类的信息偏好

单位:%

途　　径	获取农业政策	获取文化知识	获取市场信息
电　　视	65.5	70.6	54.8
乡 政 府	38.7	20.2	21.0
村 喇 叭	35.0	8.5	7.0
集　　市	34.3	14.7	35.9
邻　　居	32.6	23.2	28.8
能　　人	32.6	22.7	25.8
报　　纸	27.8	37.6	25.8
农 技 站	23.4	17.7	15.2
宣 传 册	18.3	20.6	13.5
电　　台	9.3	11.3	7.7
图　　书	6.3	17.1	4.7
电　　话	4.8	5.3	7.3
学　　校	3.9	25.7	2.7
旅　　游	1.4	1.1	1.8
网　　络	2.4	4.0	3.4
教　　会	0.4	0.6	0.6
商　　店	1.3	1.6	6.0
其他途径	1.7	1.7	4.6

　　然而在当今这个信息时代，光靠电视并不能满足农民的需求。首先是模拟电视到数字电视的转变，使得农民收看电视节目又多了一道坎，由于费用偏高，实际覆盖效果大打折扣。据报道，山西省阳泉市河底镇的收视费除了初装入网费 500 元外，每月还需要缴纳基本收视费 23 元。过去只要缴纳 200 元不到的入户筹资费就可以看模拟电视，如今数字电视不仅要缴入户费，每月还要缴收视费，不少农户认为收费太高，承受不了①。其次是手机、电脑在城市迅速普及，绝大多数信息通过网络进行传播，虽然手

①　任晋忠:《数字电视收费偏高　农村地区收视率降低》,《阳泉日报》2012 年 9 月 18 日。

机在农村中也普及开来，但是由于受教育程度有限，农民对手机功能的使用有限，有的仅仅局限于打电话、发短信，农民不能有效地使用手机上网浏览信息。至于电脑就更是一个陌生的领域，这个在现代城市生活中充当着重要角色的工具和媒体，在农村生活中几乎还是一片空白。

2. 从城乡"二元结构"到城乡"三元结构"转变

（1）城乡"二元结构"

长期以来，在城乡二元体制大背景下，我国一直实行城乡分割的二元公共服务体制，城乡居民公共服务的提供机制不同，公共财政资源配置带有特别明显的城市偏好，城乡居民所享受公共服务存在很大差异，农村滞后于城市，偏远自然村滞后于行政村，呈现不均衡发展状况。

①政府在城乡公共文化服务"人、财、物"供给上存在较大差异。

当前县文化馆、图书馆、文工团和乡镇文化站的专兼职人员普遍年龄偏大，业务能力不强。不少县级文化馆的老师和专业人员偏少，行政人员偏多，不能满足乡镇文化站和乡镇骨干的培训需要。文化事业投入偏重于城市，城乡差距日益拉大。2003 年全国文化事业费中城市占 71.9%，农村只占 28.1%。2004 年全国对农村文化经费投入 30.11 亿元，仅占文化事业费的 26.5%，低于城市文化经费投入 47 个百分点。由于投入少，农村基层文化活动方式比较单一，可提供的文化服务内容和文化资源匮乏①。虽然农村公共文化设施在中央和各地财政的支持下有较快发展，但是设施陈旧、设备老化、环境较差，难以支撑农村公共文化建设。

②农民消费不足，农村文化产业难成气候。

在城乡收入差距、区域收入差距扩大的背景下，农民消费不足，农村文化产业难成气候。2000～2009 年，农民人均纯收入从 2253 元增加到 5153 元，增长了 1.3 倍，年均增长 9.6%，扣除价格因素，年均增长 6.7%。但城乡居民收入差距却从 2000 年的 2.79∶1 扩大到了 2009 年的 3.33∶1。同时区域收入差距也比较明显，2010 年，东部、中部、西部、东北部地区农民人均收入分别是 8143 元、5510 元、4418 元和 6435 元②。

---

① 陈坚良：《新农村建设中公共文化服务的若干思考》，《科学社会主义》2007 年第 1 期。

② 卢婷婷、翟坤周：《城乡二元结构下的农村文化建设：现实逻辑和动力机制》，《新疆社会科学》2012 年第 5 期。

可见，城乡收入差距、区域收入差距扩大的趋势并未因农村居民收入的增长而得以遏制，反而表现得更为强烈，农民的收入水平限制了他们在文化生活上投入的比重，农村文化产业难成气候。

（2）城乡"二元结构"向城乡"三元结构"转变

近年来，各级政府加大对农村基础设施和社会事业的投入力度，农村基础设施建设的规模和力度都是前所未有的，农村社会事业得到快速发展。但是，公共资源在城乡配置失衡问题上仍然突出，公共财政的覆盖范围和力度不够，现有的投入远远不能满足农业农村发展对各种公共品的实际需要，包括公共基础设施建设投资体制、教育卫生文化等公共服务体制、社会保障制度等仍呈"二元"状态。确保 2020 年全面建成小康社会，实现城乡基本公共服务均等化的目标，重点和难点都在农村。必须以农民能够享受同城市居民基本均衡的公共产品和公共服务为目标，加快建立覆盖城乡的公共财政体制。

第一，统筹城乡发展与城乡二元体制的逐步瓦解。

从 2003 年开始，我国出台了一系列旨在瓦解城乡二元体制，实现城乡融合、协调发展的政策和制度安排，使得城乡关系有了很大的改善。农村公共服务水平有了大幅度提高，城乡公共服务均等化趋势加速。农村的义务教育、职业教育取得了突破性进展，劳动者的素质显著提高。政府建立了农村义务教育分级负责的保障机制，农村实现了真正意义上的免费义务教育。农村的合作医疗实现了全覆盖，农民的医疗负担逐步减少，农民"因病致贫""因病返贫""小病不去治""大病治不起"的现象得到有效缓解。此外，农村的最低生活保障、养老保险等制度的提升都使得农民的生活更有保障，更有依靠。城乡居民的公民权益差距得到有效缓解，权益得到较好保障。应该说，在此期间，我国城乡二元体制已经发生了动摇。[①]

第二，推进城乡一体化发展与城乡二元体制的彻底破除。

2008 年，党的十七届三中全会就促进我国城乡经济社会一体化发展问题进行了全面的战略部署。全会通过的《中共中央关于推进农村改革发展

---

① 梁赞：《论中国城乡二元体制的变迁》，《行政论坛》2011 年第 5 期。

若干重大问题的决定》指出："我国总体上已经进入以工促农、以城带乡的发展阶段，进入加快改造传统农业、走中国特色农业现代化道路的关键时刻，进入着力破除城乡二元结构、形成城乡一体化新格局的重要时期，要尽快在城乡规划、产业布局、基础设施建设、公共服务一体化等方面取得突破，促进公共资源在城乡之间均衡配置、生产要素在城乡之间自由流动，推动城乡经济社会发展融合，到 2020 年……城乡经济社会发展一体化体制机制基本建立。"

2013 年，党的十八届三中全会通过《中共中央关于全面深化改革若干重大问题的决定》，对健全城乡发展一体化的体制机制进行了进一步完善，大会指出：城乡二元结构是制约城乡发展一体化的主要障碍。必须健全体制机制，形成以工促农、以城带乡、工农互惠、城乡一体的新型工农城乡关系，让广大农民平等参与现代化进程、共同分享现代化成果。要加快构建新型农业经营体系，赋予农民更多财产权利，推进城乡要素平等交换和公共资源均衡配置，完善城镇化健康发展体制机制。统筹城乡基础设施建设和社区建设，推进城乡基本公共服务均等化。建立健全农村文化设施网络和文化服务机制，大力发展公益性文化事业，推动农村文化繁荣发展。

总之，破除城乡二元体制既是实现城乡经济社会一体化发展的内在要求，又是推进城乡经济社会一体化发展的必要前提。因此，城乡经济社会一体化发展战略的提出，必将加速城乡二元体制的破除进程，最终实现"城、乡、城乡结合"的三元结构。

3. 农村公共文化供给质量不高

（1）公共文化中出现了不良文化

农民对不良文化缺少辨别意识，导致一些内容低俗的娱乐活动轻而易举地侵入了农村。放映室的内容多半是宣传暴力的武打、枪战、警匪片，格调不高的言情片，甚至是色情片，例如风行一时的古惑仔系列电影、《庙街十三少》《英雄本色》等电影，都在农村中有很大的影响力，甚至连小孩子都会羡慕所谓的"江湖大哥"，崇尚暴力；迷信和伪科学读物在农村集市、小摊上频频出现；由于缺乏正确的引导，赌博风气日益盛行且愈演愈烈，大有蔓延之势，以电子游戏、桌球、麻将为主的赌博活动重新抬头；一些沉寂了几十年的封建迷信活动也死灰复燃，农村封建迷信活动已呈现公开化、组织化等特点，一些腐朽落后的思想始终没能从农民心中根除。这些不良文化严重侵害了农村纯洁朴素的文化，影响恶劣。

（2）公共文化供给形式单一，缺乏趣味性

农村居民最希望集体组织的文化活动依次是：旅游、唱歌跳舞、看文艺演出、球类比赛、书画摄影、民俗趣味比赛、花会灯会、劳动技能比赛等，舞龙舞狮等也是村民更乐于参与的活动①。而文化部门少有创新举动，沿用的传统单一的娱乐方式已无法满足广大农民日益增长的多样文化需求，农民比较有兴趣的活动又处于无人管理的境地。

4. 政治体制障碍

国家、省、市现行的涉及公共文化服务体系建设的法律法规和规范性文件，大部分都是从宏观的角度，提出了公共文化服务体系建设的主要目标和主要任务。但是在微观的执行层面上，缺乏刚性的政策支撑，特别是在经费保障、经济政策、人才队伍建设、管理体制等方面只是做了原则性的要求而缺乏具体的政策规定，相关政策法规还不健全，这与人民群众对文化的需求和文化事业发展的现状都不相适应。发展文化产业需要相关的组织结构、组织形式、所有权、使用权、支配权以及投资体制、运行机制、管理体制支撑。我国现有的文化体制僵化，体制性障碍继续困扰着公共文化服务体系建设，公共文化服务资源管理部门分割，与文化产业有关的投资融资体制尚未理顺。

中华文化始于土地，发展于土地，紧紧依附于土地的农村和农民便成了文化重要的载体，推动着文化的前进。在文化体制改革不断深化、国际文化持续碰撞的今天，我国农村文化的发展对于夺取文化高地有着重大意义。然而在农村精神文化生活的供给中，存在大众媒体缺位、城乡"二元"结构、文化供应质量不高、政治体制障碍等问题。尽管面临着一系列的问题，但我们同时也具备许多推动文化大发展大繁荣的有利契机，我们要把握机会，解放思想、实事求是、与时俱进、改革创新，推动文化建设不断取得新成就。

---

① 顾金孚：《农村公共文化服务市场化的途径与模式》，《学术论坛》2009 年第 5 期。

（四）农村文化的重建

农村文化是在农村社会生产方式基础上，以农民为主体，建立在农村社区的文化。它是农民文化素质、价值观、交往方式、生活方式的反映，是农村社会的重要组成部分。农村文化以农耕为经济基础，以血缘关系和地缘关系为纽带，以人际交往为主要传播方式。这种文化会随着社会的发展而发展变化，或是向前发展，或是逐渐消亡。[①]

1. 中国近代以来农村文化发展经历的几个阶段

（1）新文化运动对传统农村文化的革命

封建腐朽的清朝政府被鸦片战争的炮火打开国门之后，中国逐步沦为西方列强的瓜分之地。与此同时，西方帝国资本主义向中国灌输其价值文化，许多激进的知识分子认为只有西方文化才是真理。新文化运动是一次前所未有的思想解放和启蒙运动，广泛宣扬了民主和科学，改变了中国文化封闭保守的格局，开创了文化开放的新局面，促使中国文化跨出了现代化的第一步。但新文化运动也有其弊端，即毁灭了一切中国农村文化和旧文化。新文化运动主要成员都坚信必须用现代西方文化替代中国传统文化，将中国最淳朴乡土社会积淀下来的文化精髓视为糟粕。有些人认为新文化运动是左右两派文人联合起来反对文言文提倡白话文的运动，主要战场在蔡元培主持的北京大学内，主要对象是一批老古董国学教授，新文化运动大获全胜，中国几千年来积累的真正国学从此逐渐走向灭亡。陶行知在当时就看出了这些弊端："我国兴学以来，最初仿效泰国，继而学习日本，民国四年取法德国，近年特生美国热，都非健全的趋向。学来学去，总是三不像。"[②] 自此，乡土中国祖先积累的文化精华经过此次考验与整合，虽有得，却也失去了重要的部分。

（2）新中国成立赋予农村文化新的生命

我国自秦汉至明清的 2000 余年的封建社会始终"皇权止于县政"，国家权力并没有直达乡村社会。其主要标志是："县"作为一种地方基层行

---

① 栗晓冬：《农村民俗文化建设研究——以泰安市为例》，山东农业大学经济管理学院农业推广专业硕士论文，2009。

② 陶行知：《新教育（第 4 卷第 2 期）课程史论》，人民教育出版社，1999，第 348 页。

政建制大体保持在 1350 个左右，许多县的名称和治所甚至保留至今；"县官"由中央政府直接任命，享受国家的俸禄，主要对上级负责；"县政"是一切政事的开端，所谓"万事胚胎，皆在州县"。古老中国农村文化与外界隔离，形成文化真空。"中国乡土社区的单位是村落，从三家村起可以到几千户的大村。我在上文所说的孤立、隔膜是以村与村之间的关系而说的。孤立和隔膜并不是绝对的，但是人口的流动率小，社区间的往来也必然疏少。我想我们很可以说，乡土社会的生活是富于地方性的。地方性是指他们活动范围有地域上的限制。在区域间接触少，生活隔离，各自保持着孤立的社会圈子。"① "在传统中国社会，事实上存在着两种秩序和力量：一种是'官治'秩序或国家力量；另一种是乡土秩序或民间力量。前者以皇权为中心，自上而下形成等级分明的梯形结构；后者以家族为中心，聚族而居形成'蜂窝状结构'的村落自治共同体，连接这两种秩序和力量的是乡绅精英阶层。"② 这种状态导致县级城市与县级以上城市政治相对脱离，文化形成真空，相对隔绝。而新中国成立之后，旧制度彻底被废除，政府将农村与城市一起抓，农村的重要性达到了历史上从未有过的高度。

新中国成立之后，伴随着中国共产党对农村、农民的重视，农村文化也在一系列的措施之下有了新的格局，主要体现在三个方面。第一，彻底扫除部分。主要表现在迷信、落后思想的彻底根除，用科学、先进的文化教育广大农民，使农民认清迷信带来的危害，从而破除旧有落后文化的群众基础和政治地位，"例如，建国后，政府征收祠堂、庙宇、寺院在乡村中的土地，使民间信仰组织的经费来源急剧减少，失去了物质支持。同时从制度层面直接废除了旧的'政权、神权、族权、夫权'，并对一切旧习俗和旧信仰进行了扫荡，剥夺了旧习俗仪式的精神意涵，使农民自觉放弃了'祭拜各种神佛的习俗'，从而做到了对传统文化信仰和风俗的改造"。③第二，重新适应部分。这部分为中间过渡阶段，中国作为一个拥有五千多年历史的大国，一些习俗、文化是千百年传承下来的，虽说有些习俗的存

---

① 费孝通：《乡土中国》，上海人民出版社，2006。

② Vivienne Shue, *Sketches of the Chinese Body Politic*, Stanford University Press, 1998, p. 178.

③ 赵霞：《乡村文化的秩序转型与价值重建》，河北师范大学法政学院马克思主义中国化研究专业博士论文，2010。

在对现实没有太大的促进作用，却是人们的精神寄托，可作为联系乡村社区间情感的纽带保留，如祭祖、婚庆、拜财神拜关公等。第三，完全保留部分。这部分是中华文化的经典，尽管科技在发展，但人们还是愿意模仿并继承传统技艺，比如说剪纸艺术、皮影戏、刺绣等。这部分文化是国家鼓励保留并保护的，比如最近很火热的申请世界文化遗产，但是随着技术的发展，传统技艺可能会逐渐被世人所遗忘，被其他技术所取代。

（3）改革开放后农村文化的发展与挑战

改革开放以后，全国经济迅猛发展，在农村，乡镇企业逐渐盛行，加快了城乡一体化建设，部分农村已经不再世代代务农，开始尝试开办乡镇企业。由此，乡村经济格局发生改变，日益增长的精神文化需求和物质生活的巨大反差，加上改革开放以来各种新兴文化的涌入，使农村文化受到了史无前例的挑战。农村文化必须进步以适应新经济社会局面。在农村传统文化得以传承的前提下，由城乡差距的拉大而导致的农民精神贫困问题需要以新的形式得到解决，其中，教育、生态环境、空巢化等因素都对农村文化的发展进程有着至关重要的影响。

中国农民聚村而居的特点在很大程度上影响了农村文化，中国著名社会学家费孝通认为，中国乡土社会的生活是富于地方性的，活动范围有地域上的限制。在区域间接触少，生活隔离，各自保持着孤立的社会圈子。因而乡土社会在地方性的限制下成了生于斯、死于斯的社会，每个孩子都是在人家眼中看着长大的，在孩子眼里周围的人也都是从小就看惯的。这是一个"熟人"的社会，没有陌生人的社会。于是在熟人中，我们话也少了，我们"眉目传情"，我们"指石相证"，我们抛开了比较间接的象征原料，而求更直接的会意了。所以在乡土社会中，不但文字是多余的，连语言都并不是传达情意的唯一象征体系。① 由于这一点，加上农村资源匮乏，经济落后，改革开放初期农村受教育程度也明显低于城市。甚至到目前为止，在一些偏远地区的农村，村里出一个大学生都是整个村子的新闻，可见农村的教育晚了城市多少年，农村教育的滞后性多么严重，教育的缺失在很大程度上影响了农村文化的改造。近年来，随着义务教育政策的开放和全民受教育意识

---

① 费孝通：《乡土中国》，上海人民出版社，2006，第13～14页。

的普及，农村文盲率下降。这对于农村文化的发展有着巨大的推进作用。

　　乡镇现代化，工厂开进农村，因地制宜。河流、农田、树林、矿藏，都成了乡镇企业的开发对象。乡镇企业中，多数为工业，但是企业在追求发展的同时，往往忽略了对环境的保护，特别是生态保护的意识薄弱，政策又落实不到位，大量没有污染处理设备的工厂拔地而起，短短数十年就索取了千百年来祖先留下的宝贵资源，生态环境也被破坏了。淳朴自然的农村文化中夹杂了急功近利、不惜代价的成分。铅中毒、砷超标、河流污染、地下水污染等问题层出不穷，不仅严重干扰了当地农民的正常生活，还破坏了原有的耕种系统。这些问题吸引了众多专家学者呼吁保护乡村生态环境，保护乡村文化，但固有的发展迫切性仍旧存在，生态环境问题也许会长久地影响着农村文化的健康发展。表2－9列出了近年来影响农村环境的重大事件。

表 2－9　2002～2012 年农村影响重大的环境污染事件

年　份	事　件	过　程
2002	贵州都匀矿渣污染事件	贵州都匀坝固镇多杰村上游一个铅锌矿尾渣大坝崩塌，上千立方米矿渣注入山脚的范家河，沿岸被尾渣浸泡过的树木枯死，良田被矿渣掩埋。事发后，下游二十多公里的清水江一片浑浊，人畜一时饮水困难
2003	三门峡水库"一库污水"	三门峡大坝上游一些企业的工业污水排放和黄河附近城镇的生活污水排放逐年增加，三门峡水库泄水呈"酱油色"，水质恶化为Ⅴ类。三门峡市区虽紧邻黄河，但市民不得不花钱购买从附近山上运来的山泉水
2004	四川沱江特大水污染事件	四川化工股份有限公司第二化肥厂将大量高浓度氨氮废水排入沱江支流毗河，导致沱江江水变黄变臭，氨氮超标50倍之多。导致50万公斤网箱鱼死亡，直接经济损失3亿元左右。沿江简阳、资中、内江三地被迫停水4周，影响百万群众。据专家当时测算，沱江被破坏的生态至少需要5年时间来恢复
2005	黄河水沦为"农业之害"	黄河流域一些地区的农作物出现减产甚至绝收，原因是从青海经甘肃、宁夏至内蒙古的黄河沿岸，能源、重化工、有色金属、造纸等高污染工业企业林立，废污水排放量逐年增大，大量未达标的工业废水直接排入引支渠，导致黄河沿岸部分灌溉面积近似于污水灌溉，黄河水沦为"农业之害"

续表

年　份	事　件	过　程
2006	湖南岳阳砷污染事件	2006 年 9 月 8 日，湖南省岳阳县城饮用水源地新墙河发生水污染事件，砷超标 10 倍左右，8 万居民的饮用水安全受到威胁。经调查，造成此次污染的祸首是上游 3 家化工厂，因日常性排放工业污水，致使大量高浓度含砷废水流入新墙河
2007	太湖、巢湖、滇池蓝藻危机	安徽巢湖西半湖出现了 5 平方公里左右的大面积蓝藻，随着持续高温，巢湖东半湖也出现蓝藻，威胁当地饮水安全。云南昆明滇池也因连日天气闷热，蓝藻大量繁殖。在滇池海埂一线的岸边，湖水如绿油漆一般，并伴有阵阵腥味，影响农作和生活
2008	广州白水村"毒水"事件	2008 年 3 月 2 日，广州白云区钟落潭镇白沙村 41 名村民在自家或在饭馆吃过饭后，不约而同出现了呕吐、胸闷、手指发黑及抽筋等中毒症状，被陆续送往医院救治。据调查，此次污染的原因是白沙村里一私营小厂使用亚硝酸盐不当，污染了该厂擅自开挖的位于厂区内的水井，而该水井的抽水管和自来水管为非法私自接驳，又导致自来水被污染
2009	湖南浏阳镉污染事件	自 2003 年，湖南省浏阳市镇头镇双桥村通过招商引资引进长沙湘和化工厂，并长期排放工业废物，在周边形成了大面积的镉污染，进而导致植被大面积枯死，之后部分村民因体内镉超标出现头晕、胸闷、关节疼痛等症状，两名村民因此死亡。当地上千名村民因不堪污染之害，围堵镇政府、派出所
2010	紫金矿业铜酸水渗漏	2010 年 7 月 3 日，福建省紫金矿业集团有限公司紫金山铜矿湿法厂发生铜酸水渗漏，9100 立方米的污水流入汀江，导致汀江部分河段被严重污染，当地渔民的数百万公斤网箱养殖鱼死亡，直接经济损失达 3187.71 万元人民币。但紫金矿业却将这起污染事故隐瞒 9 天才进行公告，并因应急处置不力，7 月 16 日再次发生污水渗透
2011	血铅超标事件频发不止	1 月，安徽怀宁县高河镇新山社区检测出 228 名儿童血铅超标；3 月，浙江台州市路桥区峰江街道上陶村检测出 172 人血铅超标，其中儿童 53 人。浙江湖州市德清新市的海久电池股份有限公司被曝造成 332 人血铅超标，其中儿童 99 人；5 月，广东省紫金县的三威电池有限公司被曝造成 136 人血铅超标，其中达到铅中毒判定标准的有 59 人；9 月，上海康桥地区 25 名儿童被测出血铅超标。上述血铅超标的污染源，几乎全是蓄电池企业

续表

年　份	事　件	过　程
2012	广西龙江河镉污染事件	2012 年 1 月 15 日，因广西金河矿业股份有限公司、河池市金城江区鸿泉立德粉材料厂违法排放工业污水，广西龙江河突发严重镉污染，水中的镉含量约 20 吨，污染团顺江而下，污染河段长达约三百公里，并于 1 月 26 日进入下游的柳州，引发举国关注的"柳州保卫战"。这起污染事件对龙江河沿岸众多渔民和柳州三百多万市民的生活造成严重影响。截至 2 月 2 日，龙江河宜州拉浪至三岔段共有 133 万尾鱼苗、4 万公斤成鱼死亡，而柳州市则一度出现市民抢购矿泉水的情况

资料来源：《2002～2012：重大环境污染事件之十年记录》，《民主与法制》，2012。

改革开放以来经济和社会的快速发展打破了原有的城乡隔离与封闭的二元经济结构，并赋予了农民自己支配劳动时间和优化劳动要素配置的权力，充分调动了农民的生产积极性，极大地解放了生产力，同时也加速了农村剩余劳动力的产生。这种农村剩余劳动力的流动与转移在一定程度上改变了农村传统的家庭结构，造成经济劳动能力和社会劳动能力相对较弱的农村老年人留守的情况。

虽然乡镇企业得到大规模兴建，但城乡差距仍旧不可避免地越拉越大，新中国成立之后，农民翻身成了国家的主人，地位一下子上升了，调动了农民生活生产的积极性。改革开放以来，农民的选择更加多元化，有了自由选择自己劳动时间和从事行业的权利，之前积攒的过剩的农村劳动力找到了新的宣泄途径，长此以往，这种人员的流动改变了农村家庭的结构。由此传统中国四世同堂的宗族社会逐渐向分解家庭、留守家庭转型，不少农村青年不再子承父业，以耕种为生。大批的青年男女外出打工，留下老人和孩子。

调查显示，农村空巢家庭已经达到45%，农村空巢家庭这种随时代发展产生的新现象引发的社会问题是复杂而多层次的，例如农村人口老龄化、老人的赡养问题、孩子的教育问题等。老一辈对孩子的隔代教育对孩子产生的不良影响不可避免，不识字的爷爷奶奶对处在天翻地覆变化着的社会中成长的孩子仍使用原来的教育方法，既教育不好孩子，还对老人产生极大的心理负担。这种由老幼构成的农村社会，一边是保守、顽固的旧农村文化，一边是幼稚不成熟的新思想，随着网络、电话的普及，孩子对城市、新世界的憧憬激起了与老人完全不一致的世界观、价值观，农村文化的断层由此产生。农村家庭空巢化将是一个不可逆转的过程，但这种在孩子身上点滴渗透的不成熟的城市文化，一方面促进了新旧文化的融合；另一方面也将浮躁的价值观渗透给了淳朴的农民，也在一定程度上有碍旧有文化的传承。

改革开放以来，中国社会发生了翻天覆地的变化，农村社会的形态、经济结构都不同于往常，从而应运而生的是一系列特有的现象。这一剧变对于农村文化而言有利有弊，农村文化的发展需要借助其自身优秀的价值，被后代传承，同时，在社会不断发展的过程中去粗取精，不断塑造更加完美的农村文化。

2. 农村文化重建

（1）农村文化重建的概念

农村文化重建，是以改造农民核心文化价值为落脚点，对当前同时作用于农村的现代文化和传统文化、城市文化和农村文化、东方文化和西方文化进行改造和重组，寻求它们的和谐结合点，重建一种符合我国国情的新农村和谐文化，为社会主义和谐农村建设提供精神动力和智力支持[1]。

对农村文化进行重建能指引农民向积极的人生观、价值观看齐，与时俱进。团结农民群体，求同存异，使其有精神共鸣，培养正确的精神寄托和价值信仰，在祖国翻天覆地的变化形势下找好自己的位置，为祖国的建设奉献自己。

（2）农村文化重建的契机

第一，中国共产党和政府的大力支持。

"三农"问题始终是政府的重中之重，中国共产党不断完善农村制度的建设，为农村文化重建做好铺垫。表2-10是近年来支持农村建设的简单统计。

---

[1] 王玉玲：《农村文化重建的战略选择及对策思路》，福建农林大学管理学院农林经济管理专业硕士论文，2007。

表 2 - 10 近年来国家支持"三农"的创新

措　施	简　介
1. 从规范农村税费到取消农村"三税"	自 2000 年以来我国农村税费改革，实行"三取消、两调整、一改革"政策。从 2004 年开始，我国农村税费改革进入新阶段，实行"三取消"政策。为此，中央财政安排了大量转移支付，其中 2005 年中央财政的农村税费改革转移支付 662 亿元，比上年增长 26%。2006 年中央财政的转移支付达到 780 亿元。加上地方的转移支付，2006 年的规模达到 1030 亿元
2. 对农民实行"三项补贴"政策	"三补贴"就是针对种粮农民实施的直接补贴、针对粮食生产省安排的良种补贴和农机具购置补贴。上述政策从 2004 年开始实行，当年国家财政投入总共 130 多亿元对增加农民收入、刺激粮食生产、促进农业生产条件的改善，发挥了重要作用
3. 加强对农村基础设施和社会事业发展的投入	一是国家利用长期建设国债安排的"六小工程"。指农村节水灌溉、人畜用水、乡村道路、农村沼气、农村水电、草场围栏。二是"两免一补"。就是针对农村义务教育阶段家庭贫困中小学生免费提供教科书，免收杂费，同时对寄宿生补助生活费的政策。三是新型农村合作医疗改革，用于农民大病统筹。这对于缓解农民看病难的问题，将发挥重要作用
4. 对县乡财政实行"三奖一补"政策	即对财政困难县乡政府增加县乡税收收入和对省市级政府增加对财政困难县财力性转移支付给予奖励；对县乡政府精简机构和精减人员给予奖励；对产粮大县给予财政奖励；对以前缓解县乡财政困难工作做得好的地区给予补助。2005 年中央财政实行这一政策的财力投入共约 150 亿元，2006 年投入 210 亿元，这对缓解县乡基层困难，将起到积极作用
5. 实施农村劳动力转移培训阳光工程	目标：2000～2005 年，对拟向非农产业和城镇转移的 1000 万农村劳动力进行引导性培训，对其中的 500 万人开展职业技能培训；对已进入非农产业就业的 5000 万农民工进行岗位培训。2006～2010 年，上述三个数据分别是 5000 万、3000 万和两个多亿。为此，中央财政和地方财政都安排了相应的资金投入

资料来源：苏明：《国家财政"三农"支持政策的重大创新》，http://finance.sina.com.cn。

　　在公平、民主、正义的环境下，农民的积极性大大提高，用更多的热情投入到生产生活中，从而创造出了健康向上的农村文化。

　　第二，蓬勃发展的经济。

　　农村的经济在发展中前进，努力缩小与城市的差距，蓬勃发展的经济保障了文化的顺利发展，文化又相应地为经济发展提供指南，二者相互促进。发达的经济同时又给文化多元化创造了机会，农村文化可以走出农村，外界文化也可以引进农村，适应当地特色，实现文化的重建。

（3）农村文化重建的建议

第一，坚持发展农村教育，提高农村文化重建意识。

文化和教育是一个密不可分的整体。文化是教育的客体，给教育提供了传承的意义，文化的内容也影响着教育的方式；教育是文化传承的途径和方式，通过教育的反复演绎，文化得以广泛传播、保留，有时也会得以创新，促进文化的发展。

农村教育不能仅仅停留在读书认字层面，更要教给孩子如何生存，何为正确的世界观、人生观、价值观，教给他们如何做人，教给他们保留农村人淳朴善良的重要性；对农村孩子的教育除了让他们努力学习，走出大山外，还要懂得感恩，回报家乡；引导他们对农村文化的认同和敬爱，传承发扬农村文化。

随着经济的迅猛发展，人们都向往高薪的职业、发达的一二线城市。中国式教育灌输给农村孩子的理念也是"走出去"，走出家门，甚至走出国门。长期以来，这种教育模式对农村孩子的思想产生扭曲，使他们认为只有成为有权、有钱的人才算成功，而自己生长在落后的农村，自己的父母都是农民是一件不光彩的事情。教育不是功利的，教育是要让农村孩子认同自己，认同自己的家乡，爱农村，并愿意建设农村，改造农村。

第二，完善农村经济建设，提供文化重建物质基础。

工业化是社会前进的巨大推动力，也是实现社会文明的基石。农村发展相对落后，若要快速大力发展经济，工业化必不可少。"农村工业化"是指通过工业化的生产方式（包括技术、生产组织、经营方式、工具装备、管理制度等）来改造包括传统农业在内的农村产业和经济结构，促使农村经济向现代化转型，最终达到城乡经济一体化与国民经济一元化的目标。"农村工业化"对于推动农村经济的发展、社会的前进起着相当重要的作用，是新农村建设的重要支撑，对农业地区经济和社会发展产生重大的影响。农村工业从农业中分离出来，依靠农业，反过来也支持农业，由外来投资者投资，雇佣当地农民，或者当地农民利用自己的优势自主发展非农工业，或者两者兼有，从事的行业涵盖了采矿业、制造业、建筑业、交通运输业、住宿和餐饮业等。随着地域的变化，经济发展程度、文化形态等都不相同，农村工业化的模式也随之改变，至今，较为突出的模式有苏南模式、温州模式、珠江模式和闽南模式（晋江模式）。

农村的经济不仅需要新产业的带动，也需要继续发展农业。农业既为农村的经济发展增添动力，也为城市供给粮食。在发展工业之外，还需创新农业，学习西方的先进技术。我国的农业已经有了从牛耕到机械化的进步，进一步推进农业的现代化也已经提上议程。实现农业的现代化既减轻了农民的耕作负担，又提高了农民收入和地位，提高了农民农作的积极性。

第三，健全公共文化服务，落实文化重建软硬件。

公共文化服务需要从广大农村群众的切身需求出发，实现供给和需求的合理搭配。既不造成资金的浪费，又切实满足农民对公共文化服务的需求。政府必须从实际出发，了解农民的日常生活，合理预算。例如，如果希望提高村民的阅读量，仅修一座图书馆显然是不合理的。首先要弄清楚村民的需求，若村里主兴农业养殖业，就可以建一间阅览室，给村民提供养殖、种植的相关书籍，给小孩子提供儿童读物。政府可以多方面满足村民的文化需求，像设立文化活动室、配备运动器材等。

作为一个农业大国，中国农村的和谐对整个国家至关重要。农村文化的建设直接影响着中国广大农民的精神层次。新中国成立后至改革开放，是中国经济政治文化各个方面发生巨变的时期，从农村文化生活的真空到工业浮躁气息充斥农村，需要政府付出极大的努力来使农村的文化建设适应时代的变化。

三　现实篇：城市公共文化服务

（一）北京市公共文化服务现状分析

在中华人民共和国文化部 2010～2013 年编著的《文化发展统计分析报告》（下文简称《分析报告》）中，详细地分析了 2008～2012 年中国 31 个省市自治区的文化发展情况，并整理了相关数据。这是截至目前能找到的关于文化发展比较全面的数据，下面将根据有关数据对北京市公共文化服务的现状进行分析。

1. 北京市公共文化发展中机构人员经费的总体情况

（1）文化队伍不断壮大

根据《分析报告》中的有关数据，将 2008～2012 年北京市文化行业的机构和人员数列表如下（见表 2－11）。

表 2－11 2008～2012 年北京市文化行业的机构和人员情况

年　份	机构（个）	从业人员（人）
2008	4269	28388
2009	2533	24809
2010	2453	28834
2011	2627	28082
2012	5062	37560

资料来源：中华人民共和国文化部编《2012 文化发展统计分析报告》，中国统计出版社，2012，第 85 页；中华人民共和国文化部编《2013 文化发展统计分析报告》，中国统计出版社，2013，第 65 页。

从表 2－11 可以看出，文化行业无论是机构数还是从业人员数都在不断增加。2009 年由于政府职能的转变，音像制品行业由文化行业转变为出版行业，另外由于加大了对文化市场经营单位的整顿力度，文化市场得到进一步规范，所以 2009 年文化行业机构数和从业人员数都少于 2008 年，分别减少了 41% 和 13%。相比 2009 年，2010 年虽然文化行业机构数减少了 3.2%，但从业人员数却增加了 16.2%。而 2011 年，由于专业技术人才在文化机构从业人员中比例的增加，虽然 2011 年机构数有所增加，但人员数却减少了。2012 年由于统计口径的变化，截至 2012 年底，纳入统计制度的全市文化行业机构有 5062 个，从业人员有 37560 人，比 2011 年分别增长了 92% 和 34%，涨幅较大。根据统计，文化市场经营单位占有较大的比重，文化市场经营单位占到机构总数的 89%，人员总数的 65%。

（2）综合素质显著提高

根据《分析报告》中的有关数据，将 2011～2012 年北京市文化行业专业技术人才在从业人员中所占的比例列表如下（见表 2－12）。

表 2 - 12　2011～2012 年北京市专业技术人才占从业人员比例

	2012 年所占比例（%）	2011 年所占比例（%）	比重增幅（个百分点）
艺术业	47	45	2
图书馆业	82	69	13
群众文化业	30	17	13

资料来源：中华人民共和国文化部编《2013 文化发展统计分析报告》，中国统计出版社，2013，第 65 页。

在从业人员中，专业技术人才占总人数的 13%。从表 2 - 12 可以看出，相比于 2011 年，2012 年艺术业、图书馆业和群众文化业中专业技术人才所占的比例都在增加，其中艺术业专业人才占艺术业总人数的 47%，所占比例比上年提高了 2 个百分点。图书馆业专业人才占图书馆业总人数的 82%，群众文化业专业人才占群众文化业总人数的 30%，图书馆业和群众文化业专业人才所占比例，都分别比上年提高了 13 个百分点。队伍建设稳步推进，人员综合素质显著提高。

（3）文化投入经费总量切实保障

根据《分析报告》中的有关数据，将 2009～2012 年北京市文化单位总收入及文化事业费情况列表如下（见表 2 - 13）。

表 2 - 13　2009～2012 年北京市文化单位总收入及文化事业费情况

年　份	文化单位总收入（亿元）	文化事业费（亿元）
2009	—	13.6
2010	24.7	16.1
2011	26.4	17.9
2012	33.88	22.87

数据来源：中华人民共和国文化部编《2010 文化发展统计分析报告》，中国统计出版社，2010，第 85 页；中华人民共和国文化部编《2011 文化发展统计分析报告》，文化艺术出版社，2011，第 85 页；中华人民共和国文化部编《2012 文化发展统计分析报告》，中国统计出版社，2012，第 85 页；中华人民共和国文化部编《2013 文化发展统计分析报告》，中国统计出版社，2013，第 65 页。

从表 2 - 13 可以看出，随着国民经济的持续增长，对于文化事业的投入也稳步增长，为全市文化的发展和繁荣打下坚实的基础。2009 年，北京人均文化事业费为 77.7 元，全市文化事业经费占全市财政支出的 0.59%，人均文化事业费高出全国平均水平 55 元，居全国第二。2010 年，全市文化事业单位总收入为 24.7 亿元，其中文化事业费（财政拨款）16.1 亿元，比上年增长 18%；人均文化事业费 82.33 元，排名全国第一。2011 年，全市文化事业单位总收入为 26.4 亿元，其中文化事业费（财政拨款）17.9 亿元，比上年增长 11%；人均文化事业费 82.71 元，排名全国第二。2012 年，全市文化单位总收入为 33.88 亿元，其中文化事业费（不含基建拨款）22.87 亿元，比上年增长 27.7%。文化事业费占财政支出比重为 0.62%，比上年提高了 0.07 个百分点。文化经费总量得到了切实的保障，文化服务建设也将越来越有保障。

（4）人均文化事业费用投入持续增长

根据《分析报告》中的有关数据，2009～2012 年北京市人均文化事业费及在全国排名如图 2-2 所示。

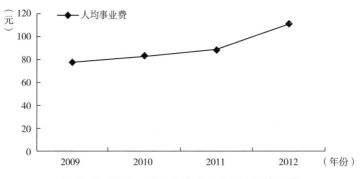

图 2-2　2009～2012 年北京市人均文化事业费

资料来源：中华人民共和国文化部编《2010 文化发展统计分析报告》，中国统计出版社，2010，第 86 页；中华人民共和国文化部编《2011 文化发展统计分析报告》，文化艺术出版社，2011，第 85 页；中华人民共和国文化部编《2012 文化发展统计分析报告》，中国统计出版社，2012，第 85 页；中华人民共和国文化部编《2013 文化发展统计分析报告》，中国统计出版社，2013，第 66 页。

从图 2-2 可以看出，2009～2011 年北京市人均事业费分别为 77.7 元、82.33 元、82.71 元，在全国的排名分别为第二、第一、第二位。2012 年北京市人均事业费更是高达 110.5 元，在全国排名第二。可以看出，北京市的人均事业费持续增加；2012 年，由于政策的支持，增加的幅度明显高于其他的年份。

2. 北京市村级公共文化服务体系现状

"十一五"期间，北京市遵照中央关于加强新农村文化建设的指示精神，以科学发展观为指引，着力加强农村基层公共文化服务体系建设。截至2010年，在市委、市政府的领导下，北京市村级公共文化服务体系建设取得明显成效，在一定程度上满足了农村群众的文化需求，保障了农村群众的基本文化权益。全市村级公共文化服务体系工作情况有如下几方面。

（1）北京市村级文化建设基本现状

北京市共有16个区县，3945个行政村，农村人口273万。建成了3910个行政村多媒体综合文化中心，率先在全国实现了农村地区文化设施全覆盖，结束了农村群众露天看电影、露天参加文化活动的历史；建成了文化信息共享工程分中心、区县分中心和基层服务点近4300个，率先在全国实现文化信息共享村村通。为乡镇文化站配备了182套灯光音响设备、182辆数字电影放映车和3859套数字电影放映设备，这些设施的建成和设备的配备，为丰富农村基层群众的文化生活提供了必要的条件。北京市共有村级文艺团队和社团4000余支，实现了村村有队伍的目标。这些团队成为活跃农村群众文化生活的重要力量。

表2-14 农村地区文化设施种类及数量（2012年）

种类	行政村多媒体综合文化中心	文化信息共享工程分中心、区县分中心和基层服务点	灯光音响设备	数字电影放映车	数字电影放映设备
数量	3910个	近4300个	182套	182辆	3859套

（2）北京市村级公共文化服务建设总体思路

北京市以加强首都新农村文化建设的重要精神为指引，以科学发展观为指导，以保障农村群众基本文化权益、满足基本文化需求为目标，推进资源下移、服务下移、重心下移，鼓励村民个体、社会力量采取共建共享等多种方式积极参与，加强村级公共文化服务设施建设，完善农村公共文化服务体系，推动农村地区社会主义文化繁荣和发展。

（3）北京市村级设施共建共享的保障措施

①组织保障。为了加强新农村建设，北京市专门成立了由市委宣传部、文化部、新闻出版部、广电部、发展改革部、财政和农业部等相关部门共同参与的新农村建设领导小组，市领导担任组长，形成了各部门有分工有协作的整体联动工作机制。在领导小组的指导下，全市多种共享功能的行政村多媒体综合文化中心建设进展迅速，"十一五"期间率先在全国实现了村级文化设施全覆盖。

②政策保障。2006年，制定了《北京市农村数字电影管理办法》（试行）。鼓励境内企业和其他经济组织（不含外资）组建农村数字电影院线公司；建设符合条件的农村数字电影院厅，政府给予建设资金补助。2007年北京市制定了《北京市基层公共文化设施建设标准》（试行）和《关于进一步加强北京市农村文化建设的实施意见》。鼓励机关、学校采取多种方式向农民群众开放其内部的文化设施，倡导社会力量兴办农村公益性文化事业，对农户个体建设文化室、图书馆（室）等文化设施的行为给予扶持，允许其以市场运作的方式开展形式多样的文化活动。

③财政保障。为了鼓励村级设施共建共享，自2009年起，北京市每年拨付每个共建共享行政村多媒体综合文化中心活动经费5000～15000元，专项支持农村群众开展各项文化活动；为每个行政村多媒体综合文化中心配备10万元数字电影放映设备，满足农村群众看电影的需求。区县政府也提供一定的经费，扶持建设。

④激励保障。鼓励各区县政府加强村级文化设施建设的积极性，在全市年度文明区县评比中增加相应分值。对于工作成绩突出的单位和个人，在全市优秀文艺人才评比中重点推优。

（4）北京市村级共建共享的主要做法

①保障设施，八网合一。基本实现农村有线电视、电子政务、有线广播、图书信息服务、文化信息资源共享工程、数字电影、党员教育和远程教育八网合一，使村民不出村就能实现多种需求。

②多室合一，一室多用。行政村多媒体综合文化中心融电影放映、文艺演出、文体活动、农业培训、党员教育、计生宣传和普及科学知识等多

功能于一体。

③城市专业文化资源与农村共享。组织市属专业院团参加农村星火工程演出，把专业演出送到农村。采取结对子的方式，组织艺术家深入农村，利用流动电影放映车和数字电影设备，送电影到农村。

④跨区域资源共享。实施文化惠民工程，鼓励市属文化专业院团、各区县优秀品牌团队进行跨区域巡回演出（见表2-15）。

表2-15　北京市农村跨区域巡回演出（2012年）

周末演出计划		农村文艺演出星火工程		
涉及区县（个）	演出场次（场）	涉及区县（个）	演出场次（场）	参与人数（万人次）
10	700	12	三年30万场次	6000

⑤管理人员共享。各行政村都配备了大学生村干部，将文化设施交由村干部负责管理，加强村级文化设施的管理和使用，提高设施共享效果。成立了北京市文化志愿者服务中心和18个区县分中心，组织5000名文化志愿者深入农村，提供服务。①

3. 北京市公共文化服务体系建设成果

据北京市发展和改革委员会透露，北京已在全国率先建成市、区县、街道（乡镇）、社区（村）四级公共文化服务体系和网络，多项文化设施和运营水平位居全国前列。

近年来北京市深化文化体制改革，政府职能进一步转变，公共财政对公共文化服务投入形成稳定增长机制，市、区县、街道（乡镇）、社区（行政村）四级公共文化服务网络体系已初步建成。截至2012年初，北京基本形成了以市群众艺术馆为中心，19个区县级文化馆为地区分中心，319个街道（乡镇）文化站、5798个社区（村）文化室为服务终端的文化馆服务网络；形成了以首都图书馆为中心，23个区县级图书馆为分中心，325个街道（乡镇）图书馆、3864个社区（村）图书室为服务终端的公共图书馆服务网络（见表2-16）。

---

① 国家公共文化网：《北京市村级公共文化服务体系建设情况》，2011年11月28日，http://www.cpcss.org/_d273034544.htm。

表 2 – 16　北京文化馆服务网络和公共图书馆服务网络

	中　心	区县级（分中心）	街道（乡镇）级	社区（村）级
文化馆	市群众艺术馆	19 个	319 个	5798 个
公共图书馆	首都图书馆	23·个	325 个	3864 个

（1）大型文化设施方面

中国科技馆、国家图书馆二期、首都图书馆二期、首都博物馆新馆、国家大剧院、国家话剧院、中央电视台和北京电视台新址等大型文化设施增强了公共服务能力，成为北京市文化地标，显著提升了首都文化形象。此外，还新建了中国电影博物馆，改扩建了国家博物馆、中国农业博物馆等国家级博物馆，带动了一大批市级、区县、企业、民间博物馆的建设。目前，首都注册博物馆达到 156 个，数量居世界各大城市第二位，形成了综合性与专题性相结合的博物馆体系，覆盖全部 16 个区县。

（2）首都新闻出版业方面

近年来首都新闻出版业快速发展，广播影视影响力大幅提升。北京数字出版信息中心建成使用，"京版品牌"竞争力进一步彰显。北京已开办公共广播电视节目 17 套，有线广播电视入户率达到 91.7%。广播电视"村村通"工程提前完成。在远郊区县建成 5 座广播电视无线覆盖转播站，有效提高了覆盖能力；全市有线电视数字化试点新增用户 70 万户，累计达到 192 万户。北京电视台进入高清化制作播出新时期。数字电影流动放映工程稳步开展，市财政投入专项经费 3.3 亿元，每个行政村年均放映电影 25 场。

（3）大型文化活动方面

形成了国际戏剧季、国际舞蹈季、国际音乐节、新年音乐会等具有国际影响力的文化亮点，国际文化品牌效应进一步凸显。群众文化活动内容丰富、形式多样。"文艺演出星火工程"覆盖全市居住人口在 300 人以上的行政村，"周末演出计划"丰富了城乡群众文化生活。[1]

---

[1] 新华网：《首都公共文化服务体系全面建成》，2012 年 1 月 2 日，http://news. xinhuanet. com/politics/2012 – 01/02/c_ 111356661. htm。

（二）北京市公共文化事业发展情况

1. 公共图书馆总体情况

根据《分析报告》中的有关数据，将 2010 年和 2011 年北京市公共图书馆的有关情况整理如表 2 - 17 所示。

表 2 - 17　北京市属公共图书馆 2010 年和 2011 年对比情况

指标名称	2011 年	2010 年	同比增长（%）
机构数（个）	24	24	—
总藏书量（万册）	1912	1715	11
总流通人数（万人次）	726	775	- 6
购书经费（万元）	4733	4107	10
阅览室面积（万平方米）	4	4	—
阅览室座席（个）	12510	12852	- 3
人均拥有藏书量（册）	0.95	0.87	9
人均购书经费（元）	2.37	2.29	3

资料来源：中华人民共和国文化部编《2012 文化发展统计分析报告》，中国统计出版社，2012，第 87 页。

截至 2011 年，北京地区 25 个公共图书馆（含国家图书馆）总藏书量为 5049 万册，全年总流通人数 1174 万人次。其中北京市 24 个公共图书馆，总藏书量 1912 万册，全年总流通人数 726 万人次，为读者举办各种活动 2369 次，外借书刊 749 万册，新购藏书量 134 万册。北京市人均拥有藏书 0.95 册，人均购书经费 2.37 元，两项人均指标均居全国第三位。全市公共图书馆服务内容不断扩大，服务水平不断提高。

根据《分析报告》中的有关数据，2011 年和 2012 年北京市公共图书馆的有关情况整理如表 2 - 18 所示。

表 2 - 18　北京市属公共图书馆 2011 年和 2012 年对比情况

指标名称	2012 年	2011 年	同比增长（%）
机构数（个）	24	24	—
总藏书量（万册）	2083	1912	9
总流通人数（万人次）	865	726	19

续表

指标名称	2012 年	2011 年	同比增长（%）
购书经费（万元）	5192	4733	10
阅览室面积（万平方米）	6	4	50
阅览室座席（个）	13525	12510	8
人均拥有藏书量（册）	1.01	0.95	6
人均购书经费（元）	2.69	2.37	13

资料来源：中华人民共和国文化部编《2013 文化发展统计分析报告》，中国统计出版社，2013，第 68 页。

从表 2－18 可以看出，2012 年北京市公共图书馆条件有所改善，服务内容不断增加，服务范围不断延伸，服务水平不断提高。除机构数之外，其他各项指标同比 2011 年均有增长。根据有关调查统计，截至 2012 年底，北京地区的 25 个公共图书馆（含国家图书馆）总藏书量达 5556 万册，全年总流通人数 1243 万人次。其中，北京市 24 个公共图书馆，总藏书量达 2083 万册，全年总流通人数达 865 万人次，为读者举办各种活动 2625 次，外借书刊 819 万册，新购藏书量 161 万册。从表 2－18 亦可以看出，相比 2011 年的有关数据，以上各项指标均高于同期数据。

根据《分析报告》中的有关数据，2012 年北京市人均拥有藏书 1.01 册，人均购书经费 2.69 元。与上年同期的这两项指标相比，2012 年的这两项指标均有增长，涨幅分别为 6% 和 13%，居全国第四位。全市公共图书馆（不含国家图书馆）面积达到 22 万平方米，全市平均每万人拥有公共图书馆设施面积达到 107 平方米，大大超出全国平均水平。

2. **博物馆建设情况**

根据《分析报告》中的有关数据，2008～2012 年北京市文博系统内博物馆的基本情况如表 2－19 所示。

表 2－19　2008～2012 年北京市文博系统内博物馆的基本情况

年　份	文博系统内博物馆数量（座）	从业人员（人）	文物藏品（件/套）	财政拨款（万元）	参观人次（万人次）
2008	37	1209	1137760	22303	381
2009	39	1200	1136606	19804	460

续表

年　份	文博系统内博物馆 数量（座）	从业人员 （人）	文物藏品 （件/套）	财政拨款 （万元）	参观人次 （万人次）
2010	41	1162	1138476	23194	499
2011	41	1239	1140379	38987	533
2012	41	1171	1140193	65060	529

资料来源：中华人民共和国文化部编《2011 文化发展统计分析报告》，文化艺术出版社，2011，第 92 页；中华人民共和国文化部编《2013 文化发展统计分析报告》，中国统计出版社，2013，第 72 页。

　　2011 年，北京文博系统内博物馆举办展览 167 个，比上年增加了 38 个。共接待参观人数 533 万人次，同比增长 6.81%；博物馆总收入 42408 万元，收入比上年增加 14680 万元，增幅为 52.94%，其中财政拨款 38987 万元，比上年增加 15793 万元，增长率 68.09%。藏品数 1140379 件，其中一级藏品 455 件，二级藏品 4918 件，三级藏品 48928 件。藏品总数比上年同期增加 1903 件，其中一级藏品增加 1 件，二级藏品增加 23 件，三级藏品增加 135 件。[①]

　　2012 年，北京文博系统内博物馆举办展览 158 个，比上年减少了 9 个。共接待参观人数 529 万人次，比上年略有下降，博物馆总收入 42408 万元，收入比上年增加 14680 万元，增幅为 52.94%，其中财政拨款 65060 万元，比上年增加 26073 万元，增长率 66.88%。藏品数 1140193 件，其中一级藏品 457 件，二级藏品 4918 件，三级藏品 49039 件，藏品总数比上年同期减少 186 件。[②]

　　图 2 - 3 为 2012 年北京市注册博物馆的分布情况。

　　截至 2012 年底，北京地区注册博物馆数量为 165 座，比 2011 年增加了 3 座。其中中央属博物馆 54 座，占博物馆总数的 34%；市属博物馆 42 座，占博物馆总数的 25%；区县属博物馆 42 座，占博物馆总数的 25%；民办博物馆 27 座，占博物馆总数的 16%。

[①]　中华人民共和国文化部编《2012 文化发展统计分析报告》，中国统计出版社，2012，第 92 页。

[②]　中华人民共和国文化部编《2013 文化发展统计分析报告》，中国统计出版社，2013，第 72 页。

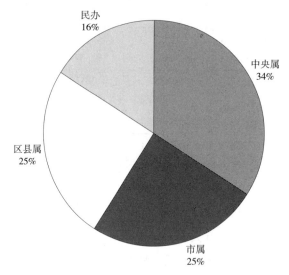

图 2 - 3　2012 年北京注册博物馆分布情况

资料来源：中华人民共和国文化部编《2013 文化发展统计分析报告》，中国统计出版社，2013，第 71 页。

3. 对外文化交流情况

2009～2012 年北京市对外文化交流活动情况如表 2 - 20 所示。

表 2 - 20　2009～2012 年北京市对外文化交流活动情况

年　份	总　计		出　访		来　访	
	批　次	人　次	批　次	人　次	批　次	人　次
2009	295	3298	181	1800	114	1498
2010	202	3724	158	1864	44	1860
2011	182	3081	145	2210	37	871
2012	152	3525	112	2195	40	1330

资料来源：中华人民共和国文化部编《2010 文化发展统计分析报告》，中国统计出版社，2010，第 89 页；中华人民共和国文化部编《2013 文化发展统计分析报告》，中国统计出版社，2013，第 71 页。

从表 2 - 20 可以看出，2009～2012 年，北京市对外文化交流的批次呈下降的趋势，但是人次变化不明显。2012 年，北京市文化局受理对外文化交流项目为 152 批 3525 人次。其中，出访国外及港澳台地区的批次为 112 批 2195 人次，引进 40 批 1330 人次。将"走出去、引进来"的方针政策很好地实施，有效扩大了中华文化的影响力。

4. 文艺演出情况

（1）文艺资源总体情况

根据《分析报告》中的有关数据，2012 年艺术表演团体的基本情况如表 2 - 21 所示。

表 2 - 21　2012 年北京市艺术表演团体基本情况

指　　标	合计	中央及其他部委	市属	区（县）	社会办团	部队院校
机构数（个）	555	17	11	7	503	17
演出场次（场次）	21997	3977	7831	844	9345	—
国内演出观众（万人次）	1542	762	416	26	338	—
演出收入（万元）	58207	35193	17914	663	4437	—

资料来源：中华人民共和国文化部编《2013 文化发展统计分析报告》，中国统计出版社，2013，第 66 页。

从表 2 - 21 可以看出，截至 2012 年底，全市累计审批艺术表演团体 555 个，全年演出场次共 21997 场次，国内观众 1542 万人次，演出收入 5.8 亿元（含中央及其他部委、市区属、社会办团）。其中，社会办团在机构数和演出场次中占有相当的比重，分别为 503 个 9345 场次。而中央及其他部委的国内观众数和演出收入却相对较多，分别为 762 万人次和 35193 万元。相比 2011 年的情况，总演出场次和观众人次均有小幅增长，涨幅分别为 4% 和 2%，而演出收入涨幅比较大，增长了 28%。

（2）演出场次和剧种情况

根据《分析报告》中的有关数据，2012 年北京市演出场所演出剧种构成分类如表 2 - 22 所示。

表 2 - 22　2012 年北京市演出场所演出剧种构成分类

剧种分类	演出场次（场次）	2012 年所占比重（%）	2011 年所占比重（%）	比重增幅（个百分点）
戏曲曲艺	4122	24	23	1
话　　剧	3975	22	21	1
杂　　技	2259	13	20	- 7

剧种分类	演出场次（场次）	2012 年所占比重（%）	2011 年所占比重（%）	比重增幅（个百分点）
歌 舞 剧	525	3	9	-6
儿 童 剧	2695	15	8	7
音 乐	698	4	5	-1
综 合	3183	19	14	5
合 计	17348	100	100	—

资料来源：中华人民共和国文化部编《2013 文化发展统计分析报告》，中国统计出版社，2013，第 69 页。

从演出场次看，9 家大型演出场馆演出 245 场次；54 家艺术剧场演出 16659 场次，占总演出场次的 96%；7 家区县剧影院演出 444 场次。从演出收入看，9 家大型场馆演出收入 63444 万元，占总收入的 43%，场均演出收入 259 万元；54 家艺术剧场演出收入 83996 万元，占总演出收入的 57%，场均演出收入 5 万元。从涵盖的艺术形式看，在 2012 年的演出场次中，戏曲曲艺、话剧为重头戏，分别占总演出的 24% 和 22%，共占总演出场次的将近一半。

（3）群众文化活动情况

通过《分析报告》中的有关数据，2012 年北京市群众文化机构及活动基本情况如表 2-23 所示。

表 2-23　2012 年北京市群众文化机构及活动基本情况

指标名称	合 计	群众艺术馆	文化馆	文化站
机构数（个）	343	1	19	323
从业人员数（人）	2321	60	787	1474
举办展览场数（场次）	2144	6	292	1846
组织文化活动次数（次）	29076	249	3599	25228
举办训练班次数（次）	19465	170	3020	16275

资料来源：中华人民共和国文化部编《2013 文化发展统计分析报告》，中国统计出版社，2013。

根据《分析报告》的统计情况，2012 年北京市四级公共文化设施覆盖率达到 98%，其中市、区县两级公共文化设施覆盖率达到 100%。截至

2012 年底，北京市群众艺术馆 1 个，文化馆 19 个，文化站 323 个，共计343 个。群众艺术馆的从业人员为 60 人，文化馆的从业人员为 787 人，文化站的从业人员相对较多，为 1474 人，总从业人员数为 2321 人。其中，群众艺术馆举办展览 6 场次，文化馆举办展览 292 场次，文化站举办展览1846 场次，共举办展览 2144 场次。群众艺术馆、文化馆与文化站组织文化活动和举办训练班的次数分别为 249 次和 170 次，3599 次和 3020 次，25228 次和 16275 次，共计组织文化活动次数和举办训练班次数分别为29076 次和 19465 次。可以看出群众文化活动丰富多彩，影响甚大。

（三）北京市文化创意产业

1. 文化创意产业的相关概念

文化产业、创意产业和文化创意产业在概念的界定上存在交叉，很多时候甚至是同一概念的不同表述，例如，文化产业在英国被统称为文化创意产业。[①] 相对于文化产业来说，澳大利亚学者坎宁安更愿意使用创意产业一词，以此表明文化产业正在发生历史性变化，即它已经开始进入一个新的发展阶段——新经济阶段，这一阶段的文化产业与传统文化产业的区别就在于它更注重创意和创新。[②] 而关于创意产业的概念，R. Caves（2002）认为创意产业与文化产业没有什么不同，只是中西方的习惯差异；J. Howkins（2002）认为创意产业是源于文化产业，但又是对文化产业的超越，是居于价值链高端的产业。[③]

文化产业的提出在国际上仅有半个世纪的历史。理解其产生的背景对我们与国际接轨、正确地发展文化产业应有所裨益。[④] 创意产业这一术语来源于 1998 年出台的《英国创意产业路径文件》，其中写道："源于个人创造力和技能及才华，通过知识产权的生成和取用，具有创造财富并增加就业潜力的产业。"

---

① 闫瑞华：《文化产业金融支持模式比较分析》，《合作经济与科技》2012 年第 8 期。
② 林拓等：《世界文化产业发展前沿报告》，社会科学文献出版社，2004，第 134～144 页。
③ 蒋婷婷、叶臻、谢富纪：《基于国际比较的我国创意产业竞争力跃迁研究》，《现代管理科学》2012 年第 4 期。
④ 王慧炯：《对发展中国文化产业的思考》，《北京工业大学学报》（社会科学版）2002 年第 2 期。

文化创意产业具有非常广泛的内涵，大的方面包括艺术文化服务、艺术文化产品、电子产品等，具体的细分则更加复杂。文化创意产业为受众提供的是具有娱乐、信息价值的文化艺术产品或服务，例如，影视艺术、歌曲、出版书籍、游戏、电子产品等。

从字面上看，"文化创意产业"至少具备以下三个条件。第一，文化性，文化是人类文明的体现，没有文化内涵的东西终究会被时代所抛弃。第二，创新性，这是创意的内在要求。如果没有创新性在里面，那么这个产业再大，其运作再复杂也不能称为文化创意产业。第三，产业性，这就要求从事活动的主体必须具有独立性，具有独立的产权，能够独立行使决策权，独立承担市场风险，且其产值规模和从业人数必须达到符合"产业"概念的一定标准。①

文化创意产业的核心其实就在于人的创造力以及最大限度地发挥人的创造力。"创意"是产生新事物的能力，创意必须是独特的、原创的以及有意义的。在"内容为王"的时代，无论是电视影像这样的传统媒介产品，还是数码、动漫等新兴产业，所有资本运作的基础就是优良的产品，而在竞争中脱颖而出的优良产品恰恰来源于人的丰富的创造力。因此文化创意产业其本质就是一种"创意经济"，其核心竞争力就是人本身的创造力，由原创激发的"差异"和"个性"是"文化创意产业"的根基和生命。② 下面将通过表2-24~表2-26将不同组织、地区和学者对这三个相关概念的界定具体显示。

表2-24　不同组织对文化（创意）产业概念的界定

组　织	文化（创意）产业的概念	关键点
联合国教科文组织	文化产业是按照工业标准生产、再生产、存储以及分配文化产品和服务的一系列活动	文化产品和服务
	文化创意产业是依靠创意人的智慧、技能和天赋，通过高科技创造与文化资源提升，通过知识产权开发和运用生产高附加值产品，具有创造财富和就业潜力的产业	强调创意、知识产权、财富与就业

---

① 范长虹：《我国文化创意产业发展对策研究》，大连海事大学马克思主义理论专业硕士学位论文，2012。

② 韩虎山：《文化创意产业与城市品牌传播研究》，山西财经大学企业管理专业硕士学位论文，2012。

续表

组　　织	文化（创意）产业的概念	关键点
联合国贸发会议（UNCTAD）	使用创意与智力资本为初始投入的产品与服务创作、制造和销售的循环过程	强调创意、过程
欧盟	内容产业是指那些制造、开发、包装和销售信息产品及其服务的产业	制造、开发、包装和销售信息产品
我国理论界	文化产业是生产文化产品、提供文化服务的经营性行业，主要包括广播影视、文化出版、文化艺术、文化旅游等四个领域	生产文化产品、提供文化服务
全国政协与文化部所组成的文化产业联合调查组	文化产业是指从事文化产品生产和提供文化服务的经营性行业。文化产业主要包括文化艺术、文化出版、广播影视、文化旅游等领域，具体行业的划分尚待进一步研究	文化产品生产和提供文化服务

　　资料来源：王伟伟：《加快中国文化创意产业发展研究》，辽宁大学政治经济学博士学位论文，2012，第19～20页；周莉华：《试论新的经济增长点——创意产业》，《南方经济》2005年第1期。

表2－25　不同地区对文化（创意）产业概念的界定

国家（地区）	文化（创意）产业的概念	关键点
韩　国	韩国文化产业的概念很广泛，包括：影视、音乐、游戏、动漫、演出、广告、出版、卡通形象、创意性设计、传统食品、传统工艺品、传统服饰等领域，还包括多媒体软件、网络和手机信息服务等高附加值和高增长潜力的领域	高附加值和高增长潜力的领域
	文化创意产业是与文化商品生产、流通和消费有关的产业	强调文化产业化过程
英　国	创意产业是源于个人创造力、技能与才华的活动，而透过知识产权的生成和取用，这些活动可以发挥创造财富与就业的成效	个人创造力、技能与才华
澳大利亚	生产能表现出信息和通信特征的数字内容和应用的产业	强调信息技术、数字
日　本	创造一种符号，然后销售这种文化和文化符号	强调心理学、哲学和经济学的结合

续表

国家（地区）	文化（创意）产业的概念	关键点
芬　兰	基于意义内容的生产活动	强调内容、意义
中国台湾	源自创意或文化累积，透过智慧财产的形式与运用，具有创造财富与就业机潜力，并促进整体生活提升之行业	强调创意、产权、财富与就业、生活品质
中国香港	以开发、利用创意、技术、技能和智力资产，进行生产并分配具有社会及文化意义的产品和服务	强调创意、技术、文化的融合
中国大陆	从事文化产品生产和提供文化服务的经营性行业	强调文化产品的生产和提供文化服务
中国上海	以创新思想、技巧和先进技术等知识和智力密集型要素为核心，通过一系列创造活动，引起生产和消费环节的价值增值，为社会创造财富和提供广泛就业机会的产业	强调创新、创意、技术、财富与就业

　　资料来源：王伟伟：《加快中国文化创意产业发展研究》，辽宁大学政治经济学博士学位论文，2012；陈大为：《韩国文化产业跨越式发展的原因及启示》，《辽宁工程技术大学学报》（社会科学版）2012 年第 4 期；周莉华：《试论新的经济增长点——创意产业》，《南方经济》2005年第 1 期。

表 2-26　不同学者对文化（创意）产业概念的界定

学　者	文化（创意）产业的概念	关键点
尼古拉斯·加纳姆	生产和提供文化产品与文化服务的机构，如报纸、期刊和书籍的出版部门，影像公司，音乐出版部门，商业性体育机构等	文化产品和文化服务
贾斯廷·奥康纳	文化产业是指以经营符号性商品为主的那些活动，这些商品的基本经济价值源自它们的文化价值。它首先包括了我们称之为"传统的"文化产业——广播、电视、出版、唱片、设计、建筑、新媒体和"传统艺术"——视觉艺术、手工艺、剧院、音乐厅、音乐会、演出、博物馆和画廊	经营符号性商品
约翰·霍金斯	创意产业产品都在知识产权法的保护范围内的经济部门，包括版权、专利、商标和设计产业，这些产业都在某种程度上体现了创意这一主题，其产品都是创意的结果	知识产权法、创意

续表

学　者	文化（创意）产业的概念	关键点
理查德·凯夫斯	创意产业提供我们宽泛地与文化的、艺术的或仅是娱乐的价值相联系的产品和服务	强调文化与艺术、娱乐的结合

资料来源：林拓等：《世界文化产业发展前沿报告》，社会科学文献出版社，2004；苑洁：《文化产业行业界定的比较研究》，《理论建设》2005 年第 1 期。

2. 北京文化创意产业界定及分类

（1）北京文化创意产业概念的界定

北京市是较早研究并发展文化创意产业的城市，对其定义为："是以创作、创造、创新为根本手段，以文化内容和创意成果为核心价值，以知识产权实现或消费为交易特征，为社会公众提供文化体验的具有内在联系的行业集群"。北京市文化创意产业主要包括 9 个大类，具体如表 2 - 27 所示。

表 2 - 27　北京市文化创意产业分类标准

类　别	内　容
文化艺术	文艺创作、表演及演出场所；文化保护和文化设施服务；群众文化服务；文化研究与文化社团服务、文化艺代理服务
新闻出版	新闻服务；图书、报刊出版发行；音像及电子出版物出版发行；图书及音像制品出租
广播、电视、电影	广播、电视服务；广播、电视传输；电影服务
软件、网络及计算机服务	软件服务、网络服务、计算机服务
广告会展	广告业、会议及展览服务
艺术品交易	艺术品拍卖服务；艺术品销售
设计服务	建筑设计、城市规划、其他设计
旅游、休闲娱乐	旅游服务、休闲娱乐服务
其他辅助服务	文化用品、设备及相关文化创意产品的生产；文化用品、设备及相关文化创意产品的销售；文化商务服务

资料来源：《北京市文化创意产业分类标准》，2008，北京市统计局与国家统计局北京调查总队联合制定。

（2）北京市文化创意产业发展情况

北京是我国文化的中心，文化创意产业发展较好，2004 ~ 2012 年，北京文化创意产业增加值从 613.6 亿元增加到 2189.2 亿元，占 GDP 比重从 10% 增加到 12.3%，同比增长 10%，成为仅次于金融业的第二大支柱产业。2013 年第一季度，实现收入 1927.3 亿元，同比增长 8%，增速高于上年同期 1.4 个百分点；实现利润 40.6 亿元，同比增长 8.6%。文化创意产业的快速发展直接促进了首都经济结构调整和发展方式转变，根据研究机构的统计结果，2012 年，北京的经济发展质量在全国排名第一。

"十一五"以来，北京市已先后认定了四批共 30 个市级文化创意产业集聚区，初步形成产业集聚发展态势。为落实党的"十八大"提高文化产业规模化、集约化、专业化水平这一要求，北京市将出台文化创意产业功能区总体规划，未来三年，将按照土地集约、产业集聚、功能集中的原则，以文化创意产业集聚区为重要载体，以重点企业和重大项目为引领，以政策体系和服务平台为保障，整合打造 20 个文化创意产业功能区。加大针对功能区的政策扶持，促进文化资源的优化重组，推动产业要素的科学配置，完善产业链、供应链和服务链，优化调整全市文化产业总体布局。将出台《关于实施"双轮驱动"战略，加快推进文化科技融合发展的意见》和《北京市推进文化和科技融合发展三年行动计划（2012～2015）》，实施关键技术攻关、重点产业科技升级、新兴文化业态孵育等"十项行动"，扎实推进一批文化科技融合重大项目，力争用 3 年时间，培育千亿级文化科技企业 1～3 家，百亿级文化科技企业 10～15 家，形成 1～2 个产值千亿元、8～10 个产值百亿元的文化科技融合示范园区或基地，全面提升首都公共文化领域科技应用水平，在全国率先形成文化科技融合发展新格局。

2012 年，一批重大文化产业项目落地北京并发挥辐射和带动作用。3 月 16 日，市政府与中国恒天集团达成协议共同建立国家时尚创意中心，引领时尚创意产业发展。万达文化产业集团落户通州后，所实施的"万达旅游文化城"项目将集文化旅游、高端购物、主题公园、文化酒店等为一体，成为优化区域旅游环境、提升区域产业品质的重要载体。北京文化硅谷项目将在房山区打造集文化体验基地、演艺中心、艺术院所、总部基地等功能于一体的创新型文化产业综合体，有效带动北京西南部文化创意产业的发展。在重大项目带动下，文化创意产业投资总额大幅增长。2013 年第一季度，全市完成文化创意产业投资额 43.2 亿元，同比增长 68.7%，占全社会固定资产投资比重的 4.1%，比上年同期提高 1.4 个百分点。

3. 北京市创意市集

政府宏观调控，市场自主运作是政府采购文化产品的一种形式，创意市集可归类为文化创意产业，故下面以北京市政府主导的北京地区创意市集建设为例，说明北京市文化创意产业的发展情况。

（1）创意市集的概念

创意市集是指在特定时间、场地展示、售卖创意性小型日常生活用品的市集。2005 年台湾设计师王怡颖在她的《创意市集》一书中首次使用了"创意市集"的概念。这种市集上的产品以个性化的设计、时尚气息及手工制作为主要特征。[①] 创意市集是创意经济大潮中当代都市经济与文化生活中的一道独特风景，是以机动灵活的方式展示、售卖小型创意日常生活用品的平台，是立足于生活，面向大众，人人皆可参与，彰显平民设计、草根设计的创意空间，是使生活与艺术、生活与设计融为一体的流行舞台。北京地区的创意市集以规模大、影响广、具有持续性在全国创意市集的发展中令人瞩目，正在成为北京市创意精神的鲜活载体以及北京城市新文化的一个独特组成部分。

（2）北京创意市集的产生与发展（2006～2011 年）

根据北京创意市集的产生与发展情况，其概况如表 2-28 所示。

表 2-28　北京创意市集举办情况

年　　份	场次	概　　况
2006	1	市集的主体是创意跳蚤市场，有百余个摊主参加，参与人数约 5 万人次，产品包括各类手工艺品、时尚生活用品、绘画等。主办方将此次活动定义为创意嘉年华，凸显了创意、时尚及节庆气息
2007	8	规模大小不一，并开始出现了市集上成长起来的品牌，如穿军装、胸前戴五角星的"陈幸福"兔子玩偶等。同时还出现了在大型文化艺术活动中开设创意市集的形式，这一形式成为后来北京创意市集活动组织的一个特点。在北京国际博览会德国之夜的狂欢活动中首次出现了有音乐及视频节目表演，主舞台＋文学区＋创意市集现场展示＋露天电影放映的"通宵创意夜市"

---

① 龚小凡：《中国文化产业发展报告》，社会科学文献出版社，2013，第 241 页。

年　份	场次	概　　况
2008	11	参与者平均年龄为 20～30 岁，场次更多、举办主体更为多元以及具有鲜明时尚气息等是 2008 年创意市集的特点：（1）创意市集联姻京城时尚坐标，登入大雅之堂；（2）特色创意市集出现，如"70/80 怀旧市集"、经典动画墙等；（3）更多主体成为创意市集主办方
2009	7	活动的组织更加成熟和完善。首先，依托大型活动开辟市集发展空间的方式更加成熟。其次，逐渐形成创意市集活动品牌，如南锣鼓巷胡同节 2007 年始连续三年在活动中开办"南锣鼓巷创意市集"。最后，创意市集助推北京创意城市形象，《城市画报》作为国内创意市集的积极推动者推出了 iMART BEST100 创意联盟计划，旨在联络全球范围 100 个关注原创的创意据点，以及 100 个优秀创意品牌/设计师，共同推动创意产品的展示与销售
2010	7	首次出现大型专题性动漫创意市集，就动漫书刊、玩具、服饰等各种动漫衍生产品进行了专题展示与交易，显示了北京创意市集活动的领域区分与细化趋势，在北京及全国的"动漫迷"中产生了较大影响。此外，南锣鼓巷胡同文化节将创意市集与非物质文化遗产、社区居民手工艺展示结合起来，赋予了胡同节及市集更加鲜明的北京地域特色
2011	9	表现出稳定而有序的特点，首次出现了北京市教工委主办的北京市大学生创意市集，该市集以"创意 艺术 时尚"为主题，以"激扬青春创意有我"为口号，旨在培养首都大学生的创新思维和创新能力，增强首都大学生的实践能力和创新精神。还就参加作品进行了"创意之星"的评选及表彰

资料来源：龚小凡：《中国文化产业发展报告》，社会科学文献出版社，2013，第 241～244 页。

从表 2-28 可以看出，北京创意市集从产生到现在，连年都有举办，而且除了 2006 年刚开始只有一场外，其他的几年每年都举办了好几场，2008 年甚至举办了 11 场之多。北京创意市集不仅场次多，规模也越来越大，各种创新层出不穷，由此可见创意市集已经越来越深入人心，也越来越受到人们的喜爱。

（3）北京地区创意市集的特点

第一，北京创意市集以发展势头强劲、规模大、影响广泛且具有持续性在全国创意市集发展中令人瞩目。

从 2006 年北京第一个创意市集举办到 2011 年，经过 6 年的发展，北京创意市集在经历初期的爆发式增长后在场次、规模、参与群体、组织形式以及举办时间、地点等方面都表现出稳定发展的态势。不计那些小规模、零星偶发的小市集，每年北京地区有一定规模与社会影响，具有一定连续性的创意市集基本在 8 ~ 10 场。20 ~ 30 岁的年轻人是创意市集的主要参与者，他们既是市集产品的生产者，也是主要消费者。6 年来，北京的创意市集活动已经逐渐形成了一些连续举办、具有较大影响的创意市集，如南锣鼓巷胡同节的创意市集、迷笛音乐节和草莓音乐节的创意市集等。这一特定的民间创意交流形式的社会认知度与影响力在不断提升，创意市集的前期筹备及活动现场都受到媒体特别是网站、网络群组如新浪、搜狐、网易、腾讯、豆瓣等新兴媒体的广泛关注。①

第二，北京创意市集的举办形式灵活多样，有些已经成为大型文化艺术活动的特色板块。

在北京的创意市集中，既有综合性的市集——不对市集产品的题材、材质、类型作限制，这类市集较多；也有少量专题性市集，比如特定题材范围的（如动漫）创意市集，或特定参与群体（如大学生）创意市集。在北京的创意市集中，既有较纯粹的市集，即以市集为活动主体，没有或有少量附属活动，如疯果网、大悦城举办的一些市集即属此类；也有作为大型活动的一个特色板块的市集，如南锣鼓巷胡同节、迷笛音乐节、草莓音乐节中的创意市集。在北京创意市集兴起的最初几年，单纯的市集形式较多。在后来的发展中，作为大型活动组成部分的市集成为创意市集活动的主要模式，也逐渐成为北京创意市集活动的一个突出特色。②

第三，北京创意市集吸引了不同社会主体参与主办，一些支持并适宜创意市集生存发展的文化创意空间开始形成。

创意市集由活动中所有参与者共同完成，活动的主旨及核心概念有赖于主办单位的策划与执行，从而赋予创意市集不同的风格与精神内涵。参与北京创意市集主办的组织机构有媒体、公司、政府、学校、社会公益组织等。在这些北京主办主体中，较为活跃的主要是媒体、商业公司及政府

---

① 龚小凡：《中国文化产业发展报告》，社会科学文献出版社，2013，第 244 ~ 245 页。
② 龚小凡：《中国文化产业发展报告》，社会科学文献出版社，2013，第 245 ~ 246 页。

三类。政府类主办单位的特点是不以经济收益为活动主要目的，更为关注对城市文化的弘扬、对创新精神的倡导及对创意人才的培育等，如举办南锣鼓巷创意市集的东城区交道口街道工委与街道办事处和举办北京大学生创意市集的北京市教工委。这类市集一般不收取摊位费与入场费。与民间主办机构相比，政府主办方拥有更多可利用的社会资源，在创意市集主办中有着独特的优势。[1]

经过6年的发展，一些支持并适宜创意市集生存发展的文化创意空间在北京开始形成。表2-29是根据创意市集的一些区别列的有关创意市集的分类。

表 2-29　创意市集分类

类　　型	举　　例	不同点	相同点
依托历史传统与地理文化环境、有固定地点的地理—物理空间	南锣鼓巷	依托历史传统与地理文化环境，有固定的地点	具有连续性和稳定性，在短时间内人群高度聚集，节庆及创意氛围浓厚
通过特定活动创造新的流动活动空间	迷笛音乐节、草莓音乐节等大型音乐节中的创意市集	没有固定地点，具有一定的流动性，创造性相对较高	

资料来源：根据龚小凡《中国文化产业发展报告》，社会科学文献出版社，2013，第246～247页整理。

第四，原创性是北京创意市集的核心价值，个性化、小批量、手工制作是其基本特征。

追求原创是创意市集的核心价值，是创意市集最可贵也最有价值的内涵，也是与其余普通卖场、"跳蚤市场"的本质区别所在。北京地区的创意市集较充分地体现了这一核心价值。在北京的各个创意市集上，富于创意、独树一帜的产品备受推崇。缺乏原创的产品和只是为了赚取差价的"批发产品"为市集上的创意人所鄙视，同时也受到各种形式的限制。一些创意市集的主办者一旦发现市集上出现从批发市场买来的东西，立刻进行当场撤摊的处理。原创是创意市集里大家认同的最基本的游戏规则。

创意市集产品对个性化、独特性和创造力的追求体现了当代市场厌倦

---

[1]　龚小凡：《中国文化产业发展报告》，社会科学文献出版社，2013，第246～247页。

工业产品的机械化、批量化、模式化的消费倾向。创意市集的产品集设计、制作工艺于一体，倡导创意、强调手动、传达个性及生活态度等不同于工业产品传统价值的多重内涵，在市集上成长起来的"陈幸福"、"景毛毛"等手工布艺玩偶体现了一种简单的幸福以及生活的细节与趣味，被认为是创意玩具的设计先锋，设计与制作的创意特征都体现了一种时尚的消费趣味，并应和着低碳环保、绿色生活的当代生活理念。①

（四）北京市公共文化服务体系

1. 北京市积极创建国家公共文化服务体系示范项目或示范区

（1）北京市有两项示范项目通过验收评审

2011 年，文化部、财政部共同推动创建国家公共文化服务体系示范项目（以下简称"示范项目"）工作，第一批示范项目创建周期为两年。2013 年 5 月，国家公共文化服务体系建设专家委员会对 47 个示范项目创建情况进行了验收评审。② 北京有两项通过了专家委员会的验收评审，分别是东城区的"公共文化资源分类供给"示范项目、大兴区的"公共文化设施空间拓展方式"示范项目。

表 2 - 30　第一批创建国家公共文化服务体系示范项目与验收结果

创建主体	示范项目名称	验收结果
浙江省嘉兴市	城乡一体化公共图书馆服务体系建设	
重庆市大渡口区	文化馆和图书馆总分馆制	
湖北省武汉市	"武汉之夏"群众文化活动	
上海市浦东新区	高雅艺术走进百姓的运作模式	
广东省佛山市	南海区县域公共文化服务体系建设工程	优秀
江苏省南通市	环濠河博物馆群	
北京市东城区	公共文化资源分类供给	
福建省福州市等	艺术扶贫机制建设	
安徽省铜陵市	城市社区文化建设项目	

---

① 龚小凡：《中国文化产业发展报告》，社会科学文献出版社，2013，第 247 页。
② 国家公共文化网：《国家公共文化服务体系示范区（项目）创建工作领导小组关于公示第一批创建国家公共文化服务体系示范项目验收结果》，2013 年 7 月 19 日，http：//www.cpcss.org/_ d276125469.htm。

续表

创建主体	示范项目名称	验收结果
北京市大兴区	公共文化设施空间拓展方式	
上海市宝山区	国际民间艺术交流平台建设	
河北省邯郸市	"千村万户"文化家园工程	
广东省中山市	农村文化室全覆盖工程	
重庆市南川区	文化中心户标准化建设	
福建省福州市等	村级文化协管员队伍建设	
江苏省连云港市	社区文化中心标准化建设	
河北省廊坊市	霸州县级公共文化服务体系	
山西省太原市	文化精品惠民基层行	
新疆维吾尔自治区克拉玛依市	图书馆联建、共享一体化服务体系	
山东省泰安市	肥城县级公共文化服务志愿者递进培养工程	
吉林省松原市	积极探索"种"文化模式，推动农民自办文化健康发展	
湖南省衡阳市	公共文化服务进社区活动	
四川省攀枝花市	"大地书香"新农村家园工程	
山东省威海市	农村文化大院规范化建设与服务	
辽宁省沈阳市	社区文化建设"五个一"工程运作模式	良好
浙江省温州市	苍南农村文化中心建设创新模式	
天津市北辰区	文化品牌活动长效机制	
四川省泸州市	泸县农民演艺网	
江西省宜春市	"一乡一色"、"一村一品"特色文化建设	
陕西省渭南市	"一元剧场"演出项目	
陕西省铜川市	公共图书馆服务一体化建设	
云南省楚雄彝族自治州	农民素质教育网络培训学校建设	
新疆维吾尔自治区乌鲁木齐市	"新疆情"文化讲坛的拓展和创新	
海南省陵水黎族自治县	群众文化活动示范项目	
天津市东丽区	群众文艺创作激励机制	
河南省南阳市	邓州创建文化茶馆	
西藏自治区山南地区	民族地区公共文化服务体系建设机制	
甘肃省兰州市	群众自发文艺团队建设机制	
湖南省常德市	鼎城民间艺术团体惠民演出	
河南省周口市	周末公益性剧场演出活动	

续表

创建主体	示范项目名称	验收结果
安徽省淮南市	少儿艺术发展项目	合格
广西壮族自治区河池市	罗城仫佬族自治县乡镇文化站规范管理	
云南省昆明市	社区文化沟通机制建设	
湖北省荆州市	"小太阳读书节"暨全民阅读活动	
江西省南昌市	社区文化在线	
新疆生产建设兵团农八师	石河子市广场活动机制	需要整改
黑龙江省大兴安岭地区	北极村"北极光"节系列节庆活动	

（2）北京拟申报海淀、东城两区为全国第二批国家公共文化服务体系示范区

为贯彻落实中央加强文化建设的总体要求，充分调动地方人民政府的积极性，整合"十一五"公共文化服务体系建设成果，文化部、财政部将从 2011 年开始，每两年进行一次示范区（项目）的申报、创建和验收工作。北京市经过调研考核，2013 年拟申报海淀、东城两区，积极争创全国第二批国家公共文化服务体系示范区，为建设全国文化中心发挥典型的示范、带动作用。[①]

2. 北京市东城区：公共文化资源分类供给

2011 年 5 月，北京东城区申报的"公共文化资源分类供给"项目，经北京市文化委员会推荐，国家公共文化服务体系建设专家委员会评审、公示并报国家公共文化服务体系示范区（项目）创建工作领导小组批准同意，被列入第一批创建国家公共文化服务体系示范项目名单，此举将有力推动东城区公共文化服务体系建设，更加突出东城区"首都文化中心区、世界城市窗口区"的合理定位。[②]

（1）东城区公共文化资源供给体系的基本情况

北京市东城区以构建"首都文化中心区、世界城市窗口区"为己任，

---

① 北京市政府信息公开专栏：《我市积极申报第二批国家公共文化服务体系示范区》，http：//zfxxgk. beijing. gov. cn/columns/70/5/397425. html。

② 数字东城：《我区〈公共文化资源分类供给〉项目被文化部、财政部列入第一批创建国家公共文化服务体系示范项目名单》，http：//www. bjdch. gov. cn/n5687274/n5687654/n5689255/n7631231/9855294. html。

是最能集中体现"首都文化"特质的城区，有两处世界文化遗产——故宫、天坛，从永定门到钟鼓楼 7.8 公里的传统中轴线"文脉"纵贯南北。东城区通过"政府保障供给、文化普惠全民"的公共文化资源供给体系，针对不同群体差异化地供给公共文化服务，打造出了一批特色公共文化产品，增强了公共文化服务的多样性，使公共文化服务普惠到东城区的每一条街道、每一个社区、每一个家庭和每一位住区公民。辖区各单位内部文化、教育、体育场馆设施设备对区域内居民免费开放，提供服务。"一刻钟文化圈"使东城区居民从家中出发，步行 15 分钟便可到达一个公共文化设施，就近享受免费的文化服务。

表 2 - 31　东城区公共文化设施种类及数量

种类	区级文化馆	区级图书馆	街道文化中心和街道图书室	社区文化室	万平方米以上文化广场	500 平方米以上的文化广场	社区文体休闲场地	博物馆
数量	2 个	2 个	17 个	200 个	2 个	27 个	400 个	34 家

为方便群众，东城区文化馆、图书馆均实行免费开放，区级文化馆每周开放时间 56 小时以上，区级图书馆每周开放时间为 65 小时。丰富多彩的公共文化产品，将东城区群众的文化生活装点得绚丽多姿。周末相声俱乐部、周末手风琴俱乐部、快板沙龙、评书书馆等阵地文化活动长年不断，众多明星文化志愿者倾情演出并义务辅导，提供公益服务。社会资源源源不断进入东城区公共文化服务领域，戏剧联盟倾力打造"戏剧东城"品牌，使群众近距离、低票价就能在现场体验到优秀戏剧的魅力，领略戏剧大师的风采。

通过政府购买服务的方式，每年为 10 万名群众提供免费观看中国评剧院、北京京剧院、北京歌剧舞剧院等专业团体演出的机会，使群众圆了他们欣赏高雅艺术的梦想。为体现文化普惠原则，政府保障区内低保户家庭每人每年免费观看一场专业演出，让他们分享文化发展成果。

在公共文化资源供给体系的支持下，东城区形成了机构合理、功能齐全、实用高效的公共文化服务设施网络，增强了公共文化服务的多样性和便民性，促进了公共文化服务的均等化，在"一街道一品牌，一社区一特色"的文化布局推动下，群众自发组织的文化活动姹紫嫣红、千姿百态。

（2）东城区公共文化资源供给体系的功能特点

东城区公共文化资源供给体系主要由五大类别组成：一是由政府直接提供公共文化服务，二是政府通过设置公共文化服务机构向公民提供公共文化服务，三是政府通过政策鼓励和扶持社会兴办公共文化服务机构或社会资源从事公共文化服务，四是政府通过购买社会资源向公民提供公共文化服务，五是由政府组织的文化志愿者队伍向公众提供文化服务。

东城区充分利用首都功能核心区内机关、学校和文化体育单位密集的优势，出台了《东城区促进社会单位服务社区公益文体活动试行办法》，用于推动辖区机关、学校等社会单位文化体育场地设施、礼堂、多功能厅、剧场、操场、广场向广大居民免费开放，每年投入 500 万元专项补贴资金，用于以上场地水电气热运营费、设施设备维护费及工作人员加班费等，具体补贴标准如下：全年累计接待 500 ~ 800 人次补贴 4000 元，接待 800 ~ 1000 人次补贴 6000 元，接待 1000 ~ 1500 人次补贴 9000 元，接待 1500 ~ 2000 人次补贴 12000 元，接待 2000 人次补贴 15000 元（见表 2 - 32）。以接待人次、群众满意度、开放时间及开放面积为标准，每年从专项补贴资金中，按开放单位比例的 20% 给予每个单位 1 万 ~ 2 万元奖励。目前，已有 83 个开放单位提供公共文体服务面积 14 万平方米，年累计接待 15 万人次。

表 2 - 32　北京市政府对公共文化服务机构或社会资源的具体补贴标准（2012 年）

累计接待人次（人次）	500 ~ 800	800 ~ 1000	1000 ~ 1500	1500 ~ 2000	2000
补贴金额（元）	4000	6000	9000	12000	15000

（3）东城区公共文化资源供给体系具有的优势

第一，政府保障体系规范化。

东城区是北京市唯一一个推出 20 年总体发展战略规划（2011 ~ 2030 年）的区县，在规划中明确提出要进一步加强公共文化设施网络，构建政府保障供给、文化普惠全民的公共文化供给模式，针对不同群体差异化地供给公共文化服务，打造一批特色性公共文化产品，增强公共文化服务的多样性。

第二，公共文化服务反馈考核制度化。

按照政府要求，区文化主管部门建立了相应的公共文化服务群众信息反馈制度和公共文化服务体系岗位目标责任制度，根据推出的相应文化产品，每年定期由文化主管部门、专家学者、群众代表组成的评估考核组织，收集群众反馈意见，对公共文化资源供给成果进行评估考核。

第三，公共文化资源功能发挥最大化。

东城区充分认清区内外发展形势，找准了自己的特色——文化，提出了打造"首都文化中心区、世界城市窗口区"的发展方向，以文化引领新一轮区域发展，将文化资源优势转化为区域发展优势，形成区别于其他区域的特色品牌形象。

第四，优秀的公共文化产品生产常态化。

东城区的周末相声俱乐部、周末手风琴俱乐部、快板沙龙和评书书馆，是根据东城区的群众文化需求而设立且受到群众广泛欢迎，周末相声俱乐部、快板沙龙、新年音乐会话剧是已持续多年并产生良好影响的公共文化产品。

第五，群众享受公共文化服务的权益均等化。

第一，具有区域优势和自身特点的公共文化服务品牌活动，形成街道、地区和行业的品牌文化活动，进一步拓展了辐射空间和受益人群。

表 2-33　北京东城区公共文化服务（节日）品牌

分　布	名　称	节日品牌
街道系统	安定门街道	孔庙国子监国学文化节
	建国门街道	风车迎春、鞭打春牛
	东四街道	奥林匹克社区艺术节
	东华门街道	普度寺文化节
	交道口街道	南锣鼓巷胡同文化节
	前门街道	上元灯会
	崇外街道	元宵灯会
	天坛街道	金鱼池社区节
	东花市街道	蟠桃宫庙会
	体育馆路街道	外来务工者艺术节

续表

分　　布	名　　称	节日品牌
政府机构	教育系统	校园文化节
	卫生系统	中医药文化节
	旅游系统	皇城旅游文化节

资料来源：根据北京东城区政府调研数据整理。

第二，图书馆的系列文化产品。图书馆以推广"文化共享工程"为契机，设计推出的"全民读书·文化共享"系列展览、"万册图书润民心·百场讲座下基层"数字资源使用方法讲座等形式新颖、受众广泛的系列文化产品，满足了广大读者的阅读需求。

第三，公园广场。近年来政府相继投资新建了青年湖话剧主题公园、地坛八区文化广场、龙潭文化广场、玉蜓市民文化广场以及永定门万米文化广场，已经成为东城区百姓乐享公共文化服务的新去处。

第四，区文化活动中心。目前，由政府全额投资，面积达43000多平方米，多功能、现代化的区文化活动中心正在建设中，它将为东城区公共文化事业提供更优质的服务。

（4）东城区公共文化供给体系发展构想

第一，进一步做好东城区公共文化供给体系课题研究工作，包括国内外公共文化资源供给模式比较分析；东城区公共文化供给体系比较分析；公共文化资源供给职能创新研究。

第二，完善公共文化资源供给网络，根据人口的分布和群众的需求来设置文化设施。进一步强化公共文化资源供给体系的功能，转变政府在公共文化供给体系中的职能，广泛吸引社会力量参与到公共文化供给体系中来。

第三，提升公共文化资源供给能力，明确各类公共文化设施的服务标准，创新服务方式，为首都居民提供优质高效、普遍均等的公共文化资源供给设施。加强公共文化产品资源的供给。

第四，优化公共文化资源供给团队，加强对基层文化工作，公共文化产品创作、推广的考核。加快形成群众文化人才培养、使用、流动等一体化服务体系，基本解决公共文化队伍人才匮乏、人员老化、业务力量薄弱等问题，提高公共文化队伍整体素质①。

东城区公共文化资源分类供给的服务效能进一步彰显。五大文化惠民工程分别为：①公共文化服务设施提升工程；②社会单位文体设施免费开放促进工程；③特殊群体文化关爱工程；④群众文化活动引领工程；⑤文化志愿者服务工程。服务项目更加贴近群众需求，公众享受到的文化服务更加丰富多彩。政府直接提供的文化服务进一步提升，公共文化服务机构设施和功能得到进一步完善，鼓励政策更为科学合理，社会机构和人员投入公共文化服务的热情显著提高，通过购买社会资源向公众提供的公共文化产品更加丰富多样，文化志愿者队伍更加壮大。

北京市东城区"公共文化资源分类供给"项目在文化部第一批创建国家公共文化服务体系示范项目验收中被评为优秀。按照"不求所有、但求所用、政府补贴、群众受益"的原则，出台《东城区学校（单位）体育文化设施向社会开放管理办法》。

第一，推进社会文化场地免费开放。每年投入500万元专项补贴资金，用于推动辖区机关、学校等社会单位文化体育场地设施、礼堂、多功能厅、剧场、操场、广场向广大居民免费开放，以接待人次、群众满意度、开放时间及开放面积为标准，每年从专项补贴资金中，按开放单位比例的20%给予每个单位1万~2万元奖励。

第二，支持和鼓励区内重点公共文化服务项目建设。每年设立200万元的文化发展专项资金。至今已支持文化项目158项，支持资金总额达785万元，扶持了一批立足百姓需求、深受群众欢迎的公共文化服务产品，带动了近2000万元的社会资金投入。

第三，培育艺术团体和开展活动。从2010年起，设立300万元公益戏剧补贴资金，通过政府资金引导、扶持、购买和定项补贴等方式，吸引了20多家戏剧机构、近30家剧场加入戏剧联盟，组织了北京国际青年戏剧节等一系列公共文化服务品牌活动。2011~2013年，每年由政府出资，邀请中国评剧院、中国杂技团等几十个专业团体进行戏曲、杂技等多种形式

---

① 创建国家公共文化服务体系示范区（项目）管理平台：《北京东城区：公共文化资源分类供给》，2011年6月3日，http://www.cpcss.org/_d271555036.htm。

的每周一场的公益演出，使近 30 万群众享受到政府提供的免费文化大餐。①

创建国家公共文化服务体系示范项目工作是文化强国，促进社会主义文化事业大繁荣大发展的重要组成部分，通过创建，使东城区已有的工作实践得以进行理论提升，将日常做法上升为制度规章，将单体事例发展为普遍要求，核心力量更为巩固，边缘力量更加壮大，公共文化服务体系更为完善。②

四　对策篇：公共文化服务的政府采购

（一）公共文化服务体系

1. 公共文化服务体系的构成主体

公共文化服务的构成主体一般包括政府、企业、非政府组织和社区，它们在公共文化服务体系中扮演着不同的角色，承担着不同的责任。下面将简要介绍它们各自在公共文化服务体系中的地位和职责。③

（1）政府——公共文化服务体系构建的核心主体及其职责

公共事业的建设是政府的重要职责。随着政府行政理念的创新和政府职能的转变，"社会管理"、"公共服务"在政府职能定位中日益凸显，基层政府尤其如此。公共文化服务体系作为文化领域的社会公益性服务体系，该体系的构建是各级政府履行公共服务职能的本质要求。因此，在这一体系的构建中，政府应当扮演主要角色，发挥核心作用。

政府作为公共文化服务的主要提供者和管理者，必须承担起构建公共文化服务体系的重要职责，重点应做好以下工作。第一，转变政府职能，维护文化市场秩序。各级政府应全面推进政事分开、政企分开、管办分

---

① 中华人民共和国文化部：《北京市东城区"公共文化资源分类供给"项目在文化部第一批创建国家公共文化服务体系示范项目验收中被评为优》，2013 年 7 月 24 日，http：// www. ccnt. gov. cn/xxfbnew2011/xwzx/qgwhxxlb/201307/t20130724_ 277868. html。

② 艺龙网：《东城区"公共文化资源分类供给"创建国家公共文化服务体系示范项目工作实践》，2013 年 6 月 8 日，http：//www. bjqyg. com/magazine/detail. aspx? ID = 672。

③ 李少惠：《公共文化服务体系建设的主体构成及其功能分析》，《社科纵横》2007 年第 2 期。

开，使政府切实承担起为社会提供公共文化产品与服务，维护社会秩序，维护社会公正和谐的职能，维护文化市场秩序。第二，建立健全文化法规体系。政府应加快文化立法步伐，建立健全有关文化市场监管、公共文化事务及规范文化行为等方面的立法，建立健全文化法规体系，将文化建设和管理纳入法治化轨道。第三，制定文化发展规划。明确一定时期内文化建设的目标、重点以及需要解决的重大问题是构建公共文化服务体系的基础。各级政府应从提高执政能力的高度，明确文化发展的目标、任务、要求。第四，建立政策支持体系。建立政策支持体系是推动公共文化服务体系构建的有力保证。各级政府应认真贯彻落实党和国家关于文化发展的一系列相关政策、法规，并根据实际，制定支持引导文化事业健康发展的相关政策。第五，深化文化体制改革。推动文化体制改革，是激活文化事业单位服务能力的基础。政府应全面推进文化建设和运营的体制创新，逐步形成经营性文化产业的发展由市场调节、公益性文化事业的发展由政府主导、社会各界平等参与的文化运行的新机制。第六，加强文化队伍建设。发展社会主义先进文化，必须大力加强队伍建设，这是构建公共文化服务体系的关键。

（2）企业——公共文化服务体系构建的竞争参与主体及其作用

无论是文化产业还是文化事业的发展，都需要多元化的主体与之相适应，文化需求的多样化也需要文化主体的多元化适应。深化文化体制、文化运行机制的改革，就是要正确处理公共文化的社会化和市场化的关系，在文化事业领域引入市场机制，使企业参与公共文化产品的生产和供给，从而在这一领域形成以政府为主导的多元主体良性竞争的格局，提高公共文化服务的质量和效率。

现代企业社会责任理论从另一角度为企业参与社会公共事务提供了理论论证，该理论认为，企业的社会责任除了包括经济责任外，还包括公共责任和社会反应。政府变革也客观需要企业成为政府部分转变而来的职能的承担者，而企业积极参与公共文化服务则有助于政府职能的收缩，促进政府顺利转型。总之，企业应当成为公共文化服务体系主体结构的一员，主要扮演公共文化产品和服务提供者的角色，弥补政府公共文化服务的不足，提高公共文化服务的质量和效率。

（3）非政府组织——公共文化服务体系构建的重要主体及其职能

非政府组织，即 NGO，这一词语最早出现于 1945 年发布的《联合国宪章》第七十一款中，强调联合国事务也需要那些除了政府和企业之外的其他社会组织的参与。学者们据此指称那些独立于政府之外、不以营利为目的、具有志愿性和自治性并致力于公益事业的社会组织。

在当前我国构建公共文化服务体系的进程中，非政府组织也应该成为公共文化服务体系构建的重要主体，以自身独有的优势，充分发挥其在促进公共文化产品供给和公共文化服务中的组织协调作用。逐步形成结构合理、发展平衡、网络健全、运营高效、服务优质的覆盖城乡的公共文化服务体系，需要社会力量的平等参与。随着我国文化体制改革的不断深入，在公共文化服务体系的构建中，非政府组织将会扮演越来越重要的角色，发挥越来越重要的作用。

（4）社区——公共文化服务体系构建的基本主体及其功能

社区文化既承载着群众休闲娱乐、学习提高等实用功能，也肩负着宣传教育、文化传播等重大使命，对发展社会主义先进文化、构建和谐社会具有重要作用。因此，构建社会主义公共文化服务体系，需要社区的积极参与，真正为人民群众平等地参与行使自己基本的文化权利提供平台，真正使社区居民自主地参与组织丰富多彩的群众文化生活。因此，社区是公共文化服务体系构建的基本主体，发挥着最广泛的基础作用。

此外，社区文化的基本功能也决定了社区应当成为公共文化服务体系建设中的参与者。社区文化主要发挥以下功能。第一，整合功能。在社会主义精神文明建设中，社区文化是推动社会沟通、增强心理凝聚力、实现社区整合的有力杠杆，在促进人民群众思想和行为趋于一致方面具有重要功能。第二，导向功能。社区通过组织各种丰富多彩的文化活动并吸引社区居民参与，在倡导社会认同的正确价值观、人生观和审美观，缓解社会矛盾，加强社会沟通，强化公民意识和民族精神等方面发挥着重要作用。第三，传承功能。社区作为现代社会人们社会活动的基本载体，对传承民族优秀传统文化和民族精神、对社会主义精神文明建设的繁荣具有极其重要意义。第四，发展功能。社区文化立足基层、接近群众、贴近生活，融科教文卫体于一体，健康活泼，形式多样，具有广泛的群众基础和"润物细无声"的效果，可以促进文化生产力的发展，满足不同层次社区居民多方面的精神文化需求。

2. 北京市新农村公共文化服务体系

（1）新农村公共文化服务体系的概念

新农村公共文化服务体系是以提供符合农村公众基本文化需求的公共服务为目标，由适应需求的内容体系、层级分明的责任体系、协同高效的运行体系构成的组织健全、功能完备、保障有力的公共文化服务供给系统。

（2）新农村公共文化服务体系的构成

北京市新农村公共文化服务体系由内容体系、运行体系和责任体系三大体系构成，[①] 下面将对这三大体系进行简要介绍。

一是，北京市新农村公共文化服务的内容体系。

随着北京市经济社会持续稳定快速发展，农民群众的精神文化需求也发生了质的变化：农民从追求物质满足转向渴望文化满足，需求从单一和单调转向多样化和多层次，农民从被动接受转为主动寻求和自发开展文化活动。

与城区相比，农村地区对公共文化服务的需求更加迫切。具体来说，农村的公共文化服务需求包括五大类：种类丰富、水平优秀、贴近生活、强调参与的各类文艺演出服务；更新及时、方便借阅、实用有效、数量充足的图书、报刊借阅和电子信息服务；城乡同步、技术先进、频次适当、广泛覆盖的广播和电视、电影放映服务；范围广泛、形式多样、切合实际、紧跟时代的宣传教育和科普培训服务；便于参与、设施齐全、环境良好、服务优质的休闲娱乐和体育健身服务。

第一，文艺演出服务。农村演出市场需求旺盛，但设施承载能力明显不足；北京市文艺演出资源丰富，但对资源的开发利用不充分；农民自办演出团体的意愿强烈，但缺乏有效的扶持机制。

第二，图书信息服务。服务设施数量庞大，但乡镇和村图书室基本处于闲置状态；服务网络开始建立，但图书信息资源远未实现有效调配；各

---

① 降巩民：《北京市新农村公共文化服务体系建设策略与措施》，《前线》2009 年第 8 期。

级政府加大支持力度，但缺少相互统筹和后期管理，实际效果不明显。

第三，影视放映服务。设施建设全面提速，但尚未实现广泛覆盖；投入初见成效，但服务质量与实际需求存在差距；政策措施明确有力，但部门之间的协同性有待加强。

第四，教育培训和文化活动服务。设施总量增长迅速，但存在结构和功能缺陷；公共文化资源丰富，但缺乏统筹利用和整合；尽管属于基本文化服务内容，但由于经费和人员因素，活动开展得不到有力保证。[①]

二是，北京市新农村公共文化服务的运行体系。

在新农村公共文化服务体系的运行体系方面，各级各类责任主体需要在行之有效的制度、规则的指导和约束下有序提供公共文化服务。按流程划分，由文化体制和文化政策组成的制度和规则构成了公共文化服务运行体系的内容，包括投资、建设、运营和管理机制等方面，共同决定着公共文化服务的供给质量和效率。

北京市新农村公共文化服务体系运行的现状与问题有以下几方面。

第一，投资持续增长，但资金利用缺乏效率。

预算总量的增速不足。多年来以经济建设为中心的指导思想未得到彻底转变，虽然已经实行了对农村投入的稳定增长机制，但增长幅度与农村地区快速增长的文化需求不相适应。

预算依据及标准不合理。由计划经济时代沿袭下来的预算制度缺乏明确而科学的依据和标准，针对性和可调节性差。比如设施建设标准实行"一刀切"，缺乏对区域差异的考虑，预算分配偏向均等化。

管理部门之间缺乏协同。在"多头管理"的政府体制性背景下，各部门职责相对独立，相互之间缺乏统筹规划和协调，资金来源分散，到位不同步，拨付流程长、截留多。

三级政府支出责任失衡。政府间财政资源的分配关系存在结构性缺陷，预算分配过于刚性，未充分考虑现有财税体制对区乡政府在财政收支上的影响，市级财政未能承担应有的份额。

运营经费严重短缺。区县两级财政对农村文化服务的运营经费几乎无

---

① 根据《北京市新农村公共文化服务体系构建研究总报告》整理。

任何预算，乡镇政府全年活动经费仅限于基本人员开支，村文化室全年经费在千元以下的（含人员）占到一半以上。

第二，设施建设机制基本确立，但缺乏科学性和规范性。

设施覆盖不充分。截至目前，仍有7%的乡镇及22%的行政村应建而未建文化站、室，加上已建未达标的设施，各级政府对农村文化基础设施建设投入存在不小的历史"欠账"。

设施结构不合理。北京市农村文化基础设施的面积、功能、类型庞杂，设备配置区别较大，仅从面积上看，至少有64%的乡镇文化站和73%的村文化室不能达标。

设施功能不完善。只有57%的乡镇文化站具有影视、演出、排练、展览等功能，56%有书报阅览及信息查询功能，44%有展会及辅导、宣传、培训等，52%可开展健身、休闲、娱乐活动。

设施布局不均衡。布局不均衡体现在服务人口的不均衡上，最大差距可达3~4倍。且乡镇文化站和村文化室均未实现100%覆盖，尤其是边远贫困地区。

设施闲置现象严重。有建设无管理、有设施无内容现象较为普遍。由于设备功能满足不了需求，至少六成公众感觉文化站、室缺乏有吸引力的文化活动，文化活动缺乏参与性，并且设施占用、挪用情况时有发生。

第三，运营服务有所改善，但质量和效率亟待提升。

服务内容与实际需求脱节严重。政府在公共文化服务产品提供中，未遵循供需原理，文化站、室的服务功能设计是自上而下的，缺少适用性，缺乏调整弹性。

服务规范与服务标准缺失。运营缺乏明确的服务标准及规范，甚至没有最低服务标准，属于典型的政府"缺位"，直接导致考核和监督机制的建立无法完善。

运营资金缺乏保障。市和区县两级政府对运营经费无专项预算，资金压力都在财力普遍不足的乡镇及行政村，直接导致设施无法更新，文化活动难以开展，人员队伍不稳定等问题。

运营模式过于单一。政府行为存在"越位"——过多包揽了运营者的职能，三位一体的管理模式，导致运营者对服务质量缺乏责任心，完全依靠行政直属事业单位的单一运营模式，运营低效。

服务人员情况不容乐观。由于缺少资金投入和激励机制，服务机构及人员没有竞争意识和业绩压力，专业人才流失严重，人员队伍的整体素质不高，配备不足，兼职现象普遍。

第四，行政管理能力持续改善，但管理制度改革进程缓慢。

治理结构条块分割。各级行政管理部门组成的横向"块状"管理体系和由各级文化系统和基层文化基础设施的事业运营单位组成的纵向"条状"管理体系处于"条块"分割、多头管理的状态，部门之间存在利益博弈，相互难以协同配合。

资金管理缺乏透明度。政府在资金管理方面处于模糊状态，存在信息不对称，政府预算及资金拨付透明度低，资金流向、到位时间和具体用途难以明确，经费支出情况无从反映，虚报资金申请及建管资金到账率不足情况同时存在。

管理缺少考核和问责。公共文化服务的运营管理缺少系统的标准化流程和制度，例如缺少行之有效的财务责任制度，绩效考评制度或没有或流于形式，缺乏实际操作层面上的信息公开和问责机制，无法真正做到检查、惩罚和激励。①

三是，北京市新农村公共文化服务的责任体系。

目前，市、区县、乡镇政府和村集体组织越来越重视文化建设在经济社会全面协调可持续发展中的作用，投入力度逐年加大。但由于历史原因，各级政府间财政资源分配关系上的结构性缺陷尚未完全改变，预算分配仍偏于刚性，预算分配过程中未充分考虑现有财税体制对地方政府在财政收支上的影响，特别表现在镇政府与村委会支出压力较大。在"多头管理"的政府体制性背景下，各部门职责相对独立，相互之间缺乏统筹规划和协调，无法形成统一的资金管理计划。这样一来，各自为政的预算和资金拨付造成资金来源分散、拨付流程长、易出现截留现象等问题。

（3）核心策略与措施

针对以上现状，有关部门应认真贯彻中央以及北京市委、市政府关于

---

① 根据《北京市新农村公共文化服务体系构建研究总报告》整理。

文化体制改革的精神，立足于农村经济社会统筹发展的全局，为此，笔者提出以下建议和措施。[①]

①在核心策略上，其一，构建适应需求的内容体系。繁荣文艺演出服务方面，通过加强设施建设，提高农村各类文化设施的复合利用；完善图书信息服务方面，通过加大资金投入，完善全市公共图书信息服务体系的网络互联工作；加强广播影视服务方面，通过增加资金，重点提高边远贫困地区设施设备的覆盖率；改善教育培训和文化活动服务方面，提高设施运营能力，尤其是运营经费的投入，采用"活动采购"的公共财政投入方式提高农民参与积极性。

其二，构建层级分明的责任体系和协同高效的运行体系。政府提供公共文化服务，要树立两个核心理念：一是重新界定政府角色，政府是社会公共服务的付费者和监管者，但不一定是直接提供者；二是明确政府投资目的，政府付费的唯一目的是使社会公众获得适应需求的公共服务，不是为提供这种服务的机构、组织或人员付费。

②在改善预算机制上，提高供给效率。一方面，提高预算总量，并向重点领域倾斜。建立公共财政支出持续稳定增长机制，加大对农村的文化专项转移支付力度，实现公共财政支出向农村社会公共文化服务倾斜，向文化基础设施建设倾斜。另一方面，明确预算依据，制定投资标准。按照政府层级，区分发达和贫困地区、平原和山区、远郊和近郊、人口密度大和人口稀疏地区以及民族地区；按照资金使用类别，制定有针对性的预算投资标准。并统筹部门预算，统一资金投放。

调整各级支出责任，优化资金拨付流程。按照事权和财权相统一的原则，逐步完善市与区县分税制公共财政管理体制，规范资金审批和划拨的监管制度，减少资金挪用和占用现象。

③在运营机制上，改善供给质量。改变单一政府举办模式，尝试多种运营模式。推动现有行政直属事业单位的改革，制定地方性政策法规，鼓励政府采购和外包服务，调动社会企业、社会组织及个人参与的积极性。在运行机制创新上，推行"菜单式"服务，变"我给你接"为"你需我

---

① 降巩民：《北京市新农村公共文化服务体系建设策略与措施》，《前线》2009 年第 8 期。

送"，让文化项目与群众需求有效对接。建立文化事业单位法人治理结构，在公共图书馆、博物馆、文化馆、科技馆等组建理事会，吸纳有关方面代表、专业人士、各界群众参与管理，把公共文化服务的选择权和评价权交给群众；促进政府的购买服务水平，推行项目外包和设施委托管理，鼓励社会力量通过兴办实体、资助项目、赞助活动、提供设施等形式参与公共文化服务，形成以政府为主、社会力量积极参与的公共文化服务投入机制，才能形成文化服务均等享受、文化发展同步推进的城乡文化一体化发展格局。

在全面调研、摸清需求的基础上重新界定发展目标、服务范围、服务项目和具体服务内容。其中，服务内容应具可调整性。针对新的服务需求，结合现有财力状况，对设施的建设规模、设备配置和功能设置的标准进行更新，促进设施升级，增加承载能力，提高达标比例。同时，制定新的农村公共文化服务最低服务标准和服务规范并对社会公开，将服务标准与奖惩制度挂钩，使服务标准成为促进服务质量提高的有力工具。

④在治理结构调整上，加强监管问责。改变条块分割现状，实行集中垂直管理。重新界定政府角色，改变目前"管办不分"的情况，改"条块"分割管理为"条状"集中垂直管理，将对农村文化基础设施运营、管理的行政管理和专业管理职能集中到专业部门。进一步改善公众对政府的问责，建立政府与公众之间的信息沟通和双向反馈机制，通过订立合约强化政府对运营机构的问责。

⑤工作措施方面，一方面，按照政事分开、政企分开、政社分开、政资分开的原则，推动局属事业单位改革，理顺政府与企事业单位的关系；另一方面，加强宏观管理，为文化产品的生产和文化服务的提供主体营造良好发展环境。

同时，完善农村公共文化服务体系，不断提高服务质量和水平。改进投入方式，改善投资重点，资金向基层倾斜；加强农村文化设施建设，提高服务水平；进一步构建覆盖城乡的演出服务、电影服务、文化活动体系以及公共图书馆服务体系和"文化信息资源共享工程"服务网络。此外，积极探索改进经费投入方式，提高文化事业经费使用效益。

3. 北京市公共文化服务的采购由政府直接拨款向转移支付转变

（1）财政转移支付的概念

在西方财政学及市场经济国家的政府预算中，以相等代价为标准，一般将政府的支出分为两类，一类为购买性支出，即政府的这类支出能获得与此支出相等代价的物品或劳务；另一类为转移性支出，即政府单方面对居民或企业等利益主体进行无偿财政拨款，这一部分支出不能获得与支出相等代价的物品或劳务，通常称之为转移支付。① 目前，转移支付还没有普遍认可的定义。《现代经济词典》解释为："是指政府或企业的一种不以取得商品和劳务作为补偿的支出"，联合国《1990 年国民账户制度修订案》的解释更为宽泛，"是指货币资金、商品、服务或金融资产的所有权由一方向另一方的无偿转移。转移的对象可以是现金，也可以是实物"。

总体上看，转移支付的含义主要有以下几个要点：一是无偿性；二是形式不仅包括支出，还包括税收的转移；三是对象既包括政府，也包括家庭及个人；四是不仅包括货币，也包括商品服务及实物。②

（2）财政转移支付的类型

不同国家中央政府与地方政府间的转移支付有多种类别，总体而言，中央政府在制定转移支付政策方面处于有利的地位，按照中央政府向地方政府转移支付时规定的该转移支付项目资金的具体用途，可以将转移支付划分为一般性转移支付（或无条件的转移支付）和有条件的转移支付。③

第一，一般性转移支付（无条件的转移支付）。

一般性转移支付是指中央政府向地方政府拨款时，不附加任何条件，并不规定该笔资金的具体用途，地方政府可以根据地方经济发展的需要，对该笔资金自由支配。由于一般转移支付时中央政府并没有规定资金的使

① 杨格来：《财政转移支付理论及浙江省财政转移支付实践的探讨》，浙江大学公共管理学硕士学位论文，2004。
② 王鹏：《财政转移支付制度改革研究》，吉林大学经济学博士学位论文，2012。
③ 中共河北省委党校课题组：《河北省财政转移支付政策研究——政府间财政转移支付理论研究》，《经济研究参考》2006 年第 90 期。

用方向，因此它相当于增加了地方政府的净财政收入，从而增加了人们的可支配收入，刺激了消费的增加，地方总的需求和收入水平的增加。一般性转移支付主要是为了弥补地方收支缺口，以保证地方基本公共服务的供给，解决地方财政的纵向和横向平衡问题。

第二，有条件的转移支付。

有条件的转移支付是指中央政府对地方政府转移支付时附加一定的限制条件，这些限制条件可能是规定了资金的使用方向，或要求地方政府给予一定的配套资金，或二者兼而有之，只有满足其资金的附加条件，地方政府才能获得此项资金。由于有条件的转移支付规定了地方政府必须专款专用，有时也称之为专项补助。

（3）财政转移支付的原则

财政转移支付作为调整地方政府间财政关系的手段，必须依据市场经济理论确立其基本原则。

第一，科学原则。

转移支付制度的科学性，是决定该制度生存的前提条件。省级以下财政转移支付制度，无论在规模目标的制定、总体框架的构筑、计算公式的设置或操作程序的设计上，都必须适应社会主义市场经济的客观要求，并根据我国政治、经济实际和财政运行规律，力求做到科学合理。

第二，规范原则。

规范是省级以下财政转移支付制度的内在要求，规范化的财政转移支付制度，不仅要求政府间事权划分清晰、职能定位准确、政策目标明确，而且在转移支付的规模和额度上应有严格的立法保障，并运用客观因素，通过数学模型来规范运算过程。

以标准化运作程序和科学的技术方法为支持。从财政转移支付资金的筹措、分配、拨付、管理，一直到其最终使用，都要有一套标准化的程序。转移支付资金的分配应该公正合理，杜绝拨款过程中的寻租行为。

以法律约束作保障。在法制社会里，对制度的履行必须要由法律作保障。故对财政转移支付制度，包括其整个运作过程，都需要有严格的立法保障和执法保障。

第三，效率原则。

尽管省级以下转移支付方案设计有所不同，但在资金使用上一定要坚持效率原则，并通过转移支付引导社会资金投向，调控宏观经济，从而实现经济稳定发展的目标。在资金使用上要做到三条：一是弥补财政缺口而非弥补财政赤字；二是保证最低公共服务水平而非平均主义；三是减轻经济震荡而不影响市场配置资源的基础作用。

省级以下转移支付制度，作为省级以下各级政府间集权与分权的制衡机制，其作用不仅在于弥补财政缺口，同时还是实现纵向均衡和横向均衡的重要手段。只有以公共服务水平均等化为目标，使地区间财力差距保持在合理的区间，才会促进资源的合理配置，实现公平与效率的基本统一，保持地方政府行政能力和公共服务能力的大体均衡，提高公共服务的效率。

第四，公平原则。

转移支付资金分配应激励资金承受主体开源节流，培植地方财力和税基，控制无效率的财政行为。应当将基本公共服务逐项梳理，根据国家财力可能，根据急缓先后，将这些项目逐项纳入专项转移支付范围。由于转移支付的承受人总是那些财力困难的地区，因而经过若干年努力，这些地区将会获得财力上的根本改善。这是符合渐进论的。或者说，经过数年的努力，才能达到大体上财力分配公平的目标。

在测定与分配地方转移支付资金额度时，要从制度和计量方式上保证对不同地区一视同仁。坚决改变原来拨款、分配过程中徇私舞弊或讨价还价的行为，确保转移支付的公正性。

第五，相对原则。

所谓转移支付模型的相对性，即确定转移支付标准时由于经济不断发展和地区自然、文化、人口结构的差异，财政提供的公共服务的成本是不断变化的，不同地区对达到一定公共服务水平的需求不同，供给能力也不同，这种公共投入地区差异的必然性决定了转移支付标准必定是相对于一个或几个相关定量经济指标的一个相对数，而不可能是一个绝对数。因此在运用转移支付模型计算的转移支付额度时，不能将其绝对化。所谓转移支付模型的动态化，是要求转移支付模型能够随时根据经济发展和社会发展的特点进行调整，只有这样，才能有效地调动各地区发展经济、增收节支的积极性，避免基层政府对上级补助"等、靠、要"等不作为倾向，也能有效避免"鞭打快牛"情况的出现，因此我们建立转移支付模型时，要以相对性和动态性作为主要原则之一。

（4）北京市财政支付方法的转变

以前，北京市政府对公共文化服务事业的投入主要是通过专项拨款的形式，如通过以文化信息资源共享工程、农村文艺演出星火工程、折子工程等项目拨款形式，对各区县政府给予了公共文化服务经费的财政补助。

从 2009 年开始，北京市政府对这种财政拨款模式进行了创新和改革，由原来按项目补助的方式转变为政府间的转移支付形式，即北京市文化局不再直接拨付区县文化项目经费，而是市财政局通过转移支付的形式直接下划区县财政，由区县统筹安排。①

（5）公共文化转移支付制度创新及其积极意义

文化资金转移支付是财政体制和文化体制建设的重要内容。为了更好地适应时代与现实的要求，充分发挥财政投入机制在推进公共文化服务事业发展中的作用，提高文化资金的使用效率，北京市政府积极探索公共文化投入机制的新方式，率先在全国创新转移支付制度，对文化补助资金的拨付方式实行改革，探索出一条有效促进公共文化事业发展的新机制。转变原来由按项目补助给区县的文化经费为通过转移支付形式直接划拨到区县，由区县统筹管理。

第一，有助于建立和完善"责权明确"、"事权与财力相匹配"的管理体制。

公共文化服务的目的是为了满足人民群众的基本文化需求，服务于社会主义和谐社会建设，繁荣和发展和谐社会的文化事业，是属于政府公共服务职能的重要组成部分。公共文化服务事业管理模式实行"地方负责，分级管理"的体制。

2009 年北京市制定实施《北京市关于文化划转事项及资金管理办法》（以下简称《办法》）。《办法》通过完善文化财政体制，将文化资金直接

① 江光华：《北京市公共文化转移支付制度研究》，《北京社会科学》2009 年第 6 期。

划转区县，相应的事权、支出责任同时划转，进一步明确了市政府与区县政府的责任。从此，市文化部门将负责组织实施中央和市级重大文化工程，以及跨区县文化项目，并负责全市文化事业发展的规划和各区县的文化政策指导、检查考核等工作。区县文化部门将围绕区域发展规划和工作目标，负责提供辖区内公共文化服务，落实市级各项政策，并负责文化事项资金的预算编制、项目实施和决算编制以保证资金案例有序运行。这样，有助于推动城市管理重心下移，增强区县统筹经济社会发展的能力，建立健全规范有效的管理程序，逐步实现公共文化服务的责任和财力的统一。

第二，有助于实现公共文化服务均等化。

此前，北京市的文化财政投入体制是实行文化项目补助的方式，现在，由北京市政府每年从收入总量中拿出一部分资金用于公共文化事业，按照新的办法直接拨付到各区县。

在新的文化资金转移支付制度中，北京市政府根据各区县的文化发展和经济财力情况，考虑了区县的不同功能定位，适度向城市发展新区和生态涵养发展区倾斜。比如，位于生态涵养发展区的文化馆每馆补助经费30万元，其他区县每个文化馆为25万元；生态涵养区的区图书馆每馆补助图书购置费150万元，城市发展新区为每馆100万元，城八区每馆则为50万元。每个街道（乡镇）和社区（村）也按照区县的功能定位分别给予了5万~10万元和0.5万~1.5万元不等的基层文化活动经费补助。①

第三，有助于提高资金的使用效率。

以前北京市政府对区县的文化补助是通过项目补助的方式来提供的，这种文化补助方式存在随意性大的问题。如今，北京市政府制定了规范的文化资金转移支付办法，把注意力进一步集中在统筹规划、协调引导、加强管理上，具体的财权和事权交给区县，由区县统筹安排，责任理清了，效率自然会得到提高。此外，区县是拥有独立文化行政部门的基层政府，具有联系上级政府与社会群众的桥梁作用，由区县结合实际情况、统筹管理文化资金并提供公共文化服务，符合科学发展观的要求，能够较好地优

---

① 北京市关于文化划转事项及资金管理办法文件，http://fg.bjcz.gov.cn/bjlaw/loginAction.do。

化文化资源配置，提高文化资金的使用效率。

第四，调动立体多层面积极性。

一般转移支付的数量源自基层政府履行必要职责的客观需求，只能自下而上地逐级确定，即中央—省—县三级政府为主的行政架构。在中央、省、县三级政府架构下，中央政府在国家财政收入中的主导地位将得以保持；省级政府收入占比将明显提高，从而为统筹城乡发展奠定更加坚实的物质基础；城市财政对流转税和所得税的依赖程度下降，将引导城市把工作重点转到提升城市软环境、改善居民生活质量上；地方税的充实和完善，则使县及市辖区获得了更加稳固的收入来源基础。上级政府有责任优化支出结构，优先保障县级政府的一般性转移支付资金需求。财政监督是人大监督和政协参政议政的重要内容。要调整人大、政协常委会会期，安排相应时间就预算执行情况进行审议和讨论，安排时间开展预算执行情况检查；提高财政透明度，及时、准确、详细地向公众公布有关政府职能、财政资金使用状况、财政政策目标乃至未来财政运行状况的信息，有助于调动社会公众参与公共事务的热情，充分发挥舆论监督的积极作用。

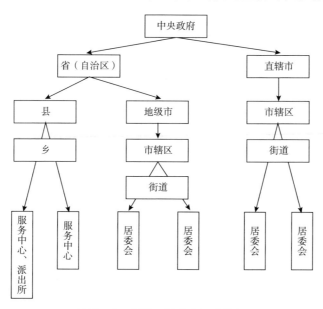

图 2-4　中国三级政府行政构架

资料来源：张俊伟：《政府间转移支付制度改革的目标模式》，《中国经济时报》2011 年 6 月 2 日。

（二）公共文化服务的政府采购分析

1. 公共文化服务体系投入的国际比较

随着我国社会主义市场经济体制改革的深入发展，以及我国文化产业的迅猛发展，全面建设社会主义公共文化服务体系成了我国文化事业发展的重要内容。从世界角度看来，西方国家对于公共文化服务体系的建设具有值得借鉴的重要意义。不同国家基于其不同的市场经济类型的公共产品提供的实际内涵和外延也不尽相同。不同时期、不同发展阶段的同一国家也呈现出不同的侧重点。

（1）公共文化服务体系的国际比较

有学者认为，公共文化服务体系现状考察为以下四个层面。[①]

①考察在提供公共文化服务的过程中，市场与政府的界限以及政府的适度规模。

②确定政府提供公共文化服务的数量以及如何融资、生产与定价。

③注重公共文化服务体系实践中的运行问题，强调如何在运行中保证公共服务的效率和公平，并需要建立什么样的机制来实现这一目的。

④强调制度建设与激励机制，以保证提供公共文化服务的稳定性、有效性和可持续性。

笔者根据文献材料，从四方面对美国、英国、法国以及中国的公共文化服务体系的发展进行了总结比较如表2-34所示。

由国外经验表明，只有具有公共性、责任性、透明性和有效性的政府体制，才能提高公共文化服务效率，实现社会公平。公共财政对文化事业的发展具有至关重要的作用，但是，财政投入方式却趋于多元化、市场化和社会化，中央与地方之间、政府与市场之间形成了合作关系，逐渐形成了一种符合公共经济学的财政资助方式。由表2-34可知，国外对文化的行政管理制度，多是介于政府、市场和商业部门三者之间。另外，英、美、法国的绩效考核和激励机制对公共文化服务体系的建设完善具有重要的促进意义。

---

① 王列生、郭全中、肖庆：《国家公共文化服务体系论》，文化艺术出版社，2009，第226~236页。

表 2 - 34　美国、英国、法国以及中国的公共文化服务体系的发展情况

国　家	政府边界与规模确立	公共财政的资助模式	保证效率与公平权衡关系的机制设计	关于绩效考核与激励机制的设计
美国——便利提供者模式	政府扮演"提供便利者"的角色，政府在公共服务输出领域主要通过市场机制，将政府权威与市场交换的功能优势有机结合 行政体制上，议会立法设立了三个政府代理机构：国家艺术基金会；国家人文基金会；国家博物馆图书馆学会 机构虽然属于联邦政府机构系列，但只有计划协调和财政资助职能，无行政管辖权	政府不直接对文化机构拨款，而是通过国家艺术基金会、国家人文基金会和国家博物馆图书馆学会等社会中介组织对文化实施赞助 政府采用资金匹配的方式实行有限拨款	如果社会能够自发形成需求并通过市场加以满足，政府就不干预；不能自发形成需求而需要进行干预的，由政府委托专业团队操作，而政府并不直接介入	政府鼓励机构根据具体情况设置四个不同层次的绩效目标：绩效底线；预期目标；牵引目标；基准
英国——赞助者模式	国家承担"赞助人"的角色，国家和文化之间是一种"公平交易" 所有对于艺术的介入都建立在市场或者私人捐赠的基础上，并在税务上享有优惠 政府管理机构设置上建立了统管全国文化事业的中央政府主管部门，形成了比较完整的中央和地方三级文化管理体制：上层中央负责制定政策和统一划拨文化经费；其次是各类非政府公共文化管理机构和地方政府执行政策并具体分配文化经费；基层地方文化管理部门和艺术组织、艺术家实际使用经费	政府不对文化单位直接提供资金支持，但是，通过具体拨款方式对非政府公共文化机构在政策上加以协调 中央政府采用经由中间环节拨款的方式，把资金间接地分配给艺术组织或艺术家	"分权"是政府管理文化事务的一个总的原则。英国各级地方政府根据法律的规定，不对其辖区内的文化艺术团体和文化事业机构实施行政干预	专门针对公共服务绩效的评估框架。公共服务协议中，政府明确提出四个重要原则：效果导向原则；分权原则；问责性原则；透明度原则

续表

国　家	政府边界与规模确立	公共财政的资助模式	保证效率与公平权衡关系的机制设计	关于绩效考核与激励机制的设计
法国——建筑师模式"	国家整体文化政策由政府制定。强调通过艺术家协会的方式，给政府权威机构一个有机的选择，这一协会与权威机构持续地进行对话，以促进其整体目标的实现和制定具体的立法条款。在制定了一系列保护和发扬民族文化的政策的同时，通过三个层次的机构对文化事业进行管理：文化和通信部为负责管理全国文化事务的政府机构；其次为文化和通信部指定的文化单位；地方文化机构	政府对文化的投入由文化和通信部对重要文化机构、地方政府有关部门直接拨款，同时，对一些重要文化活动再直接提供资助对文化的财政投入，不是通过简单的行政手段，而是通过签订文化协定的契约形式确保实现政府的管理目标	政府主要通过将文化中心由单极向多极转变的方式提高公共文化服务的效率"文化分散政策"将文化活动、资金和设施从集中在巴黎改为分散到全国各地	
中国——工程师模式	一种自上而下的单一的模式，即政府投资、政府控制。政府在文化政策中所扮演的角色在某种程度上属于"工程师模式"。政府管理艺术生产和艺术传播文化执行全国性政策，建立了一个广泛的权力和职责的授权制度。中央政府将权限授权给省级政府，依靠省级政府履行其职能。随后，省级政府授权给地市政府，并依靠它们履行其分配的职责，这样依次按等级向下授权	政府作为公共物品的唯一供给主体，以行政法律制度为依托，依靠行政计划和垄断地位，以实现对公共物品需求的全面的政府供给	强调通过内部化、中央政府执行再分配政策和保证基准公共文化服务供给的途径来维持稳定与发展所必需的基本公平	中国缺少对文化政策和公共文化服务提供项目的系统评估，包括对过程、影响和成本效益的全面评估

在政府边界与规模确立方面，中国执行全国性政策，建立了一个广泛的权力和职责的授权制度。中央政府将权限授权给省级政府，依

靠省级政府履行其职能。随后，省级政府授权给地市政府，并依靠它们履行其分配的职责，这样依次按等级向下授权。中央对公共服务负有总体领导和最后保障的责任，地方承担具体工作。国家部门内中央与地方的关系决定着社会公共服务从规划、决策、立法到具体实现的全过程。

在公共财政的资助模式上，不同于美、英、法等国，我国关于公共服务的基本政策内容有：逐年增加文化事业的经费投入；增加对精神文明建设的资金投入；开征文化事业建设费；鼓励对文化事业的捐赠；建立健全专项资金制度。

在保证效率与公平均衡关系的机制设计方面，美、英、法国基本解决了公共服务均等化，运行机制倾向于如何提高效率，而我国则不仅面临公共文化服务普及度低、地区差异大的问题，还存在供给低效率的问题。我国主要强调通过内部化、中央政府执行再分配和保证基准公共文化服务供给的途径来维持稳定与发展所必需的基本公平。

关于绩效考核与激励机制的设计方面，我国缺少对文化政策和公共文化服务提供项目的系统评估，包括对过程、影响和成本效益的全面评估。

（2）公共文化政府采购的国际比较

众所周知，文化产品分为广义的文化产品和狭义的文化产品。广义的文化产品是指人类创造的一切提供给社会的可见产品，既包括物质产品，也包括精神产品；狭义的文化产品专指精神产品，纯粹实用的生产工具、生活器具、能源资材等，一般不称为文化产品。这里研究的是广义上文化产品的采购模式，即采购物质产品和精神产品的方式。当然不同国家的采购模式也是各有不同，有些国家是单纯依靠政府采购；有些国家是以政府采购为主，市场机制为辅的采购模式；还有的国家则是主要依靠市场，政府辅助为其采购的形式。

政府采购是西方市场经济国家管理政府公共支出的一种基本手段。政府采购制度被越来越多的国家所接受。下面，笔者对比美国、日本等国家的采购方式间的差异，如表2-35所示。

表2-35 美国、日本等国家的采购方式差异

国家	采购类型	采购特点	采购目标	采购方法
美国	美国政府采购按照采购金额的大小进行分类，分为大型、中型、小型及微型四种采购类型	全球化、透明化、电子商务化、招标操作程序化的特点，采购的数量大、品种多、重复性强、采购公平公正	最高的质量、最低的成本、最短的时间、最广泛的竞争、实现社会经济目标、降低采购风险以及维护政府信誉等	从传统的竞争性采购程序到合作采购合同，战略采购，技术手段，战略外包
日本		采取分散采购的形式；逐年增长，规模小；公开招标具有绝对优势；对国外供货商仍有很大歧视；服务采购中以计算及其相关服务所占比重最大		"分散购制"；"非歧视、透明的、及时的和有效的"程序，并利用法院或其他公平、独立的审查机构审理有关质疑即政府采购申诉新体制

资料来源：李成政、袁卫平、黄磊：《俄罗斯、日本政府采购概况及借鉴》，《当代经济》2006年第12期。

由表2-35可知，美国和日本的政府采购救济制度相对比较完善，组织机构和救济程序都比较健全[1]，当然在它们之间也存在着区别和共同点。具体如表2-36所示。

表2-36 美日两国政府采购的区别

国家	政府采购限制措施的本质	表　现
美国	重制度	美国建立了一个由法案法律、行政措施和操作规范三部分构成的政府采购规范体系，其规范完备、内容严密、数量众多形成了系统的保护本国产品和政府采购市场的制度体系
日本	侧执行	日本政府不仅没有对货物原产地和供应商国籍进行限制的专门法典，而且其相应的公共政策限制措施也比较少，仅有推进绿色环保的《环保产品推进法》，更为重要的是其规范政府采购的《会计法》、《地方自治法》、《地方自治施行令》等规则规定政府采购必须以竞争方式展开，并未规定国货标准。国内法制限制措施较少

资料来源：肖北庚：《美日政府采购限制措施施行方式之比较》，《中国政府采购》2012年第4期。

---

① 周游：《美国和日本政府采购救济制度比较》，《哈尔滨商业大学学报》（社会科学版）2005年第2期。

　　美国和日本两国政府采购限制措施都达到了"有效限制别国供应商进入本国市场"的目的。制定严密的采购程序，寓监管于程序之中。推行政府采购制度较为成功国家的经验表明，采购程序必须引入竞争机制，实现公开透明、加强制约、规范操作、预防腐败等目标，其中财政预算和支付手段在政府采购程序中发挥着基础性的管理作用。一是部门预算管理。各国一般都有严格的政府采购预算要求，各部门必须将所有采购项目编入预算，否则不能采购，财政也不予拨款。二是采取以公开招标为主的采购方式。由于公开招标具有透明度和效益优势，各国普遍将其作为主要的采购方式，只有在项目金额低于限额、项目要求特殊、产品技术复杂、供应商数量有限等情况下，才允许采用其他采购方式，而且必须经政府采购管理机构批准。三是信息充分公开透明。各国政府采购制度中对信息公开都有明确规定。一般做法是，采购项目招标信息和中标情况必须在财政部门或国家指定政府采购信息媒体上公告。欧盟规定，达到其"指令"限额标准以上的采购项目，必须同时在本国政府采购信息媒体和欧盟指定政府采购信息媒体上发布公告。四是实行分散采购为主、集中采购为辅的采购模式。由于政府采购制度在国外实行时间较长、制度规定比较完备，各部门已经形成依法采购的工作机制，再加上集中采购存在效率低等难以克服的缺陷，现已从实施政府采购制度初期的集中采购方式为主转变为以分散采购为主。

　　2. 公共文化服务政府采购分析

　　（1）公共文化产品的分类与提供方式示意

　　由于公共文化产品满足的是人们的精神需求，因此，对于不同层次的社会阶层来说，公共文化产品便可划分出多种层次。综合来看，公共文化服务分类和提供方式如图 2-5 所示。

　　公共文化体现在文化的精神品质上，具有整体性、公开性、公益性和一致性等内在公共性本质，公共文化的外延具有层次性，主要分为物质层面、制度层面和价值观念层面。公共文化的本质决定了公共文化服务的性质和方向。从政府公共服务视角看，公共文化服务是在政府主导下，以税收和财政投入方式向社会整体提供文化产品及服务的过程和活动。

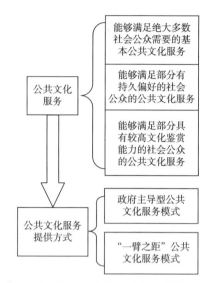

图 2－5　公共文化服务分类和提供方式

政府公共服务是政府采购关注的重点，因为我国政府采购对国家政治经济建设的适用性积累了诸多经验。随着政府公共服务体系的延伸，政府采购制度应得到更多的关注。党的十七届六中全会正式提出了文化公共服务的政府采购问题。要采取政府采购等政策措施，鼓励各类文化企业参与公共文化建设；要求把公共文化产品和服务项目、公益性文化活动纳入公共财政的经常性开支和财政预算。立法机构和行政机构应当及时研究和制定相关制度性规则。

在政府主导型公共文化服务模式中，政府是政策制定者、资金供应者和生产安排者。政府在制定制度的同时，也应具有执行贯彻方针政策的能力，制定辅助提供公共文化服务的配套设施。在不同时期，政府根据经济形势和经济发展目标决定对公共文化的投入规模和投入方向等。政府还可以通过特许经营等制度选择来履行提供公共文化服务的功能。政府主导模式能够充分发挥政府动员资源的能力，在较短时间内提供基本的公共文化服务。但是，政府腐败问题也容易在此产生。

"一臂之距"公共文化服务提供模式（Arms' Length Principle）指的是政府文化主管部门对文化建设、发展和管理只进行宏观政策指导和财政拨款，而不直接插手具体的文化事务和文化经费的分配。政府与具体的文化事务之间保持一定的距离。政府设立一级中介机构，这类机构一方面负责向政府提供文化政策建议和咨询；另一方面又接受政府委托，决定对被资助文化项目的财政拨款，并对拨款使用效果进行监督评估，但是，必须向政府、议会和公众说明和解释他们做出的决定。这类中介机构属于准自治的非政府文化组织，其"非政府"性表现为其成员并非由政府官员构成，而是由各文化艺术领域的专家组成；其"准自治"性表现为这些专家由政府任命，行政经费来自于政府的年度拨款。这种公共文化服务模式首先在英国产生，现在许多西方国家都接受了这一模式。如澳大利亚、芬兰等国。"一臂之距"公共文化服务提供模式中，政府和具体文化事务之间保持一定距离，政府不直接参与具体的文化事务和文化经费的分配问题，而采取间接的管理模式，对文化管理采取分权式的行政管理体制。然而这一管理模式在不同国家的接受程度不同。这一模式也减少了政府机构的行政事务。

（2）公共文化产品政府采购中的政府角色

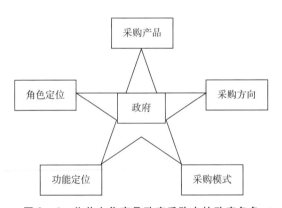

图 2-6　公共文化产品政府采购中的政府角色

第一，采购产品。

在政府对各类文化产品的采购中，有数据显示，文化产品的采购数量有大幅度增长，这就反映了文化产业在迅速发展的同时，国家对文化产业和教育发展的支持力度也日渐加大。在政府采购的各类文化产品中，办公用品、实验设备、影视器材、办公设备等有大幅度的增长。随着社会经济的发展，国家对教育事业发展的支持力度日渐增强。

第二，采购方向。

人民群众作为文化产品的消费主体，具有文化产品消费上的选择权。因而，文化产品的生产必须从人民群众的文化需求出发，为人民服务。

第三，采购模式。

政府采购制度作为政府提供公共文化产品服务的重要方式被越来越多的国家所接受。不同的国家的政府采购模式也不尽相同。文章第一部分对不同国家的政府购买方式已经做了比较和分析，在此不再赘述。

第四，功能定位。

公共文化具有整体性、公开性、一致性、共享性等内在公共性本质。公共文化分为物质层面、制度层面和价值观念层面。公共文化的本质决定了公共文化服务的性质和方向。而政府公共服务职能则要求政府提供公共文化服务功能。本着为人民服务的宗旨，政府应该以公众易于接受的方式，为社会各阶层提供文化产品，传播大众的需要，培养全民族共同的价值观和理想。

第五，角色定位。

在文化产品采购中，政府扮演双重的角色。微观上讲，政府采购是一种购买行为，政府扮演购买者的角色；宏观上看，政府采购是政府发挥其职能的手段，政府扮演市场主导者的角色。

（3）公共文化产品政府财政支出手段分析

政府在公共文化产品服务中扮演的角色是至关重要的。政府在公共文化服务中投入主要有三种方式：政府采购、政府转移支付和预算拨款。政府三种投入方式关系示意如图 2-7 所示。

政府转移支付、政府采购和预算拨款都是政府对公共文化服务的投入方式。然而，三者的侧重点各不相同。预算拨款侧重于具有较大外部效益的公益性文化事业单位，例如图书馆、博物馆。这种方式操作简便，计算简单，具有普遍适用性；政府转移支付侧重于解决区域发展不均衡，以实现"均等化"，属于生产再分配的范畴；政府采购包括传统的图书馆、博物馆等硬件设施设备采购项目，也包括新兴的文化服务类采购项目。政府采购目标是公平、公正、公开，确保有限的公共财政投入能运用市场机制更好地采购到质优价廉的文化产品和服务。在计划经济体制下，政府直接

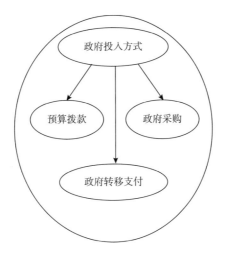

图 2 - 7　政府三种投入方式关系

提供公共文化服务。而随着社会主义市场经济体制的完善和政府职能的转变，政府对公共文化服务的直接供给逐渐减少，政府采购走上了市场经济的舞台。

《政府采购法》第 17 条规定："集中采购机构进行政府采购活动，应当符合采购价格低于市场平均价格、采购效率更高、采购质量优良和服务良好的要求。"然而，政府采购在实践中并不尽如人意，价高质差的现象层出不穷。社会科学文献出版社发布的法治蓝皮书《中国法制发展报告》披露，部分地方政府 2012 年 1 ~ 9 月的采购商品，八成高于市场平均价，超过一半的商品价格高于市场平均价 1.5 倍。蓝皮书还指出，政府采购价格虚高问题仍然十分突出，资金浪费严重，背离制度设计初衷。通过对部分地方政府 2012 年 1 ~ 9 月之间协议供货商品成交记录的统计发现，有高达八成的商品高于市场平均价。其中 56.1% 的商品高于市场平均价 1.5 倍，17% 的商品高于市场平均价 1.5 ~ 2 倍，5.2% 的商品高于市场平均价 2 ~ 3 倍，1.5% 的商品价格高于市场平均价 3 倍以上。[1] 我国正处于政府采购政策实施初期，各方面都需要进一步的完善。

3. 防范政府采购弊端与情况异动

政府采购活动中可能会由于制度设计上的缺陷、市场竞争不良现象在

---

[1]　代丽丽：《社科院：八成政府采购高于市场平均价》，《北京晚报》2012 年 2 月 25 日。

政府采购领域的反映、行政管理体制的问题、监管力量不足等原因造成政府采购的一些弊端。

（1）政府采购弊端理论研究

政府采购的目标是，用最少的钱办最多的事，实现公共资金的最大价值。然而，现实中政府采购活动不透明，价格高质量差的现象比比皆是，这违背了政府采购制度的初衷，侵犯了纳税人的权益。对于政府采购价高质差这个问题，学术上有三种学说。

第一，劣币驱逐良币说。

劣币驱逐良币又称为格雷欣法则，是指当一个国家同时流通两种实际价值不同而法定比价不变的货币时，实际价值高的货币（良币）必然要被熔化、收藏或输出而退出流通领域；而实际价值低的货币（劣币）反而充斥市场。① 在双本位货币制度、两种货币同时流通时，如果一种货币发生贬值，其实际价值相对低于另一种货币的价值，实际价值高于法定价值的良币将被普遍收藏起来，逐渐在市场上消失，最终被驱逐出流通领域；而相反的，实际价值低于法定价值的劣币将在市场上泛滥成灾，导致货币流通不稳定。

劣币驱逐良币被发现于货币流通领域，虽然是货币、金融领域内的著名定律，但现实生活中的很多现象都可以用它解释。吴思在《潜规则：中国历史中的真实游戏》一书中指出中国官场规则在某种程度上是"淘汰清官"制，换个说法就是"劣币驱逐良币"。在商品市场、人才市场、金融市场等诸多领域都存在此类现象。总之，劣币驱逐良币可以用来解释所有好的东西被不好的欧诺关系驱逐的现象。将劣币驱逐良币应用于政府采购政策中分析政府采购何以价高质差这一问题具有一定的讨论意义。

政府采购市场中，质优产品被质差产品驱逐出政府采购市场，形成劣币驱逐良币现象。政府采购产品多为价高质差品，与"劣币驱逐良币"现象是否有确切关系，还需要实证调研佐证。

第二，腐败说。

中国社会科学院法学所的一项研究显示，高达八成的政府采购商品价

---

① 宫浩奇：《析"劣币驱逐良币"》，《商》2013 年第 11 期。

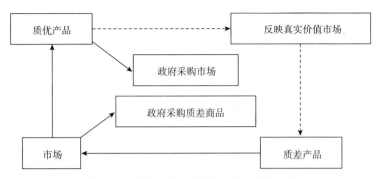

图 2 - 8　采购市场中质优产品与质差产品

格高于市场平均价。在信息不对称的情况下，政府采购中心是信息制造者、垄断者和占有者，而作为拨款者和监管者的财政部门不掌握完全信息，监管难度和成本都很高，这就更容易产生腐败。

第三，制度缺陷说。

集中采购机构落地无根、分散混乱[①]；对政府采购过程缺乏有效的监督；政府采购预算比较滞后；监管体系"体内循环"[②]；政府采购效率亟待进一步提高；政府采购法制建设落后与采购实践的需要；尚未形成统一、规范、有效的政府采购机制[③]；供应商存在违法竞争行为；政府采购专业人才匮乏[④]。

（2）案例分析

北京现代沃尔公司诉财政部政府采购案因其采购金额之大、历时之长、被告级别之高，被称为我国"政府采购第一案"而备受各界关切。本案发端于 2003 年"非典"疫情之后的一场价值高达 114 亿元的公共卫生医疗救治项目采购，重点是改造、建设省市县三级传染病医院和紧急救援中心。

采购人——国家发改委和卫生部于 2004 年 10 月 29 日，委托远东公司对编号为 0722 - FECT - 04285 的项目公开招标，共计 12 个包，沃尔公司

---

① 薛经明：《浅议现阶段政府采购的不足及几点建议》，《黑龙江科技信息》2009 年第 14 期。

② 过子剑：《政府采购的监管机制的构建》，《现代商业》2009 年第 24 期。

③ 马海涛：《完善我国政府采购制度的思考》，《中国政府采购》2009 年第 3 期。

④ 管永前：《试论当前政府采购工作中存在的问题与对策》，《山西青年管理干部学院学报》2009 年第 22 期。

参与了第 7 包（300 台血气分析仪）的招标。同月，卫生部还委托了国信公司对编号为 GXTC–0404038 的 D 包（286 台血气分析仪）招标，沃尔公司同样参与。该公司两次投标报价均为最低价 5.68 万元/台，却先后落选，而两次中标的均是广东开元医疗设备有限公司，该公司每台仪器报价为 8 万元，高出沃尔公司报价的 40.8%。

沃尔公司认为自己无论是质量还是价格，都具有极大优势却未中标，遂向发改委、卫生部和远东公司提出质疑。[①]

该案例足以反映当前政府采购实践中的重大问题。第一，政府采购高价商品违背了政府采购价格应低于市场平均价格、政府采购效率更高、采购质量更好的要求。价格虚高，质量堪忧现象出现。第二，政府采购制度的质疑投诉过程漫长曲折，加大了供应商的投诉难度，严重损害了纳税人的利益。竞标的公平性受到严重的质疑。第三，政府采购的监管主体难以确定，投诉事项无法高效率处理，损害了政府为人民服务的形象，暴露了政府机构办事效率低下的原因之一是体制不够健全。如何合理划分和配置政府机构间的权力，增强政府办事效率值得进一步思考。第四，政府采购与管理交叉不独立，难以达到对政府采购活动的有效监管。"我国在政府采购管理体制上基本是财政部门包办，形成政策制定、执行、监督一条龙的权力运作机制，缺乏相互制约的机制，容易产生垄断性腐败"[②]。政府采购、管理和监管三权不独立是我国政府采购的一大重要弊端。

（3）规避政府采购弊端措施

第一，完善信息公开制度。

提高政府采购投标过程和结果的透明度，是加强政府采购监管、提高其公信力的关键所在。它可以有效遏制政府采购中的贪污腐败行为，促进政府采购供货商的公平竞争。在理顺管理体制的基础上，统一政府采购信息的公开媒介，方便公众获取政府采购信息。对于具体采购信息的公开，则应当严格按照法律法规等的要求，准确全面地公开政府采购信息，尤其

---

① 邓嵘：《我国政府采购典型问题透视与因应研究——以北京现代沃尔公司诉财政部案为例》，《哈尔滨商业大学学报》2013 年第 4 期。
② 王琳、王文豪、刘永泰等：《如何有效遏制我国政府采购中的寻租行为》，《财政监督》2012 年第 4 期。

是采购结果方面的信息。应当加强政府采购重点信息的公开力度，如采购结果中的商品型号、商品配置、采购数量、成交单价等信息应属于政府采购信息公开不可或缺的内容。

目前各级政府及国有企业采购管理机构有必要明确指定政府采购信息的发布媒体（报纸、杂志、网络等），并要求采购机构在这些正规媒体上公开相关的信息。同时，政府采购信息发布内容要全面，对于招标、中标信息，还应当公布与政府采购相关的法律、法规、制度以及操作规程，公布批准进入政府采购市场的供应商和业务代理机构的资格审查信息，以及上述信息的变化等。必要时，还可以举行听证会，邀请有关专家、媒体和广大群众参与。

第二，政府采购的全面信息化。

实现政府采购的全面信息化，避免某些人利用信息不对称单独或联合违规操作。信息化的政府采购系统可以实现系统内多个采购代理机构、采购人、供应商和采购项目信息的互联互通互享，便于监管机构对采购人进行评价和监管，能够跨地域、超视距地实现政府采购资源的有效整合，从而有效降低采购成本，提高采购效率和公平，有效地把纳税人的钱用在刀刃上；政府采购的信息化还有助于建立统一的政府采购管理体制和执行机构，进一步强化政府集中采购的规模和范围，避免由于各级政府采购中心互不来往，各自为政影响到政府集中采购的规模效益和政策功能的有效发挥。[1]

第三，完善政府采购法律体系。

我国在 2002 年颁布了《政府采购法》，对政府采购的范围、当事人、政府采购方式、政府采购程序、政府采购合同、质疑与投诉、监督检查等都做出了明确的规定，为我国政府采购活动的依法进行提供了法律上的保障。[2] 为了使有关政府采购公共服务的法律规范更加明确，政府通过司法解释或补充条款对公共服务采购的程序、采购目录、采购标准、经费来源、监督与评估机制等问题进行详细的规范，以促进政府采购公共服务的有序发展，督促政府公共服务采购行为的合法性与规范性，在加强对《政

---

① 陈芳：《如何有效发挥我国政府采购制度的防腐作用》，《河南科技》2012 年第 13 期。

② 甘开鹏、马国芳：《我国政府采购公共服务的困境及对策》，《中国物流与采购》2013 年第 1 期。

府采购法》实施细则及相关配套措施的制定的同时，联合以《招标投标法》、《合同法》等法律为依据，① 加强对政府采购制度的改革，补充完善现有规章制度，明确质疑、申诉程序和救济机制，通过司法手段和社会监督方式保证采购实体、供应商和承包商权利的实现，为政府采购监管奠定法律法规基础，使监管者与被监管者都有法可依、有章可循。

2013 年 9 月，国务院办公厅发布《关于政府向社会力量购买服务的指导意见》要求推进政府向社会力量购买公共服务，明确将适合市场化方式提供的公共服务事项，交由具备条件、信誉良好的社会组织、机构和企业等承担，这意味着政府向社会力量购买服务迈向制度化。

第四，多元竞争。

批量集中采购要遵循市场经济规律，其结果要注重体现物有所值的原则，避免竞争不足或过度竞争的现象，避免寡头竞争和低价竞争。大力发展民间社会组织，打破政府垄断公共服务的局面，提高竞争度和透明度，这需要动员包括政府、民间组织、企业、媒体、社区和公民等社会各方积极参与公共服务，以形成公私合作机制，共同参与公共服务体系建设与公共产品提供。党的十八届三中全会《中共中央关于深化文化体制改革推动社会主义文化大发展大繁荣若干重大问题的决定》明确提出，推广政府购买服务，凡属事务性管理服务，原则上都要引入竞争机制，通过合同、委托等方式向社会购买。民间社会组织参加公共服务供给，能使政府购买更富有效率。这就要求进一步放开公共服务的市场准入，初步建立比较完善的政府购买制度。

第五，加强评估与监管机制。

对于政府采购公共服务的行政行为，我国政府部门需要制定相应的评估体系，根据公共服务采购的效率、能力、服务质量、公共责任和社会公众满意度等方面的判断，对政府在公共服务采购过程中的投入、产出、效率与效果进行评定和划分等级。各地区、各部门要严格遵守相关财政财务管理规定，确保政府向社会力量购买服务的资金规范管理和使用，不得截留、挪用

---

① 欧忠依：《论我国政府采购的现状及对策——兼对我国政府采购监督机制初探》，《经营管理者》2012 年第 4 期。

和滞留资金。购买主体应建立健全内部监督管理制度，按规定公开购买服务相关信息，自觉接受社会监督。承接主体应当健全财务报告制度，并由具有合法资质的注册会计师对财务报告进行审计。财政部门要加强对政府向社会力量购买服务实施工作的组织指导，严格资金监管，监察、审计等部门要加强监督，民政、工商管理以及行业主管部门要按照职能分工将承接政府购买服务行为纳入年检、评估、执法等监管体系。建立良好的投诉机制，保证老百姓乡政府自己而不是向服务承包商进行投诉，加强对合同执行情况的检测，构建由政府、消费者、中介机构共同参与的立体化监督体系。

（三）文化产业政策分析

文化产业政策关系着一个国家文化产业的定位及发展方向，是扶持和引导文化产业持续、稳定发展的关键因素，是市场经济条件下政府对文化企业进行宏观调控的重要手段。进入 21 世纪，特别是党的十七大以来，我国相继制定了一系列促进文化产业的发展政策，从文化体制、财政税收、金融等各个层面支持文化产业，有力地促进了我国文化产业的大发展。

1. 改善区域发展不平衡，提高政府投入

改善东西部区域间的不平衡，不仅要根据各地实际情况，实行差异化的公共文化服务体系建设策略；而且要大力实行财政体制创新，切实有效地强化欠发达地区的公共文化服务体系建设。我国现有的财政支出政策中主要有政府采购、政府转移支付和预算拨款等，如表 2 - 37 所示。

表 2 - 37 三种财政支出政策的比较

分 类	对 象	优 势	劣 势
预算拨款	具有较大外部效益的公益性文化事业单位，如图书馆、博物馆、美术馆等	易于计算，便于操作，具有普遍适用性	第一，预算收支计划滞后性 第二，罚没收入列收列支性 第三，招商引资"财政返还"性，助长企业投机行为 第四，拨款科目随意性 第五，计划外拨款难把握性 第六，专项款支拨间断性 第七，凭证传递缺乏严肃性 第八，财政资金"空转"性

续表

分类	对象	优势	劣势
政府转移支付	解决中央与地方财政纵向不平衡和地区间财政横向不平衡的矛盾、规范中央与地方的财政关系，实现"均等化"	第一，纠正各级政府支出的外部性，从而提高财政决策的效率 第二，在地区或地方政府之间明确进行资源再分配 第三，用一种税收结构替代另一种，提高财政税收体制的效率，方便税收体制的管理 第四，对地方政府部门而言，它是一种宏观经济稳定机制	第一，由于存在辖区间的外部性或收益外溢，从全社会角度来看，这会导致单个政府服务决策的无效率 第二，这种收入再分配的作用也存在一定的局限性，这是因为人均收入较低的辖区里也可能有收入较高的居民 第三，力度小、功能弱，政府转移支付不规范，专项拨款的分配缺乏科学的依据和标准；专项拨款的立项审批不规范，项目的确定和范围选择不尽合理；不少专项资金的分配使用缺乏事权依据，无相应的基础设施建设法规和单项事业法规可依，费用分摊标准和专项资金在各地区之间的分配方法都缺乏严格的制度约束，出现了资金使用的分散、浪费和低效率
政府采购	既包括传统的文化馆、图书馆、博物馆、公共文化服务信息化平台建设等硬件设施设备采购项目，也包括新兴的文化服务类采购项目，如文艺汇演等一些服务类项目的采购	第一，对事业单位是有效激励，有助于革除传统的僵化机制 第二，是对文艺人才成长的激励和保护，使文艺人才获得政府支持，作品有展现的机会 第三，可以减少财政开支，提高公共财政的使用效率 第四，公平、公正、公开，确保有限的公共财政投入能采购到更多价廉质优的文化产品和服务	第一，政府采购制度被割裂为财政控制和具体采购两个部分，忽视了市场对政府行为的制约，同样忽视了政府行为对市场的影响力。在法律制度上，形成行政法、民法割裂调整的局面 第二，缺乏规范的采购法律制度，完全由行政任意操控 第三，预算资金使用效率不高，财政无法行使监督职能，盲目、重复、随意购置现象严重 第四，存在不公平交易和地方性垄断 第五，分散采购和单纯、任意性行政约束的模式滋生了腐败

资料来源：王亚俊、万广、熊武权：《浅议基层国库预算拨款中存在的问题与对策》，《金融与经济》2006年第3期；薛玮：《论政府转移支付的不规范对地方政府财政行为的影响》，《开发研究》2007年第3期；王擎擎：《中央政府转移支付的公共服务均等化效果——基于省级面板数据的测算》，山东大学财政学硕士学位论文，2011。

根据三种财政支出政策的比较，我们总结出以下几点。

第一，预算拨款。政府财政预算拨款是普遍采用的公共政策支持模式。市场经济条件下，政府拨款的主要支持对象应是具有较大外部效益的公益性文化事业单位，例如图书馆、博物馆、美术馆等。在文化事业单位经费的安排基础上，"基数加增长"的预算安排模式是当前普遍采用的，这种模式的优点是方便计算，操作简便，但缺点是较为粗放，存在很多的弊端，比如各部门想要保持既得利益，就会尽量地多报项目，个别单位甚至会在年初预留缺口，在年中频繁追加等等。本文认为，政府财政预算拨款虽然是在市场经济的条件下实行，但它更多的是属于计划经济的范畴，很大程度上体现了政府宏观调控的功能。

第二，政府转移支付。转移支付是政府不直接到市场上进行购买，而是把财政资金转移给社会保障和财政补贴等，让接受转移资金的企业和个人去市场上购买商品和劳务。广义上，政府转移支付包括三种类型，即上级政府对下级政府的转移支付、政府对企业的转移支付、政府对个人的转移支付。政府的转移支付对实现社会公平分配具有重要意义，这是除了自动稳定器作用之外的另一显著功能。政府转移支付，使得受益者的收入水平增加，收入分配的状况受到影响。因此转移支付经常被用于解决地区性分配不均问题。为了缩小不同地区间经济发展水平、收入水平等方面的差距，上级政府通过采取收入分成、补贴和贷款等方式转移资源给下级政府。政府对企业和个人的转移支付主要通过两种形式，一是通过安排财政专项资金（基金），对符合资助对象的个人或企业直接发放规定的资助额，帮助资助对象购买设备和提供劳务；二是通过安排财政贴息鼓励企业和个人从银行取得贷款，支持企业和个人从事符合国家政策导向的投资或经营。笔者认为，政府转移支付在一定程度上也属于计划经济的范畴，是政府宏观调控的工具。

具体到文化建设上，为了满足人民群众的基本生活需求，使他们有能力、有机会并且无后顾之忧地消费文化产品，政府会加大社会保障方面的支出力度；为了保障农民群众享受文化的权益，逐步缩小城乡文化建设上的差距，政府可以加大面向农村文化建设的财政转移支付力度。

第三，政府采购。政府采购也称公共采购，是指各级政府及其所属机构为了开展日常政务活动或为公众提供公共服务的需要，在财政的监督下，以法定的方式、方法和程序，对货物、工程或服务的购买。政府采购不仅是指具体的采购过程，而且是采购政策、采购程序、采购过程及采购管理的总称，是一种对公共采购管理的制度。笔者认为，政府采购更倾向于市场经济的范畴，政府只发挥宏观上指导监督的作用，整个过程更多的是受市场经济调节作用的影响。通过政府采购，购买公共文化产品和文化服务，一方面可有效地节减财政资金，实现"办事不养人"；另一方面，可促使文化事业单位和文化企业面向市场生产文化产品，在公开、公平、公正的平台上参与竞争，为公众提供更多的质优价廉的文化产品和服务。[①]

第四，面对区域发展不平衡的问题，很多地方政府只想到了用政府转移支付这一种财政支出政策。但近年来，随着政府采购的兴起，我们可以看到，在市场经济机制逐渐健全的条件下，政府采购本身具有一定的可行性。政府采购的市场性以及公平、公正、公开性使得政府投入的效率得到大大的提高，更能够保证资金切实落到实处。

2005 年 10 月，党的十六届五中全会明确提出要逐步形成覆盖全社会的比较完备的公共文化服务体系。公共文化服务体系的概念首次在党的全会上提出；2007 年 6 月 16 日，中共中央政治局召开相关会议，会上提出加强公共文化服务体系建设是繁荣发展社会主义先进文化、构建社会主义和谐社会的必然要求，是实现好、维护好、发展好人民群众基本文化权益的主要途径；2011 年 10 月，党的十七届六中全会通过了《中共中央关于深化文化体制改革　推动社会主义文化大发展大繁荣若干重大问题的决定》，提出了建设社会主义文化强国的战略目标，首次将文化建设提高到国家发展战略的高度[②]；2012 年 11 月 28 日，胡锦涛同志在党的十八大报告中进一步丰富和提升了建设公共文化服务体系、实现公共文化服务均等化的重要内涵。公共文化服务是政府提供公共服务职能的重要组成部分，发展公共文化服务的目标就是实现公共文化服务均等化，手段就是建设公共文化服务体系[③]。杨永、朱春雷认为结合我国的经济发展状况和公共文

---

① 林君伦：《促进宁波市文化建设的财政政策工具选择》，《宁波党校学报》2007 年第 1 期。

② 张桂琳：《论我国公共文化服务均等化的基本原则》，《中国政法大学学报》2009 年第 5 期。

③ 李友仁：《论公共文化服务体系与公共文化服务均等化路径》，《民族艺术研究》2013 年第 3 期。

化服务水平，公共文化服务均等化的目标还处于初级阶段，应当将公共文化服务均等化的目标定位在实现区域均等化上；同时加快城乡公共文化服务均等化，兼及居民公共文化服务均等化①。由此可见，加快中西部地区的公共文化服务建设，平衡东西部地区之间的差异具有实现公共文化服务乃至公共服务均等化的深远意义。

在计划经济体制下，政府是公共文化服务的直接提供者。但是，随着社会主义市场经济体制的逐步完善和政府职能的转变（管办分离），政府直接供给公共文化产品的服务形式逐渐减少，取而代之的，政府采购逐渐走上市场经济的舞台。《国家"十一五"时期文化发展规划纲要》明确提出"采用政府购买、补贴等方式，向基层、低收入和特殊群体提供免费文化服务"。② 在此情况下，越来越多的地方政府将财政支出政策的目光转向了政府采购。近年来，浙江省各地普遍推行了政府采购公益性文化产品，并取得了不错的成效。政府采购将公共文化产品和服务的提供与生产分离，政府只负责出资，将市场竞争机制引入其中，从而有效地提高了公共文化资源投入的产出效率。政府采购是政府适应市场经济条件的时代产物，具有比较强的适用性。各地政府应该认真积极推行政府采购机制，推动部分公共文化服务实现从"以钱养人"向"以钱养事"的转化③。

2. 文化体制改革

文化体制改革的开端，是随着经济体制改革和社会主义市场经济体制的建立而必然发生的。"经济体制的改革，不仅会引起人们经济生活的重大变化，而且会引起人们生活方式和精神状态的重大变化。"④ 文化体制改革的目的是通过全面推进体制机制创新，通过提供丰富的文化产品和服务，不断满足人民群众日益增长的精神文化需求，促进人的全面发展。党的十八届三中全会《中共中央关于深化文化体制改革推动社会主义文化大发展大繁荣若干重大问题的决定》强调："以激发全民族文化创造活力为

①　杨永、朱春雷：《公共文化服务均等化三维视角分析》，《理论月刊》2008 年第 9 期。
②　于群、李国新：《中国公共文化服务发展报告（2012）》，社会科学文献出版社，2012，第 22 ~ 24 页。
③　陈瑶：《公共文化服务：制度与模式》，浙江大学出版社，2012，第 252 ~ 253 页。
④　陈彬斌：《公共文化服务体系建设与文化体制改革》，于群、李国新主编《中国公共文化服务发展报告（2012）》，社会科学文献出版社，2012。

中心环节，进一步深化文化体制改革。"《中共中央关于深化文化体制改革推动社会主义文化大发展大繁荣若干重大问题的决定》对完善文化管理体制、建立健全现代文化市场体系、构建现代公共文化服务体系等进行了重点部署，为在新的历史起点上深化文化体制改革指明了方向，确立了目标。

（1）区分属性，分类发展

长期以来，制约文化发展的体制性障碍就是事业职能和企业职能混淆，把经营性文化产业混同于公益性文化事业，应该由政府主导的公益性文化事业长期投入不足，应该由市场主导的经营性文化产业长期以来由政府深化文化体制改革，必须区分情况，对不同类型的文化单位提出不同的改革要求。

2003年9月，文化部制定下发的《关于支持和促进文化产业发展的若干意见》①，将文化产业界定为"从事文化产品生产和提供文化服务的经营性行业。文化产业是与文化事业相对应的概念，两者都是社会主义文化建设的重要组成部分。文化产业是社会生产力发展的必然产物，是随着中国社会主义市场经济的逐步完善和现代生产方式的不断进步而发展起来的新兴产业"。2004年，国家统计局对"文化及相关产业"的界定是，为社会公众提供文化娱乐产品和服务的活动，以及与这些活动有关联的活动的集合。所以，中国对文化产业的界定是文化娱乐的集合，区别于国家具有意识形态性的文化事业。

（2）文化资源调整和整合的趋势越来越明显

2007年，《文化部关于支持和促进文化产业发展的若干意见》② 提出，积极整合文化资源。充分发挥在国家宏观调控下市场对文化资源配置的基础性作用，打破地区、部门、行业、所有制界限，对文化资源重新进行整合，提高集约化经营水平和产业集中度。支持文化企业跨地区、跨行业投资和经营，不断拓宽经营范围，调整经营结构，拓展发展空间。鼓励依托有实力的文化企业，以市场为导向，以资本和业务为纽带，运用联合、重组、兼并、上市等方式，整合优势资源，重点发展一批拥有自主知识产权

---

① 中华人民共和国文化部：《关于支持和促进文化产业发展的若干意见》，2003年9月。
② 杨志今：《认真贯彻落实党的十七届六中全会精神加快构建中国特色公共文化服务体系》，于群、李国新主编《中国公共文化服务发展报告（2012）》，社会科学文献出版社，2012。

和文化创新能力、主业突出、核心竞争力强的大型文化产业集团。2009年，在国家部委层面，文化部、新闻出版总署、财政部、国家税务总局、广电总局、信息产业等部委单独或联合出台文化产业政策30多个，内容涉及文化企业发展税收优惠政策、网络监管、知识产权保护、信息安全、文化贸易政策、文化市场秩序等，主要有新闻出版署《关于进一步推进新闻出版体制改革的指导意见》、国税总局《关于支持文化企业发展若干政策问题的通知》、财政部国税总局《关于扶持动漫产业发展有关税收政策问题的通知》和《关于继续实行宣传文化增值税和营业税优惠政策的通知》、信息产业部《互联网网络安全信息通报实施办法》、《商务部文化部广电总局新闻出版总署进出口银行关于金融支持文化出口的指导性意见》等。

2012年2月23日，文化部印发《"十二五"时期文化产业倍增计划》[①]提出：发展重点行业的举措，改造提升演艺、娱乐、文化旅游、工艺美术等传统文化产业，加快发展动漫、游戏、网络文化、数字文化服务等极具活力和潜力的新兴文化产业，构建结构合理、门类齐全、科技含量高、竞争力强的现代文化产业体系，以重点行业的快速发展实现倍增目标，形成各行业百花齐放、共同繁荣的良好局面，推动文化产业跨越式发展。实施重大项目带动战略。积极联合有关部门，实施一批带有全局性、引导性、公共性、基础性、示范性的重大工程，增强政府引导调控和公共服务能力，加强内容引导示范，促进产业集聚、企业孵化和人才培养，推进产业和产品升级，提升产业总体素质，增强产业发展后劲。

（3）改革文化投资管理体制

随着我国经济、社会的发展，改革文化投融资管理体制，采取更加积极的文化经济政策，已经成为一种迫切要求。对社会力量兴办的非营利性文化团体和项目，政府应该给予扶持。未来的公共文化服务和产品供给，应该是以政府为主、社会参与、共同管理。2004年10月，文化部制定下发了《关于鼓励、支持和引导非公有制经济发展文化产业的意见》，意味着随着市场经济体制环境的进一步成熟，实现广大人民群众文化权利的工作重心正在从消费领域转向生产投资领域，政府宏观调控正在从行政手段

---

① 中华人民共和国文化部：《"十二五"时期文化产业倍增计划》，2012年2月23日。

转向经济手段。2005 年 8 月，国务院出台的《关于非公有制经济进入文化产业的若干决定》，这是我国文化产业政策的一项重大改革。这项政策的出台，不仅形成我国文化体制的新格局，而且还将形成新的文化产业发展的力量平衡，加速文化产业结构的演进和文化生产力的提高。

财政部部长谢旭人称，将鼓励和引导文化企业面向资本市场融资，促进金融资本、社会资本和文化资源有机对接。同时，加快经营性文化事业单位转企改制。财政部还将通过贷款贴息、保费补贴以及设立产业投资基金等方式，引导金融资本和其他社会资本投入文化产业，搭建文化产业发展投融资平台。

党的十八届三中全会对确立文化市场主体，健全文化市场体系，完善文化产业政策有一定的阐述。《中共中央关于深化文化体制改革推动社会主义文化大发展大繁荣若干重大问题的决定》强调要 "继续推进国有经营性文化单位转企改制，加快公司制、股份制改造。对按规定转制的重要国有传媒企业探索实行特殊管理制度"，体现了形成符合现代企业制度要求和文化企业特点的资产组织形式和经营管理模式的要求。

（4）优化文化产业结构

文化产业要发展，得做好两件事：一是把文化产业理念注入人们的脑子里；二是要让人们自愿地来消费文化产品。改革文化管理体制，推动文化产业升级。打破条块分割与行业壁垒，优化产业组织结构，调整区域产业布局。做大做强一批有实力、有活力的国有和民营文化企业，建立一批多媒体经营、跨地区发展、具有国际竞争力的大型文化产业集团，提高产业集中度和集约化经营水平，带动文化产业升级。进一步完善现代文化流通体制，发展现代文化流通组织形式，加强文化产品和要素市场建设，打破条块分割、地区封锁、城乡分离的市场格局，培育全国性或区域性的大型现代文化流通组织和文化物流中心。建立文化产业法律体系，加强文化市场监管，建立依法经营、违法必究、公平交易、诚实守信的市场秩序，营造公开、公平、公正的文化产业市场竞争环境。扩大社会文化消费，消费需求是产业发展的源动力。一要做好存量群体的文化消费升级文章，这主要靠公共文化服务来实现。二要做好增量群体的文化消费扩增文章，这主要靠大力发展旅游来实现。大力推动文化与旅游融合发展，用文化增添旅游魅力，吸引更多的游客，扩增文化消费总量。这样内外结合，互促共进，文化消费量就会提升，文化产业的优化指日可待。

（5）推动文化与产业资本和金融资本相结合

高度重视资本市场对文化产业发展的作用，鼓励更多的文化企业上市，广泛吸引社会资金，通过资本市场收购兼并其他文化企业，壮大规模，提高竞争力。设立文化产业发展引导基金和风险投资基金，扶持一些发展前景良好的大型文化项目和文化企业，以发挥文化产业的"孵化器"和"发动机"功能。研究组建文化政策性银行，创建中国文化发展银行。完善知识产权抵押贷款、项目融资贷款、信用贷款机制，增强社会各方面参与文化产业发展的激情。同时，推动知识资本与文化资本结合，打造优秀文化艺术品牌。充分利用文化资本作为其他商品如设计、广告、包装等的附加值，提升商品的竞争力。2009 年，国务院通过了《文化产业振兴规划》强调，落实国家关于非公有制资本、外资进入文化产业的有关规定，积极吸纳社会资本和外资进入文化产业领域，形成以公有制为主体，多种所有制共同发展的文化产业格局。[1] 2010 年，央行、中宣部、财政部、文化部、广电总局、新闻出版总署、银监会、证监会和保监会九部委联合下发《关于金融支持文化产业振兴和发展繁荣的指导意见》，明确鼓励银行业、保险机构开发适合文化产业特点的信贷产品和保险产品，加强和改进对文化企业的金融服务，有效分散文化产业的项目运作风险；另外，财政部出台了《文化产业发展专项资金管理暂行办法》，专项资金由中央财政安排，专项用于支持文化产业发展。

党的十八届三中全会《中共中央关于深化文化体制改革推动社会主义文化大发展大繁荣若干重大问题的决定》强调"建立多层次文化产品和要素市场，鼓励金融资本、社会资本与文化资源相结合"，体现了促进文化资源在全国范围内合理流动、大力繁荣文化市场的要求。这些部署的总体特点就是开放，要通过打开束缚文化创新发展的体制机制桎梏，激发全民族的文化创造活力。

（6）文化与科技的融合步伐越来越快

用高新技术提升文化产业竞争力。推进高新技术成果与文化产业的结

---

[1]　张晓明、王家新、章建刚：《转变发展方向，迎接新的发展周期》，张晓明、王家新、章建刚主编《中国文化产业发展报告（2012~2013）》，社会科学文献出版社，2013，第 12~13 页。

合，提高文化产品生产和文化服务手段的科技含量。用高新技术和适用技术改造传统文化产业，培植开发新兴文化产业。大力发展音像业和网络文化业等与高新技术密切结合的新兴文化产业，引导国内软件开发商、网络运营商、内容供应商等各类企业开发具有世界先进技术水平、自主知识产权和民族特色的高科技文化产品，尽快缩小与国外的差距。2010年9月15日，新闻出版总署下发《关于加快我国数字出版产业发展的若干意见》提出到"十二五"末期，我国数字出版总产值将力争达到新闻出版产业总产值的25%，传统出版单位到2020年基本完成数字化转型。

文化与科技融合已经开始成为文化产业发展的主角，2012年8月，《国家文化科技创新工程纲要》的颁布意味着国家文化科技创新工程的正式启动。党的十八大报告强调了科技与文化融合的重要性，指出要增强文化整体实力和竞争力，促进文化和科技融合，发展新型文化业态，提高文化产业规模化、集约化和专业化水平。数字技术、互联网、移动通信技术和社交媒体的广泛覆盖与强力渗透促使整个文化产业的有效增量几乎全部集中在各个子行业的新兴业态的收入上，并通过刺激传统行业的转型变革与融合创新，逐步改变行业的整体格局和走向，突出表现在数字出版、视听新媒体、网络游戏和移动游戏三大领域。

从整体看，目前文化投入增加的比例是很大的，支持力度也进一步加大。这说明，财政文化投入稳定增长机制正在逐步建立和健全。《国家"十二五"时期文化改革发展规划纲要》提出，"保证公共财政对文化建设投入的增长幅度高于财政经常性收入增长幅度，提高文化支出占财政支出比例"。

2013年，中央财政文化体育与传媒支出预算进一步增加，投入重点包括深入推进博物馆等公益性文化设施免费开放、加强基层公共文化服务体系建设、强化重点媒体国际传播能力建设、支持文化产业发展、鼓励文化产品和服务出口、加强全民健身设施建设以及大力支持红色文化资源、文物保护重点工程、水下文化遗产和大遗址文物保护等。政府财政投入把文化放在了更重要的战略位置，其中，支持文化产业发展继续成为中央财政文化投入的重点。目前，各类文化创意产业园区如雨后春笋般出现，建议继续加大对入园企业的财税政策扶持，使文化企业享受到更多优惠，更好地促进文化产业发展。

表 2 - 38　近年来国家主要文化政策

年　份	文件会议部门	内　容
1990	文化部文化产业司	文化部文化产业司成立并制定工作规定，这是国家政府部门第一次设立文化产业专门管理机构
2000	党的十五届五中全会	明确提出"要完善文化产业政策"，这是"文化产业政策"概念首次出现在官方正式文件中
2001	我国《政府工作报告》	明确提出"深化文化体制改革，完善文化经济政策，推动有关文化产业发展"，"大力发展文化产业和旅游业"，第一次把发展文化产业纳入到国家战略需求的层面上，文化产业被作为主要的支柱产业而成为发展战略规划的主要内容
2002	党的十六大	强调"要完善文化产业政策，支持文化产业发展，增强我国文化产业的整体实力和竞争力"
2003	中国文化部	制定了《关于支持和促进文化产业发展的若干意见》，将文化产业界定为"从事文化产品生产和提供文化服务的经营性行业"
2004	文化部	制定下发了《关于鼓励、支持和引导非公制经济发展文化产业的意见》，意味着随着市场经济体制环境的进一步成熟，实现广大人民群众文化权利的工作重心正在从消费领域转向生产投资领域
2005	国务院	《关于非公有制经济进入文化产业的若干决定》，是我国文化产业政策的一项重大改革
2006	国务院	《国家"十一五"时期文化发展纲要》颁布，提出优化文化产业布局和结构的设想
2007	胡锦涛在党的十七大报告中	指出"要大力发展文化产业，实施重大文化产业项目带动战略，繁荣文化市场，增强国际竞争力"
2008	胡锦涛在全国宣传工作会议上	指出"要以满足日益增长的精神文化需求为目的，以改革为动力，统筹文化事业和文化产业"
2009	国务院	通过了《文化产业振兴规划》强调，落实国家关于非公有制资本、外资进入文化产业的有关规定
2010	央行、中宣部、财政部、文化部等九部委	联合下发《关于金融支持文化产业振兴和发展繁荣的指导意见》，明确鼓励银行业、保险机构开发适合文化产业特点的信贷产品和保险产品
2011	文化部、财政部	下发了《关于进一步加强公共数字文化建设的指导意见》；提出关于推进全国美术馆、公共图书馆、文化馆（站）免费开放工作的意见

续表

年　份	文件会议部门	内　　容
2012	文化部	制定了《关于鼓励和引导民间资本进入文化领域的实施意见》以及《"十二五"时期文化产业倍增计划》
2013	文化部	发布《"十二五"时期公共文化服务体系建设实施纲要》
2013	文化部	发布《信息化发展纲要》

资料来源：杨志今：《认真贯彻落实党的十七届六中全会精神，加快构建中国特色公共文化服务体系》，于群、李国新主编《中国公共文化服务发展报告（2012）》，社会科学文献出版社，2012；张晓明、王家新、章建刚主编《中国文化产业发展报告（2012~2013）》，社会科学文献出版社，2013。

参考文献

外文文献

Vivienne Shue, *Sketches of the Chinese Body Politic* California: Stanford University Press, 1998.

外文翻译中文书（按照字母排列）

〔美〕E. S. 萨瓦斯著《民营化与公私部门的伙伴关系》，周志忍译，中国人民大学出版社，2002。

〔美〕詹姆斯·M. 布坎南著《公用物品的需求和供给》，马珺译，上海人民出版社，2009。

〔苏格兰〕休谟著《人性论：在精神科学中采用实验推理方法的一个尝试》，关文运译，商务印书馆，1983。

中文文献

中文专著（按年份排列）

中共中央党校党教研室选编《中共党史参考资料（二）第一次国内革命战争时期》，人民出版社，1979。

陶行知：《新教育（第4卷第2期）课程史论》，人民教育出版社，1999。

林拓等：《世界文化产业发展前沿报告》，社会科学文献出版社，2004。

焦斌龙：《文化资源的产权属性演变及其对文化体制改革的启示》，叶取源主编《中国文化产业评论》（第二卷），上海人民出版社，2005。

费孝通：《乡土中国》，上海人民出版社，2006。

王列生、郭全中、肖庆等：《国家公共文化服务体系论》，文化艺术出版社，2009。

徐德信等：《公共经济学》，中国科学技术大学出版社，2011。

董淑萍：《丽水统计年鉴》，中国统计出版社，2011。

孙浩：《农村公共文化服务有效供给研究》，中国社会科学出版社，2012。

中华人民共和国国家统计局：《中国统计年鉴》，中国统计出版社，2012。

陈瑶：《公共文化服务：制度与模式》，浙江大学出版社，2012。

上海高校都市文化研究院：《2011 年全国 31 个省市自治区公共文化服务指数蓝皮书》，商务印书馆，2012。

盛来运、严建辉：《中国发展报告》，中国统计出版社，2012。

中华人民共和国文化部编《2012 文化发展统计分析报告》，中国统计出版社，2012。

于群、李国新：《中国公共文化服务发展报告（2012）》，社会科学文献出版社，2012。

中华人民共和国文化部编《2013 文化发展统计分析报告》，中国统计出版社，2013。

龚小凡：《中国文化产业发展报告》，社会科学文献出版社，2013。

中文期刊文献（按照姓氏拼音字母排列，若同一姓氏拼音，再按年份排列）

迟福林：《公共产品严重短缺成为影响改革全局的突出矛盾》，《学习月刊》2006年第 1 期。

陈坚良：《新农村建设中公共文化服务的若干思考》，《科学社会主义》2007 年第1 期。

迟福林：《"减压阀"：政府应当提供的公共产品》，《人民论坛》2009 年第 15 期。

迟福林：《"十二五"时期教育公共服务体系建设：突出矛盾与主要任务》，《经济社会体制比较》2011 年第 2 期。

迟福林、方栓喜：《公共产品短缺时代的政府转型》，《上海大学学报》（社会科学版）2011 年第 4 期。

迟福林：《公共产品短缺已成为社会矛盾焦点》，《学习月刊》2012 年第 1 期。

曹美娟：《农村科技信息服务的实证研究——以丽水市农村科技远程教育为例》，《农业图书情报刊》2011 年第 8 期。

曹美娟、毛玉清：《丽水市农村科技信息网络服务平台建设现状和对策研究》，《农业网络信息》2009 年第 9 期。

陈大为：《韩国文化产业跨越式发展的原因及启示》，《辽宁工程技术大学学报》（社会科学版）2012 年第 4 期。

陈芳：《如何有效发挥我国政府采购制度的防腐作用》，《河南科技》2012 年第13 期。

丁国光：《城乡二元结构的形成与突破》，《中国财政》2008 年第 16 期。

杜刚、钱金良、朱卫华、张萍：《农村信息服务主要媒体的现状与思考》，《农业网络信息》2010 年第 8 期。

邓嵘：《我国政府采购典型问题透视与因应研究——以北京现代沃尔公司诉财政部案为例》，《哈尔滨商业大学学报》2013 年第 4 期。

樊泳湄：《加快云南民族地区农村文化产业的发展》，《中共云南省委党校学报》2010 年第 5 期。

顾金孚：《农村公共文化服务市场化的途径与模式》，《学术论坛》2009 年第 5 期。

过子剑：《政府采购的监管机制的构建》，《现代商业》2009 年第 24 期。

管永前：《试论当前政府采购工作中存在的问题与对策》，《山西青年管理干部学院学报》2009 年第 22 期。

巩村磊：《农村公共文化服务缺失的社会影响与改进对策》，《理论导刊》2010 年第 7 期。

宫浩奇：《析"劣币驱逐良币"》，《商》2013 年第 11 期。

眭海霞、李金兆、龚春明：《"文化强国"视域下成都市的公共文化服务体系建设》，《中华文化论坛》2013 年第 6 期。

甘开鹏、马国芳：《我国政府采购公共服务的困境及对策》，《中国物流与采购》2013 年第 1 期。

黄士芳、杨立青、毛少莹：《深圳公共文化服务体系研究》，《特区实践与理论》2006 年第 3 期。

黄端祥、廖小丽、张瑛等：《丽水市农村信息化大篷车培训成效与启示》，《农业网络信息》2010 年第 3 期。

胡海鹏、熊嘉：《农民文化生活的失衡与调适——基于湖北安徽农村文化生活的实证分析》，《厦门特区党校学报》2010 年第 1 期。

何叶：《浅析西南地区农村文化建设存在的问题及对策》，《全国商情（理论研究）》2013 年第 6 期。

降巩民：《北京市新农村公共文化服务体系建设策略与措施》，《前线》2009 年第 8 期。

江光华：《北京市公共文化转移支付制度研究》，《北京社会科学》2009 年第 6 期。

蒋婷婷、叶臻、谢富纪：《基于国际比较的我国创意产业竞争力跃迁研究》，《现代管理科学》2012 年第 4 期。

李成政、袁卫平、黄磊：《俄罗斯、日本政府采购概况及借鉴》，《当代经济》2006 年第 12 期。

李少惠、崔吉磊：《我国农村公共文化服务内生机制的构建》，《经济体制改革》2007 年第 5 期。

李少惠：《公共文化服务体系建设的主体构成及其功能分析》，《社科纵横》2007年第2期。

林君伦：《促进宁波市文化建设的财政政策工具选择》，《宁波党校学报》2007年第1期。

李波、倪芹、吕方龙：《从文化自信转向文化自觉——贵州九市州地文化体制改革和文化产业发展观察》，《当代贵州》2008年第20期。

梁睿：《论中国城乡二元体制的变迁》，《行政论坛》2011年第5期。

李少惠、张红娟：《建国以来我国公共文化政策的发展》，《社会主义研究》2010年第2期。

罗云川、张彦博、阮平南：《"十二五"时期我国公共文化服务体系建设研究》，《图书馆建设》2011年第12期。

李森：《城乡二元结构下的基础教育公平：体制性障碍及改革路径探索》，《教育与经济》2011年第4期。

卢婷婷、翟坤周：《城乡二元结构下的农村文化建设：现实逻辑和动力机制》，《新疆社会科学》2012年第5期。

李友仁：《论公共文化服务体系与公共文化服务均等化路径》，《民族艺术研究》2013年第3期。

马海涛：《完善我国政府采购制度的思考》，《中国政府采购》2009年第3期。

欧忠依：《论我国政府采购的现状及对策——兼对我国政府采购监督机制初探》，《经营管理者》2012年第4期。

曲如晓、盛琴雯：《文化距离对中国文化产品贸易影响的实证研究》，《国际服务贸易》2010年第4期。

深圳市文化局公共文化服务体系研究课题组：《深圳公共文化服务体系研究》，《特区实践与理论》2006年第3期。

疏仁华：《论现代化过程中农村文化的建设境遇》，《农业高等教育》2006年第3期。

申端锋：《农村地下六合彩为什么会蔓延》，《中国社会导刊》2006年第10期。

王慧炯：《对发展中国文化产业的思考》，《北京工业大学学报》（社会科学版）2002年第2期。

汪寿松：《论城市文化与城市文化建设》，《南方论丛》2006年第3期。

维博、谭英、奉公：《电视文化传播及其在新农村建设中的作用——来自全国27个省市区农户的调查报告》，《中国农业大学学报》（社会科学版）2006年第3期。

王亚俊、万广、熊武权：《浅议基层国库预算拨款中存在的问题与对策》，《金融与经济》2006 年第 3 期。

王琳、王文豪、刘永泰等：《如何有效遏制我国政府采购中的寻租行为》，《财政监督》2012 年第 4 期。

王宏鑫、仝亚伟、周云颜、陈辉玲、龙文：《走向农村公共图书馆服务的整体化平台——河南信阳"平桥模式"研究》，《中国图书馆学报》2013 年第 4 期。

王桂兰、信民乐：《河南省农村公共文化服务体系建设论略》，《河南师范大学学报》（哲学社会科学版）2013 年第 3 期。

薛玮：《论政府转移支付的不规范对地方政府财政行为的影响》，《开发研究》2007 年第 3 期。

薛经明：《浅议现阶段政府采购的不足及几点建议》，《黑龙江科技信息》2009 年第 14 期。

肖北庚：《美日政府采购限制措施施行方式之比较》，《中国政府采购》2012 年第 4 期。

徐经勇：《着力化解"乡村空心化"给城乡一体化造成的困扰》，《北方经济》2013 年第 3 期。

苑洁：《文化产业行业界定的比较研究》，《理论建设》2005 年第 1 期。

杨永、朱春雷：《公共文化服务均等化三维视角分析》，《理论月刊》2008 年第 9 期。

闫瑞华：《文化产业金融支持模式比较分析》，《合作经济与科技》2012 年第 8 期。

游祥斌、杨薇、郭昱青：《需求视角下的农村公共文化服务体系建设研究——基于 H 省 B 市的调查》，《中国行政管理》2013 年第 7 期。

闫贤良：《公共文化建设要做"事"不做"势"》，《时事报告》2013 年第 3 期。

周莉华：《试论新的经济增长点——创意产业》，《南方经济》2005 年第 1 期。

周游：《美国和日本政府采购救济制度比较》，《哈尔滨商业大学学报》（社会科学版）2005 年第 2 期。

《中共中央关于构建社会主义和谐社会若干重大问题的决定》，《中华人民共和国国务院公报》2006 年第 33 期。

中共河北省委党校课题组：《河北省财政转移支付政策研究——政府间财政转移支付理论研究》，《经济研究参考》2006 年第 90 期。

周晓丽、毛寿龙：《我国公共文化服务及模式选择》，《江苏社会科学》2008 年第 1 期。

张全红：《中国低消费率问题探究——1992~2005 年中国资金流量表的分析》，《当代财经》2009 年第 8 期。

张桂琳：《论我国公共文化服务均等化的基本原则》，《中国政法大学学报》2009年第5期。

中共河北省委党校课题组：《河北省财政转移支付政策研究——政府间财政转移支付理论研究》，《经济研究参考》2006年第90期。

张立峰：《对东部地区农村文化建设的几点思考》，《黑龙江教育学院学报》2011年第9期。

周岚岚、陈琦、李文学、龚杏娟：《发达地区农村文化设施建设研究——以绍兴市为例》，《绍兴文理学院学报》（自然科学）2013年第2期。

报纸文献

代丽丽：《社科院：八成政府采购高于市场平均价》，《北京晚报》2012年2月25日。

《国家"十二五"时期文化改革发展规划纲要》，《人民日报》2012年2月16日。

黄永林：《根植区域文化培育产业特色》，《光明日报》2013年3月21日。

任晋忠：《数字电视收费偏高农村地区收视率降低》，《阳泉日报》2012年9月18日。

任维东、姚涵婧：《文化如何活出彩，且听莫言一席谈》，《光明日报》2013年11月21日。

《文化部"十二五"时期公共文化服务体系建设实施纲要》，《美术报》2013年2月2日。

新华社北京1月12日电：中共中央国务院发出《关于深化文化体制改革的若干意见》，《人民日报》2006年1月13日。

张锟：《农村文化将何去何从》，《驻马店日报》2005年7月30日。

周玮：《我国公共文化服务体系建设迈出新步伐》，《人民日报》2008年3月3日。

张俊伟：《政府间转移支付制度改革的目标模式》，《中国经济时报》2011年6月2日。

学位论文

董晓东：《上海市公共文化服务现状、问题及对策研究》，硕士学位论文，华东师范大学公共管理专业，2010。

范长虹：《我国文化创意产业发展对策研究》，硕士学位论文，大连海事大学马克思主义理论专业，2012。

韩虎山：《文化创意产业与城市品牌传播研究》，硕士学位论文，山西财经大学企业管理专业，2012。

孔进：《公共文化服务供给：政府的作用》，博士论文，山东大学政治经济学专业，2010。

栗晓冬：《农村民俗文化建设研究——以泰安市为例》，硕士学位论文，山东农业大学经济管理学院农业推广专业，2009。

梁媛：《农村公共文化服务体系建设现状及路径选择》，硕士学位论文，东北师范大学行政管理专业，2011。

王伟伟：《加快中国文化创意产业发展研究》，博士学位论文，辽宁大学政治经济学专业，2002。

王玉玲：《农村文化重建的战略选择及对策思路》，硕士学位论文，福建农林大学管理学院农林经济管理专业，2007。

吴美香：《公共服务供给方式研究》，硕士学位论文，厦门大学行政管理专业，2008。

王碧程：《我国农村公共文化服务体系构建中的供需矛盾研究》，硕士学位论文，长春工业大学行政管理专业，2010。

王擎擎：《中央政府转移支付的公共服务均等化效果——基于省级面板数据的测算》，硕士学位论文，山东大学财政学，2011。

吴美香：《公共服务供给方式研究》，硕士学位论文，厦门大学行政管理专业，2008。

王菊华：《中部地区农村文化建设中的政府作用研究》，硕士学位论文，湖南大学政治与公共管理学院公共管理专业，2009。

王富军：《农村公共文化服务体系建设研究》，博士学位论文，福建师范大学马克思主义中国化专业，2012。

王伟伟：《加快中国文化创意产业发展研究》，博士学位论文，辽宁大学政治经济学，2012。

王鹏：《财政转移支付制度改革研究》，博士学位论文，吉林大学经济学，2012。

熊超：《我国西部地区农村文化发展的问题与对策研究——以宜宾市翠屏区为例》，硕士毕业论文，电子科技大学公共管理专业，2010。

杨格来：《财政转移支付理论及浙江省财政转移支付实践的探讨》，硕士学位论文，浙江大学公共管理学，2004。

张波：《政府公共文化服务职能只能创新研究》，博士学位论文，吉林大学行政学院行政管理专业，2009。

赵霞：《乡村文化的秩序转型与价值重建》，博士学位论文，河北师范大学法政学院马克思主义中国化研究专业，2010。

研究报告

课题负责人张晓明，执笔人贾旭东，北京市"十一五"期间文化产业发展规划研究，2011。

网站资料

新华网，http：//newsxinhuanet. com/newscenter/2007 – 10/24/content＿ 6938568＿6. htm2007 年 10 月 24 日。

《中办国办关于进一步加强农村文化建设的意见》，新华网，http：//news. xinhuazlet. eom/polities/2005 – 12/11/eontent＿ 3906616. htm。

《国家"十一五"时期文化发展规划纲要》，新华网，http：//news. xinhuanet. eom/polities/2006 – 09/13/eontent＿ 5087533. htm。

《2012 年中国统计年鉴》，http：//www. stats. gov. cn/tjsj/ndsj/2012/indexch. htm。

《中国文化产业年度发展报告（2013）》，中商情报网，http：//www. askci. com/news/201301/06/114141＿ 84. shtml，2013 年 1 月 6 日发布。文化部公共文化司关于印发《"十二五"时期公共文化服务体系建设实施纲要》的通知，http：//59. 252. 212. 6/auto255/201301/t20130121＿ 29512. html，2013 年 01 月 14 日发布。

胡锦涛：《中国共产党第十八次全国代表大会报告》，http：//wenku. baidu. com/view/6faec4c4da38376baf1faed3. html，2012 年 11 月 26 日。

中国海南发展研究院：《城乡二元结构与基本公共服务均等化》，http：//www. cird. org. cn/WeAreCird/Research/Briefing/200812/t20081216＿ 23630. htm，2008 年 12 月 6 日。

新华社：《中共中央国务院关于加大统筹城乡发展力度进一步夯实农业农村发展基础的若干意见》，http：//news. xinhuanet. com/politics/2010 – 01/31/content＿ 12907829. htm。

国家统计局：《中国城市化率历年统计数据（1949～2010）》，http：//wenku. baidu. com/view/d4a365f4f61fb7360b4c6560. html。

方跃镇、金妍：《传统手艺人：谁来继承濒临失传的传统手艺?》，http：//www. jhnews. com. cn/jhwb/2012 – 11/09/content＿ 2560121. htm。

北京市政府信息公开专栏：《我市积极申报第二批国家公共文化服务体系示范区》，http：//zfxxgk. beijing. gov. cn/columns/70/5/397425. html。

国家公共文化网：《北京市村级公共文化服务体系建设情况》，2011 年 11 月 28 日，http：//www. cpcss. org/＿ d273034544. htm。

新华网，《首都公共文化服务体系全面建成》，2012 年 1 月 2 日，http：//news. xinhuanet. com/politics/2012 – 01/02/c＿ 111356661. htm。

周阳：《北京市文化创意产业实现加快发展，产业实现增加值 2189. 2 亿元》，http：//

native. cnr. cn/city/201305/t20130528_ 512690551. shtml，2013 年 5 月 28 日发布。

国家公共文化网：《国家公共文化服务体系示范区（项目）创建工作领导小组关于公示第一批创建国家公共文化服务体系示范项目验收结果》，2013 年 7 月 19 日，http：//www. cpcss. org/_ d276125469. htm。

数字东城：《我区"公共文化资源分类供给"项目被文化部、财政部列入第一批创建国家公共文化服务体系示范项目名单》，http：//www. bjdch. gov. cn/n5687274/n5687654/n5689255/n7631231/9855294. html。

创建国家公共文化服务体系示范区（项目）管理平台：《北京东城区：公共文化资源分类供给》，2011 年 6 月 3 日，http：//www. cpcss. org/_ d271555036. htm。

中华人民共和国文化部：《北京市东城区"公共文化资源分类供给"项目在文化部第一批创建国家公共文化服务体系示范项目验收中被评为优》，2013 年 7 月 24 日，http：//www. ccnt. gov. cn/xxfbnew2011/xwzx/qgwhxxlb/201307/t20130724_ 277868. html。

艺龙网，《东城区"公共文化资源分类供给"创建国家公共文化服务体系示范项目工作实践》，2013 年 6 月 8 日，http：//www. bjqyg. com/magazine/detail. aspx？ ID = 672。

《北京市关于文化划转事项及资金管理办法文件》，http：//fg. bjcz. gov. cn/bjlaw/loginAction. do。

其他文献

陈彬斌：《公共文化服务体系建设与文化体制改革》，于群、李国新主编《中国公共文化服务发展报告（2012）》，社会科学文献出版社，2012。

李国新、杨永恒、毛少莹：《中国公共文化服务体系建设的历史性转折》，于群、李国新主编《中国公共文化服务发展报告（2012）》，社会科学文献出版社，2012。

王晓庆：《探索建立农村文化活动机制的实践与思考——以江西省农村文化三项活动为例》，《艺海探真——论文论著选编》，2011。

杨志今：《认真贯彻落实党的十七届六中全会精神，加快构建中国特色公共文化服务体系》，于群、李国新主编《中国公共文化服务发展报告（2012）》，社会科学文献出版社，2012。

张晓明、王家新、章建刚主编《中国文化产业发展报告（2012～2013）》，社会科学文献出版社，2013。

中华人民共和国国家统计局：《2010 年第六次全国人口普查主要数据公报》（第 1号、第 2 号），2011 年 4 月 28 日。

《文化部"十二五"时期文化产业倍增计划》，中华人民共和国文化部，2012 年 2月 23 日颁发。

第三章　文化科技融合研究报告

北京服装学院课题组[*]

近年来，文化产业在转变经济发展方式中的作用日益突出，而实现文化生产方式的转变升级，最重要的是把握两个方面：一是利用数字化、网络化技术改造提升传统文化产业；二是培育发展新型文化产业。而要把握好这两个方面，最关键的就是加快实现科技和文化的融合。

文化与科技作为研究的二元主题结构，除了探讨各自发展的核心价值与特点之外，更要关注的是如何加快文化与科技的融合。融合的过程不是一蹴而就的，而是一个需要长期观察与探讨的过程。在经济和信息全球化的时代背景之下，文化与科技的跨界研究是有其前瞻性的。

文化的定义范围广泛，是一个渐变累积与全民参与的过程，而科技发展迅速，是文化发展的最佳助力。作为具有深度底蕴的中国文化如何与现代化的科技相适应与融合，成了多数人关注的焦点，而这也是一个值得深度探讨的议题。加快文化与科技的深度融合，是促进文化快速发展的有效方法，是推进文化多元应用的动力，更是全民文化创新思维萌发的最佳契机。体制机制模式的改变，培育创新人才的落实，将是文化科技普及与全民推广的重要前提。

党的十八大报告提出，"要促进文化和科技融合，发展新型文化业态，提高文化产业规模化、集约化、专业化水平"。《国家"十二五"时期文化

*项目负责人、首席专家：宁俊；子项目1："文化产业的基本理论及发展机理与推动机制研究"，负责人：姚蕾，成员：李莉；子项目2："年度十大文化与科技融合前沿趋势"，负责人：丁肇辰，成员：秦蓁；子项目3："科技创新对文化产业的推动研究"，负责人：卢永隆；子项目4："文化创新对科技产业的推动研究"，负责人：孔建华，成员：席阳、陆亚新。

改革发展规划》和《国家文化科技创新工程纲要》中也强调加强文化科技创新，增强文化领域自主创新能力和文化产业核心竞争力，推动文化产业成为国民经济支柱性产业，繁荣发展社会主义文化。

因此，有必要对文化与科技融合的历史背景与新时代要求、文化与科技发展的互动作用关系以及我国文化与科技融合现状及未来发展趋势进行深入研究。

一 理论基础：文化与科技融合的理论基础与重要意义

实现文化生产方式的转型升级，最重要的是把握两个方面：一方面是利用数字化、网络化技术改造提升传统文化产业；另一方面是培育发展新型文化产业。而要把握好这两个方面，最关键的就是要加快实现科技和文化的融合。加快文化与科技的深度融合，是促进文化快速发展的有效方法，是推进文化多元应用的动力，更是全民文化创新思维萌发的最佳契机。体制机制模式的改变，培育创新人才的落实，将是文化科技普及与全民推广的重要前提。因此，有必要对文化与科技融合的历史背景与新时代的要求、文化与科技发展的互动作用关系以及我国文化与科技融合现状及未来发展趋势进行深入研究。

21世纪是科技创新的世纪，更是文化产业快速发展的世纪。文化与科技相通互融，相互促进，文化发展是科技创新的母体和源泉，科技创新是推动文化生产方式革命性变迁的杠杆和燃料。推进文化与科技融合是国家做出的重大部署，是党中央、国务院高瞻远瞩，充分体现科学发展观而提出的文化发展指导方针。

党的十七届六中全会决议将推进文化科技创新作为加快发展文化产业，推动文化产业成为国民经济支柱性产业的一个重要方面，并明确指出，"科技创新是文化发展的重要引擎。要发挥文化和科技相互促进的作用，深入实施科技带动战略，增强自主创新能力"。党的十八大报告提出，"要促进文化和科技融合，发展新型文化业态，提高文化产业规模化、集约化、专业化水平"。《国家"十二五"时期文化改革发展规划》和《国家文化科技创新工程纲要》中也强调加强文化科技创新，增强文化领域自主创新能力和文化产业核心竞争力，推动文化产业成为国民经济支柱性产业，繁荣发展社会主义文化。

（一）文化与科技融合的互动机理

1. 文化与科技融合的基本概念

文化与科技融合的理论母体，源于文化和科技的各自定义、内涵和外延的发展。文化就是指一定的人类群体在自然、社会和人类思维领域对群体行为和意识所达成的特定方式的思想共识，包括一系列认识、科技思想、道德准则、社会关系、行为艺术、宗教信仰和审美价值标准等诸多方面。文化是人类对自身探索自然，进行社会实践和社会创造的所有行为和意识内容的归纳和描述。现代哲学对科学的定义，认为科学是人类关于自然、社会和人类思维发展规律的知识体系。技术泛指根据自然科学原理生产实践经验，为某一实际目的而协同组成的各种工具、设备、技术和工艺体系。科学与技术的关系，在现代，一方面表现为密不可分，几乎被看作是同一范畴；另一方面二者的任务、目的和实现过程不同，在其相互联系中又相对独立地发展，二者是辩证统一的整体。

文化和科技的定义在不同的社会发展阶段，形成了不同的认知和理解。19 世纪中叶以来，文化一词成了学术和生活中使用最频繁的术语之一，也是歧义最多的用词之一。不仅各门学科对它定义各不相同，而且同一学科中对它的定义也往往大相径庭。1952 年，美国学者克鲁伯和克拉克洪合著《文化，关于概念和定义的探讨》一书，收集了 1871～1951 年对于文化概念的定义 164 种，也就是说，尽管都用文化一词，实际上至少有 164 种文化概念。20 世纪中期以后，文化概念就更多了。

科学技术是人类历史发展的产物。人类在漫长的生活和生产实践中逐渐形成了既相互联系、又具有不同内涵的三层次科学观。何亚平在《文化的基频——科技文化史论稿》一书中对这三层科学观做了详细的阐释：第一层次的科学含义，是指人类全部社会实践的概括和总结，是人类关于自然界、人类社会和思想规律的所有知识体系及其创造活动的总称，可以称之为广义的科学或大科学的概念。它是包括了数学、自然科学、技术科学和人文社会科学在内的人类全部知识与创造活动的总称。第二层次的科学含义，是对区别于人文社会科学而言的自然科学和技术科学的简称，是一般或通常意义上的科学概念。第三层次的科学含义，是在与技术科学、工程技术相区别的意义上运用的，即仅指数理化天地生等基础学科，可以称之为狭义的科学或自然科学。随着科学发展和社会进步，现代社会逐渐形成了对第二层次的科学含义的理解和接受。随着大科学时代的到来，现代科学与人文文化在更广的领域和更深的层面上再进一步的整合，将形成与第一个层次科学含义相一致的新型文化。这种新型文化就是文化科技融合发展的结果。科学的综合化、系统化和整体化发展，正是现代科学技术与人文社会科学发展的内在要求和必然趋势，亦是当代社会文化更进一步协调整合的根本依据。

2. 马克思、恩格斯的科技文化观

马克思、恩格斯的科技文化观也内含了文化与科技融合的思想。马克思和恩格斯虽然从未直接对"文化"进行过论述和界定，但著作中蕴藏着极为丰富的文化思想。由于文化与上层建筑尤其是观念上层建筑经常处于同一问题域，因此文化也是马克思、恩格斯探讨的经济基础和上层建筑的关系问题的核心之一。与西方马克思主义者仅仅局限于文化批判不同，马克思、恩格斯主张基于现实的实践批判。马克思和恩格斯同时看到了文化对经济基础的能动作用，因而十分强调文化、意识形态建设之于整个社会主义的重要意义。马克思和恩格斯从科技与人文社会科学相融合的整体视域思考科技的文化意蕴：科技与人的生命价值、尊严和人的自由的关系，科技与社会发展的关系，科技与自然物在世发展的关系。马克思、恩格斯承继了融合自然科学、人文科学、社会政治学的古希腊科学文化传统，汲取文艺复兴和启蒙运动时期关爱人类的人文思想，扬弃科技工具理性占主导的思潮，从揭示科技与人文对立的深刻根源，到分析这一对立的片面性和局限性，最终得出作为对立双方的科技和人文发展将在更高阶段上达到统一的结论，并将这种统一与和解称之为实现人的自由全面发展必需的途径，也是科学技术发展本身的要求。马克思、恩格斯从唯物史观的角度阐述了科技与社会文化基本形态如哲学理论、风俗习惯、思想观念、政治制度以及法律思想等的相辅相生性，从资本、世界交往、工商业活动入手探究科技文化内在发展动因、发展机制和规律，并得出了现代科技器物为直

接驱动力引领世界文化体系的整体转型的结论。

（二）文化与科技融合的理论支持

文化和科技融合是一个跨学科的研究领域。由于国内外对这个领域研究的理论依据、研究方法和实践检验的切入角度不尽相同，因此，该领域并没有形成直接的和系统的理论框架。毕娟在《北京文化与科技融合模式与路径》一书中对涉及文化和科技相互关系的相关理论进行了梳理，分别介绍了提供主要理论支持的 STS 理论、制度变迁理论和文化产业理论。在书中，毕娟引用了中国社会科学院 STS 研究中心殷登祥教授对 STS 的论述：STS 是一门研究科学、技术和社会相互关系的交叉学科。它把科学技术看作是一门渗透着价值的复杂社会事业；它研究作为社会一个子系统的科学技术的性质、结构、功能和相互关系，以及科学技术和社会其他子系统如政治、经济、文化、教育等之间的互动关系……由此可见，STS 是"科学，技术和社会"，"根植于社会和学术需要之中，代表一种新的社会价值观和新的思维模式，所以日益显示出它对人类命运和社会发展的工具书影响力和广阔的发展前景"。制度变迁理论则从经济学的视角解释制度变迁的动因，揭示制度变迁与经济发展的关系，明确社会整体演进决定制度变迁的方向。文化产业理论发轫于法兰克福学派对"文化产业"一词的批评和否定，随着英国和美国的文化研究和经济研究，逐渐形成了基础理论研究和应用理论研究两个方向。基础研究集中于文化产业的意识形态属性和经济属性两大领域，应用理论研究主要关注文化产品的开发、生产、营销和管理，以及文化产业与就业、地区发展和国家宏观经济的关系以及国家文化产业的发展战略等问题。文化产业与科技的关系及理论就是文化产业应用研究的一个重要方面。

（三）文化与科技融合的意义阐述

1. 文化与科技融合的战略意义

文化与科技的融合对于我国文化发展具有重要的战略意义。孔建华在《论文化中关村》一文中，从文化对科技的期待和科技对文化的期待两个角度阐述这一战略意义：从文化对科技的期待来看，利用新技术改造传统文化产业，提升传统文化业态的科技含量和技术水平；指导和支持推广运用新技术，壮大新兴文化业态的规模和量级；加大对文化技术的研发投入，在文化制造、文化展示和文化传播技术上实现重大突破。从科技对文化的期待来看，萃取中国文化精华，提高科技创新的整体水平；改善文化发展的质量和水平，增强科技发展的市场空间和创造活力；传播和便捷获取文化内容产品和服务，激励文化技术的创新和运用。科技能够为文化带来新的技术推动力、焕发新的生命力，推动文化产业结构升级。文化能够从思想和理念上为科技发展指明方向，能够为科技成果提供应用和展示的空间。

我国要实施文化强国战略和提升国家软实力基本国策，必须更加注重文化与科技融合的理论研究，建立完整的理论分析框架；更加注重实证分析，定量研究文化与科技融合的内在关系。文化与科技融合创新的发展模式已提升到了国家战略的高度，未来，中国的文化产业发展必须依靠文化与科技融合，使之成为文化创意产业发展的新"引擎"。

2. 科技创新是文化创意产业发展的强大动力

科技创新带动文化创意产业发展的理论基础，应当追溯到科技与经济增长关系的研究。亚当·斯密对技术进步与市场关系的相关论述，马克思、恩格斯对科学技术在经济增长中的贡献的论述，熊彼特关于创新是现代经济发展的根本动力的论述，从理论上阐述了科技创新能够渗透于经济发展的各个产业和各个环节，在不同程度上推动产业结构升级，提高经济效益质量。

文化创意产业的发展也反映出科技创新这一引擎的强大驱动力。文化创意产业的新业态、新产品、新技术均与科技创新的发展进步密切相关。

3. 科技创新推动文化创意产业发展的方式

（1）科技创新带来文化创意产品的丰富

科技创新对文化创意产品的消费需求、内容创作、管理销售和传播流通等环节均产生深刻而积极的影响。《国家文化科技创新工程纲要》中指出，"科技已交融渗透到文化产品创作、生产、传播、消费的各个层面和关键环节，成为文化产业发展的核心支撑和重要引擎"。科技是提高生活水平的主要途径，郭沫若曾说过，"用科学成果解除人生苦痛"。当然在今天，科技的发展不仅能够改变人们的生活质量和生活方式，更能有效地引导和开发出新的文化消费需求。科技创新也是影响文化创意产品内容创作的生产要素之一。赵学琳在《基于钻石模型对我国文化产业集群发展要素的整体分析》一文中，引用迈克尔·波特生产要素分类方法，将文化生产要素分为初级生产要素（basic factor）和高级生产要素（advanced factor）。初级生产要素包括天然资源、气候、地理位置、非技术人工与半技术人工、融资等；高级生产要素则包括现代化通信的基础设施、高等教育人力以及各大学研究所等。加快高级生产要素的培育，推进科技创新及其转化进程，积累文化创意产业的智力和技术资源，是提高文化创意产品竞争力的有效途径。科技创新极大丰富了文化创意产品的质量、表达方式和表现形态。能够满足人们文化消费需求的创新产品大多与科技创新成果密切关联。越来越多的科技创新成果或与文化内容结合或直接以文化形式表现，成为引导文化消费潮流的创意产品。在文化创意产品的管理销售和传播流通等环节，现代科技特别是数字技术和互联网技术提供了前所未有的大规模复制、传播和渗透能力，使这些环节变得更为迅捷有效。新技术的互动性和多样化甚至在很多销售和传播过程中衍生出新的创意产品，过程即创意。

（2）科技创新带来文化创意产业的多样化

党的十七大报告明确提出，运用高新技术创新文化生产方式，培育新的文化业态，将是未来我国文化产业的发展方向。科技创新是实现文化业态创新的直接而重要的力量。郑素侠在《科技创新与文化业态的演变》一文中指出，"作为促进文化产业发展的关键因素，科技创新的速度，直接决定了文化产业的发展速度……科技进步的结果，引发新一轮文化产业的变革和新的文化业态的出现……"解学芳在《论科技创新主导的文化产业演化规律》一文中提出了"科技创新主导文化产业发展演化"的观点，并通过"科技创新推动传统文化产业发展演化"、"科技创新催生现代文化产业形态"两个方面进行了论证。潘皓在《科技创新与文化产业发展》一文中这样描述科技创新对文化产业的促进作用，"科技创新对文化创意产业的产业构成和发展趋势具有举足轻重的作用和意义。一方面，现代科技的应用和创新，提升了传统文化产业的科技含量，促进了传统产业的更新换代；另一方面，以创新为动力的高新技术，能够突破传统文化产业的固有边界，将各种文化资源与信息技术有机整合，从而构建新兴的文化产业形态"。

（3）科技创新带来文化创意阶层的形成

"蓝领阶层兴起于 19 世纪，白领阶层滥觞于 20 世纪，21 世纪是创意阶层的世纪"，这是理查德·佛罗里达《创意阶层的崛起》一书的宣传文案。佛罗里达这样定义"创意人才"阶层——从事科学和工程学、建筑与设计、教育、艺术、音乐和娱乐的人们。他们的工作是创造新观念、新技术和新的创意内容。宽容吸引人才，人才创造科技，而科技将成为塑造创新型社会环境的终极力量，这就是佛罗里达著名的"3T"理论。佛罗里达的书里描述了一个新的经济阶层如何主导我们未来的城市和经济。这一阶层对人们的工作方式、价值观乃至日常生活的基本架构正在产生深刻的影响。尽管创意阶层的理论还有待完善，尽管很多调查表明中国还没有充分利用创意阶层，但创意阶层正在中国崛起，这是一个不争的事实。近年来，北京、上海、广州、深圳、杭州等一线城市户籍制度的松动和大量二、三线城市招揽人才的举措都反映出当地政府对打造宽松环境以吸引人才从而实现科技创新发展的认知。能够带来科技创新成果的文化创意阶层同样是企业梦寐以求的资源。

（4）科技创新带来国家文化软实力的提升

《国家文化科技创新工程纲要》（以下简称《纲要》）明确了当前国家发展面临的局势——随着世界多极化、经济全球化进程的加快和科学技术的飞速发展，国家和地区之间的竞争态势已发生深刻变化，文化越来越成为世界各国和地区竞争的重要力量。

《纲要》提出了创新工程的总体目标——围绕促进社会主义文化大发展大繁荣的重大科技需求，深入实施科技带动战略。《纲要》高度肯定了科技创新对国家文化发展的重要作用，"通过科技创新，提高重点文化领域的技术装备水平，促进传统文化产业的调整和优化，推动新兴文化产业的培育和发展，提高文化事业服务能力，加强科技对文化市场管理的支撑作用，建设一批特色鲜明的国家级文化和科技融合示范基地，培育一批创新能力强的文化和科技型领军企业，培养一大批文化科技复合型人才，培育发展以企业技术创新中心、技术创新战略联盟、专业孵化器、大学科技园、工程（技术）研究中心为核心，以科研院所和高校为重要支撑的文化科技创新体系"。

《纲要》也肯定了文化科技融合对国家软实力提升的重要作用。《纲要》指出，"通过文化和科技的融合创新推动我国文化科技和文化产业的自主发展，并借助我国丰富的文化资源和庞大的文化消费市场，弘扬优秀传统文化，掌握中国文化发展的主导权，提升我国文化科技的国际竞争力"。

4. 科技创新对文化创意产业发展的障碍

科技创新同样是一种"创造性的破坏"。从某种程度上来说，科学技术的能力越强大，文化产业发展受到威胁的可能性就越大，科技所引致的副作用越大、风险系数就越高（解学芳）。科技创新在推进文化创意产业发展的过程中会伴生一种"反向力"。这种反向力主要表现在对传统文化产业和文化内容的侵蚀、文化产业保护的难度加大、对文化的个性化和独创性的削弱以及科技的突飞猛进与文化内容增长的缓慢形成落差而带来的文化安全问题。

既要充分发挥科技创新对文化发展的重要引擎作用，深入实施科技带动战略，推进文化科技创新；又要充分利用我国丰富的文化资源、深入发掘深厚的文化内涵，拓展和增强科技发展的市场空间和创造活力。二者的融合与促进才能真正实现文化创意产业的振兴发展。

（四）国外文化与科技融合的战略实践

文化与科技融合不只是文化发展的时代潮流，更主要的是已经成为世界各国经济振兴和社会发展的重要依据。了解各国在推动文化科技融合和创新方面的政策和导向，能够为我国制定文化科技相关政策提供借鉴。肖庆在《文化科技创新：理论建构与实证分析》一书中对中西方文化政策进行了比较研究，也总结了文化科技创新政策的国际经验，提出了三种典型的推动创新的政策类型或模型。其一，以美国为代表，政府很少颁布法律性的创新政策。有限的政策只在于创造一个良好的创新环境，让市场去调节企业的创新活动。其二，以日本为代表的另一个极端，政府既直接介入创新活动，又制定许多创新政策、创新战略。其三，以英国、法国、德国等为代表的欧洲国家创新政策，基本上介于美国和日本之间。他对美国的"数字人文"的创新理念、英国的"创意经济"计划、日本的数字内容产业战略和韩国的"U—Korea"的创新举措等文化科技融合案例进行了详细的介绍和分析。贾佳在《浅谈文化和科技融合的国际基本形势及发展经验》一文中则对世界经济发展与各主要国家文化科技融合战略做了归纳（见图3－1）。

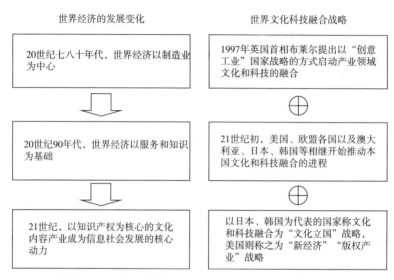

图3－1 世界经济发展与各主要国家文化科技融合战略
资料来源：贾佳：《浅谈文化和科技融合的国际基本形势及发展经验》，2013。

国外对文化产业的研究相比较国内处于更加领先的位置。同样，对于文化产业发展的科技研究也处于更加领先的位置。吕克斐在《世界各国推进科技与文化融合，打造技术和文化产业链》一文中指出，目前各国对文化产业发展的相关科学研究主要涉及以下方面：加强对文化产业和文化科技的支持力度，尤其是文化产业的科技支撑领域；计算机网络化、数字化、多媒体化及其核心内容的产业；以知识产权保护为前提，促成庞大的文化产业链的形成；文化产业、信息产业中的企业兼并融合及呈现大规模化的趋势。

结合政府机制、政策制定以及研究内容等国际经验，通过分析我国文化科技融合的现状，能够对我国的文化科技融合创新提出针对性强、方向正确的建议。

二 实证研究

(一) 技术进步对文化产业推动的实证分析

1. 实证方法梳理

随着现代科学技术与经济关系日益紧密，许多学者都认识到科技创新在提升产业竞争力方面发挥的重要作用，技术进步是产业经济发展的源泉，是经济增长和生产率提高的基本驱动力。

从文化产业国内外研究综述中可以看出，目前对文化产业定性研究非常多，定量的实证研究尤其是对技术进步效率和贡献度度量的研究相对较少。对实证方法进行梳理之后可见，目前实证分析技术效率或贡献度的衡量方法主要有以下 4 种。

（1）数据包络分析法

1978 年，Chames、Cooper 和 Rhodes（1978）首先提出了数据包络分析（DEA）方法，以评价部门间的相对有效性，DEA 方法能对多个投入指标和产出指标进行测量，客观地评价投入产出的有效性。

基于 DEA 方法，可以对产业的综合技术效率、纯技术效率和规模效率进行度量。上述三种效率的计算公式为综合技术效率 = 纯技术效率 × 规模效率，表明产业的综合技术效率是由纯技术效率和规模效率共同决定的。其中，纯技术效率是指当规模报酬可变时，用来衡量规模变动情况下技术效率对总效率的影响，因此也被称为可变规模报酬技术效率。

（2）索洛余值法

Solow（1957）在他的研究中首次提出技术进步因子的重要作用，他把经济增长中无法仅由资本和劳动解释的部分归因于技术进步，指出经济增长中扣除资本和劳动做出的贡献，剩下的就是技术进步对经济增长的贡献，在规模报酬不变的情况下，该剩余值就是经济学理论中的全要素生产率的增长率。

利用索洛增长速度方程，可以衡量技术进步速度。其基本含义是：生产产出的增长率（速度）= 广义技术进步增长率（速度）+ 资本要素投入的增长率（速度）+ 劳动资本投入的增长率（速度）。索洛中性技术剩余法是 CD 生产函数的延伸和扩展，是在 CD 函数的基础上引入技术进步因素，进而度量技术进步的贡献率，即技术进步对经济增长的贡献率 = 技术进步增长率/经济增长率（产出增长率）。

（3）随机前沿分析法

随机前沿分析（SFA）技术也是较为常用的技术效率测算方法。Farrell（1957）的观点是可以用效率前沿对企业的效率进行测算，并提出了技术效率的概念，认为技术效率就是指通过给定的投入要素获得尽可能大的产出。Aigner，Lovell & Schmidt（1977）提出了以 SFA 为代表的利用随机边界模型测算效率的参数法，之后，Jondrow 等（1982）提出一种新方法测算企业的技术效率。Battese 和 Coelli（1992）分别建立了不同的测算模型对企业技术效率进行估计，得到了不同企业在不同时期的技术效率水平。此后，SFA 方法在技术效率测算中得到广泛发展与应用。

（4）灰色关联分析法

灰色关联分析法是根据各因素变化曲线的几何形状的相似程度，来判断因素间关联程度的方法。基本思想是将评价指标原始观测数进行无量纲化，计算关联系数和关联度，最后根据关联度的大小对待评价指标进行排序。通过比较，能够得出参考数列与各个比较数列间的灰色关联度，其中，与参考数列关联度越大的比较数列，与参考数列的关系越密切。采取灰色关联分析法，可以对产业动力机制进行分析，提炼出产业发展的主要动力因素。

基于对以上 4 种定量实证方法的梳理，可以明确不同实证方法的基本原理、样本选择和技术效率的解析都不尽相同。其中，随机前沿分析技术更多地使用企业层面的数据，以此来诠释产业的技术效率水平；数据包络分析法则采用多个科技投入指标和多个产出指标来计算综合技术效率和纯技术效率；灰色关联度方法则采用大量产业发展影响因素及指标进行动力机制分析，可以观察出产业的主要动力因素是技术进步因子；索洛余值法基于经济学理论，利用增长方程式来核算技术进步率和贡献度，所需数据集中在产业产出、资本和劳动力投入三个层面。

我国文化产业发展起步较晚，在 2004 年才首次发布较为完整的统计数据，在统计制度等方面还不完善，统计年限短，指标变化规律性不强且较为零散。此外，索洛余值方法可以明确测度技术进步的贡献度，基于此，研究将采用索洛余值法对科技进步的贡献度进行实证分析。

2. 技术进步测量方法

（1）柯布—道格拉斯（CD）生产函数

1927 年，学者柯布与道格拉斯共同提出了产出量和投入量之间关系的生产函数理论，他们对美国制造业 1899～1922 年的数据进行了统计分析研究，结论表明产出增加主要源于资本和劳动力等主要生产要素的贡献。基于若干假定，提出产出与资本、劳动力之间存在以下函数关系：

$$Y = AK^\alpha L^\beta$$

式中，Y 表示产值，K 表示资本，L 表示劳动力，β 代表资本产出弹性，α 代表劳动产出弹性，A 表示技术因素。

（2）索洛模型

继柯布—道格拉斯之后，众多经济学家继续对生产函数进行研究讨论，很多学者对于技术进步因素对产出有巨大贡献的观点给予充分支持。1957 年，经济学家索洛在分析研究美国 1909～1949 年的 40 年的经济数据基础上，认为美国经济增长的根本动因在于技术进步而非资本积累，同时指出，美国非农业部门中每年增长 1.5%，人均产出增长 10 倍，其中增长率的 87.5% 是源于技术进步。索洛在技术进步测算模型中提出了著名的索洛增长速度方程，即

$$y = a + \alpha k + \beta l$$

式中，y 表示产出的年平均增长速度，a 表示技术进步速度，k 表示资本投入的年平均增长速度，l 表示劳动力投入的年平均增长速度。

依据已知数据可以测算出技术进步速度 a，基于上述测算出的弹性数据和速度数据，可以进一步测算得出各生产要素的贡献率，计算公式如下：

$$技术贡献率：EA = \frac{a}{y} \times 100\%$$

$$资本贡献率：EK = \alpha \frac{k}{y} \times 100\%$$

$$劳动力贡献率：EL = \beta \frac{l}{y} \times 100\%$$

3. 变量界定与数据说明

（1）模型变量界定

采用"CD 生产函数"和"索洛增长速度方程"相结合的生产函数法对我国文化产业发展中的技术进步的推动作用进行测定。界定变量包含以下三个。

①产出量。产出量一般以产值形式来表示，本文采用文化及相关产业法人单位主要指标内的产业增加值作为产出量。

②劳动投入量。劳动投入量一般用劳动力就业人数来衡量，因此在测算上选用年末文化产业及相关产业从业人员数来表示。

③资本投入量。对于资本投入量的确定，目前研究中所选用衡量指标仍存在较大分歧。有的采用固定资产原值或采用固定资产净值，有的则选用文化产业的总支出作为资本投入量，基于数据可获得性，本文选择文化产业本年固定资产投资额代表资本投入量。

（2）数据说明

由于我国文化产业起步较晚，统计数据有限，时间序列数据样本匮乏，不利于实证分析的准确性。所以，考虑采用面板数据，扩大样本量。基于现有可得数据，最终选取 2004 年和 2008 年的全国 31 个省市区的二次全国经济普查数据。所有变量数据以 1978 年为基期，进行了通货膨胀削减。变量数据见表 3 - 1。

表 3 - 1　文化产业各变量数据

地　区	2004 年			2008 年		
	从业人员（万人）	固定资产投资（万元）	产业增加值（亿元）	从业人员（万人）	固定资产投资（万元）	产业增加值（亿元）
北京市	55.5	1500.303	0.846643	58.2	2485.433	1.228736
天津市	15.1	615.7832	0.136244	15.7	1728.452	0.177011
河北省	25.5	2814.952	0.164546	24.1	5143.736	0.234483
内蒙古自治区	10.1	383.6112	0.070864	9.8	1203.862	0.213027
山西省	14.4	625.2413	0.07986	13.5	1947.626	0.138123
辽宁省	28.3	1575.404	0.196577	27.5	4302.625	0.344253
吉林省	12.3	510.6099	0.089074	12.9	2469.033	0.208621

续表

地　区	2004 年			2008 年		
	从业人员（万人）	固定资产投资（万元）	产业增加值（亿元）	从业人员（万人）	固定资产投资（万元）	产业增加值（亿元）
黑龙江省	15.9	718.1022	0.104871	13.5	1003.471	0.199425
上海市	50.1	1146.24	0.591268	47.4	2337.031	0.724904
江苏省	71.6	4462.122	0.567354	78.2	9454.663	1.235249
浙江省	79.2	5971.202	0.599166	87.2	8466.322	1.014751
安徽省	21.6	922.9355	0.121764	23.1	3643.663	0.22567
福建省	48.3	1012.887	0.301887	45.7	3516.033	0.568008
江西省	15.7	1037.032	0.092146	19.7	3707.801	0.304981
山东省	75.2	6871.187	0.629443	77.5	16181.4	1.247126
河南省	36.9	1997.304	0.222466	40	7074.261	0.478352
湖北省	24.9	1707.714	0.156428	25.3	3613.845	0.304406
湖南省	25.8	1220.976	0.238701	27.5	3746.87	0.54387
广东省	231.1	4676.964	1.533348	240.3	8420.927	1.044061
广西壮族自治区	19.1	578.8767	0.112111	19.6	2204.253	0.190421
海南省	4.6	236.1299	0.029399	4.8	1020.559	0.041571
重庆市	14.3	615.3861	0.082492	12.9	2289.918	0.198851
四川省	37	2166.244	0.187363	28.3	4425.665	0.349617
贵州省	7.7	342.2751	0.052874	6.4	701.4023	0.050958
云南省	14.7	452.3541	0.103774	13.3	1314.525	0.147893
西藏自治区	1.5	56.74419	0.010092	1	162.7433	0.016667
陕西省	16.4	855.724	0.100263	16.7	3132.989	0.222222
甘肃省	8.5	296.5665	0.03971	7.4	432.3161	0.055364
青海省	2.9	62.15445	0.011189	2.1	232.0019	0.019732
宁夏回族自治区	3.9	107.76	0.021501	2.6	404.4406	0.026437
新疆维吾尔自治区	8.3	317.0162	0.053971	6.3	683.6801	0.057663

数据来源：国家统计局社会科技和文化产业统计司（2012 年）。

说明：表中数据以 1978 年为基期剔除通胀。

4. 模型模拟及测算

根据上述技术进步测算方法的描述，我们需要进行文化产业的生产函数回归分析以确定 α、β 两个参数，从而进行技术进步的贡献率测算。

（1）回归分析及结果

参数 α、β 值是计算技术进步贡献率的关键，采用二元回归法来确定两参数值。

模型形式设定为双对数模型：

$$InY = InA = \alpha InK - \beta InL + \mu$$

考虑到资本投入量和劳动投入量之间的相关程度比较高，在进行参数估计时会遇到多重共线性的问题，我们以 $\alpha + \beta = 1$ 为条件来简化上述模型，即

$$In\frac{Y}{L} = InA + \alpha In\frac{K}{L}$$

简化后的模型变成一元模型，这样就消除了多重共线性的问题。

鉴于我们的数据是 2004 年和 2008 年两年 31 个省市区的面板数据，经过模拟，选择模拟效果最佳的模型，最终选择固定效应变截距模型。模型估计结果如表 3 - 2 所示。

表 3 - 2　固定效应变截距模型的估计结果

Dependent Variable：Y？

Method：Pooled Least Squares

Date：10/29/13　Time：09：08

Sample：2004 2008

Included observations：2

Cross - sections included：31

Total pool（balanced）observations：62

Variable	Coefficient	Std. Error	t - Statistic	Prob.
C	- 7. 015942	0. 203701	- 34. 44236	0. 0000
K？	0. 539730	0. 047282	11. 41508	0. 0000
Fixed Effects（Cross）				
1—C	1. 092648			

续表

2—C	0.149904		
3—C	− 0.538797		
4—C	0.342000		
5—C	− 0.231885		
6—C	− 0.107390		
7—C	0.066281		
8—C	0.206779		
9—C	0.809345		
10—C	0.113850		
11—C	− 0.054295		
12—C	− 0.266567		
13—C	0.291260		
14—C	− 0.181440		
15—C	− 0.100178		
16—C	− 0.226565		
17—C	− 0.209166		
18—C	0.345740		
19—C	0.017426		
20—C	− 0.065146		
21—C	− 0.394127		
22—C	− 0.060800		
23—C	− 0.285509		
24—C	− 0.182589		
25—C	0.125390		
26—C	0.113395		
27—C	− 0.172210		
28—C	− 0.171155		
29—C	− 0.193327		
30—C	− 0.136308		
31—C	− 0.096564		
	Effects Specification		

Cross – section fixed （dummy variables）

R – squared	0.882363	Mean dependent var	– 4.709657
Adjusted R – squared	0.760804	S. D. dependent var	0.418148
S. E. of regression	0.204506	Akaike info criterion	– 0.030115
Sum squared resid	1.254685	Schwarz criterion	1.067761
Log likelihood	32.93356	Hannan – Quinn criter.	0.400939
F – statistic	7.258750	Durbin – Watson stat	3.875000
Prob （F – statistic）	0.000000		

从回归结果来看，R = 0.88，回归方程拟合程度较好，F 检验通过，说明回归方程的可信度较好。固定投资变量的系数 α 的伴随概率为 P = 0.0000，表明系数通过 T 检验，该变量统计显著，说明资本投入与文化产业的发展呈现高度的正相关性。

由回归方程可知，资本产出弹性系数 $\alpha = 0.54$，根据 $\alpha + \beta = 1$，可求出 $\beta = 0.46$。

（2）技术进步贡献率测算

根据测算公式：

$$y = a + \alpha k + \beta l$$

可知，技术进步增长率的计算，还需要产出、资本投入以及劳动力投入的年均增长率，由原始数据进行统计计算可知，2004 年和 2008 年，3 个变量 31 个省市区实际年均增长率分别为 11.85%、23.72% 和 0.3%。根据上述公式，可以计算出：

技术进步率为：

$$a = y - \alpha k - \beta l = - 1.1\%$$

则技术进步的贡献率为：

$$EA = a/y \times 100\% = - 9.3\%$$

资本与劳动力的贡献率为：

$$EK = \alpha \times k/y \times 100\% = 108\%$$

$$EL = \beta \times l/y \times 100\% = 1.2\%$$

5. 结论与启示

第一，回归结果分析表明，我国 2004 年和 2008 年，资本投入量对文化产业发展的贡献率是最高的，其贡献率达到 108%，说明 2008 年之前我国文化产业的发展在很大程度上受益于资本的积累。资本产出弹性为 0.54，表明固定资产投资每增加 1 个百分点，产业产出将增加 0.54 个百分点。

第二，在 2004 年和 2008 年考察期内，我国文化产业增加值的增长速度为 11.85%，远远低于资本积累的增长速度 23.72%，这一结果表明 2004 ~ 2008 年我国文化产业是处于高投入、低增长的发展时期。

第三，2008 年之前，技术进步率为负值，对产业的发展没有直接的贡献，说明我国文化产业发展中的技术进步因素非常薄弱。

第四，劳动量投入的贡献率比较低，仅为 1.2%，也反映了我国文化产业从业人员整体素质偏低，文化产业发展所需的技术型和创新型人才较为短缺。

第五，总的来说，由于产业起步较晚，数据统计仍不系统完善，现有数据统计口径也存在差异。模型估计结果只能描述 2004 年和 2008 年的情况，所以定量分析结果存在一定的局限性。

第六，基于以上实证分析，给我们的政策启示是，今后文化产业要寻求突破和产业提升，必须在科技进步和劳动力两个层面上下功夫。亟须建立一个有利于创造新文化和推动文化生产力发展的生态支持系统，这一系统的建立，仰赖于人才、资本和技术的有机结合。

人类历史上每一次科技的重大进步都会给文化的发展带来革命性变化——印刷术的发明使知识真正得到普及，电子技术的应用使视听生产成为一个巨大产业；时至今日，从电子书到数字博物馆，从移动游戏到 3D 电影——大数据、云计算、移动互联网技术、数字技术对文化生产、传播、消费方式具有革命性影响，科技的影响力正在以一种潜移默化的方式融入文化产业链、价值链的各个环节、领域中。而文化也不断作用于科技中为科技创新提供创意。

（二） 文化与科技融合前沿趋势实证分析

当今世界全球化趋势日益明显，各个国家的关注重心不约而同地倾向于国内自身的结构优化与效率提高，而这一切依赖于新技术、新材料、新能源、新模式与已有产业、资源的重新组合与架构。美、日等发达国家为在这场变革中继续保持领先优势、占据主导地位已经开始了积极的部署和行动。例如，美国计划将 GDP 的 3% 用于科技研发，投入强度超过 20 世纪 60 年代"太空竞赛"时的水平；日本则提出了"ICT"新政，旨在 3 年内创造出 100 万亿日元规模的市场新需求，推动相关领域的产业结构改革，提升国际竞争力。

在全球竞争格局中，发展中国家面临更严峻的挑战——如我国经过改革开放 30 多年的飞速发展，位居全球制造业第二，正处于经济急速发展和产业转型的重要阶段——从"中国制造"到"中国创造"，而文化创意产业的发展与繁荣在竞争中处于关键地位。如何面对时代大变革阶段的机遇与挑战，我们就需要在纷繁复杂的资讯环境中通过对全球文化业态的研究，厘清热点，看清自身发展所处阶段与位置，辨明自身的优势与不足，制定适宜的政策优化产业结构、提高效率、扩大国内市场，抢得制胜先机。

文化与科技融合前沿趋势预测研究的目的在于：看清目前国内现状与发达国家之间的差距；为国家发展规划拟定提供借鉴资料及案例；为项目决策提供重要依据；为企业调整经营策略，增强竞争力、判断自身在竞争环境中所处位置提供借鉴。

1. 文化与科技融合前沿趋势内容

通过对境外各类主流媒体及机构所发布的科技、文化热点新闻案例、报告信息进行独立的第三方观察，分层次研究、追踪了趋势形成相关的三方面因素：行业相关市场需求报告、技术研发现状及配套服务搭建。最终形成量化统计和定性分析，形成的一套趋势预测评价指标体系。

通过热点案例的收集整理，以产品思路将其分解为市场需求、技术、服务三方面因素，进行案例的延展追踪，发现趋势的主要驱动因素和后续有可能的发展态势。

文化科技融合十大前沿趋势如表 3 - 3 所示。

表 3 - 3　文化科技融合十大前沿趋势

趋势序号	趋势内容	趋势序号	趋势内容
1	大数据挖掘	6	博物馆虚拟化
2	3D、IMAX 技术与云计算	7	云端游戏
3	智能电视	8	移动音乐
4	数字化艺术品交易	9	教育游戏
5	虚拟语音助手	10	3D 打印

2. 文化与科技融合前沿趋势解读

（1）趋势一：大数据挖掘

大数据是近几年最热门的科技概念之一，它是基于用户在互联网、社交媒体上产生的各种行为数据而提出的。随着技术的不断成熟，概念转变为实际应用的分析技术。在影视行业，大数据分析的威力也开始显露——美国视频订阅网站 Netflix 的自拍热播剧《纸牌屋》基于大数据分析挖掘拍摄而成，受到观众、媒体热捧——在 40 多个国家热播。《纸牌屋》取得不错的收视和经济效益后，对传统影视行业造成了很大冲击，而大数据分析技术由于市场的推动，今后在影视行业各产业环节的应用也越来越普遍。

其一，趋势解读。

《纸牌屋》是第一部整个流程从发起到流通，完全通过互联网的电视剧，Netflix 也凭借该剧名利双收。这一切，都源于 Netflix 从其 3000 万用户的收视选择、400 万条评论、300 万次主题搜索基础上分析和预测大众口味趋势，并制作剧集投其所好。而在播出前，在社交网络中的评价起到了很好的营销作用。同时，《纸牌屋》打破以往电视台电视剧每天或每周的播放形式，将所有剧集拍摄完成后一起放在网站上供观众付费观看。

第一，全球影视娱乐市场持续升温。

根据美国电影协会公布的数据，2012 年全球电影票房销售达到 347 亿美元，比 2011 年的 326 亿美元增长 6%，中国已成为仅次于美国的全球第二大电影市场。在持续升温的影视娱乐市场背后伴随着竞争的白热化，而《纸牌屋》的成功让全世界的影视娱乐业都意识到了大数据的力量——拍什么、谁来拍、谁来演、怎么播，每一步都由精准细致高效经济的数据引导，由数千万观众的客观喜好统计决定。

第二，需求驱动大数据分析技术日益成熟。

在 Gartner 2012～2013 年技术曲线成熟度（Hype Cycles）的报告中，大数据（Big Data）、社交分析（Social Analytics）、文本分析（Text Analytics）、预测分析（Predictive Analytics）技术成为这一曲线关注的对象。这几项都是基于大数据分析的技术。而报告中预测大数据、社交分析技术、文本分析会在 2～5 年内进入成熟期、预测分析技术会在两年内成为主流应用。Netflix 本身还以百万美元奖金征集算法，开放了部分数据库，向全球数学家和 IT 人士借力。

以上描述或许太过抽象，以《纸牌屋》为例，我们将涉及的数据分为几部分做一个简要的分析，就可以体会到数据在影视业各环节的作用。

行为数据：用户登录 Netflix 网站，对某一个视频的每一次点击、播放、暂停、快进、回放，看了几分钟就彻底关掉视频，或者停了一段时间又重启，都会成为一个"事件"，被记录下来并汇入后台进行分析。

内容数据：通过网站上用户每天产生的行为，Netflix 进行精准推荐，预测出凯文·史派西、大卫·芬奇和"BBC 出品"三种元素结合在一起的电视剧产品将会大火特火，大获成功。

社交媒体数据：据社交媒体数据分析公司 Unmetric 分析——《纸牌屋》的预告片是 Netflix 在 You Tube 频道里被观看次数最多的视频，在 2013 年 1 月 16 日至 2 月 8 日期间，浏览次数超过 100 万次。

Trendrr 提供数据，《纸牌屋》推出的前三天，63% 的社交网络评论都给予比较正面的肯定。在 Twitter 上，名人和著名媒体都纷纷给予推广，效果极其显著。这是 Netflix 在社交视频网站上快速成长的表现——意味着吸引来更多订阅用户。

通过这组数据简要分析，我们可以看到随着互联网的发展，大数据的应用并不仅仅局限于影视内容开发，从投资决策、开发制作一直到宣传推广、终端放映，影视产业的每一个环节都蕴藏着数据化运营的可能性。

第三，纸牌屋获得成功引发的连锁效应。

《纸牌屋》的出品方兼播放平台 Netflix 在第一季度新增超 300 万流媒体用户，付费用户猛增 200 万。第一季财报公布后股价狂飙 26%，达到每股 217 美元，较上年 8 月的低谷价格累计涨幅超三倍。《纸牌屋》的成功使周边各类相关公司对大数据的关注度提升。

可以看到，在影视业各环节中，各个公司对于数据分析越来越重视，相关的数据服务也会越来越丰富精准，大数据分析技术和社交媒体分析今后在影视业的运用会越来越广泛。

其二，趋势展望。

从《纸牌屋》可以看出，全球娱乐及媒体行业的收入来源将从传统平台向数字平台加速转变。而数字平台上所产生的大量数据和反馈通过合理的分析挖掘往往能带来直接的商业和经济价值。当社会在商业、经济、政府及相关领域中，信息越来越透明化，决策行为不再依赖经验和直觉，而是越来越取决于数据和分析——大数据分析技术可以为决策提供某种程度的"预见参考"。可见，大数据的战略意义不在于掌握庞大的数据信息，而在于对这些含有意义的数据进行专业化挖掘。

（2）趋势二：3D、IMAX 技术与云计算

在 2010 年詹姆斯·卡梅隆推出《阿凡达》后，3D 电影受到了媒体、影评人、观众，甚至各大颁奖礼的一致追捧，迄今为止，这部电影难以撼动的 28 亿美元的全球票房足以证明其吸引力。在好莱坞大片带来的炫目视觉效果背后，是 3D 和 IMAX 技术的不断成熟与发展，以及好莱坞电影工业对云计算的应用需求——因为计算机生成的视效需要大量的计算资源，云计算云渲染的应用可以满足好莱坞电影制片厂最基础的拍摄及后期制作需要。

一是，趋势解读。

斯皮尔伯格曾说，当今的电影史应该分为《阿凡达》之前和《阿凡达》之后，因为卡梅隆让曾备受争议的 3D 和 IMAX 技术转化为完美的电影艺术实现手段和惊人的票房生产力，并催生了《少年派》等一批在特效、艺术和思想水平上都有相当高度的经典影视作品。而在市场效益强驱动的背后是 3D 技术在拍摄中的越来越多的运用和 IMAX 高清屏幕的普遍安装又进一步促进了影视业的不断发展。

第一，3D 电影票房飙升。

世界知名会计师事务所及咨询机构普华永道发布的《2013～2017 年全球娱乐及媒体行业展望》报告称，中国电影娱乐市场的规模将以 14.7% 的

年均复合增长率从 2012 年的 32.6 亿美元上升到 2017 年的 64.9 亿美元。中国的票房收入亦将以 15.6% 的年均复合增长率在 2017 年达到 55 亿美元。

2012 年全球 3D 电影放映数量增加约 27%，从 2011 年的 35792 场增加至 45545 场。2012 年美国 3D 电影票房收入为 18 亿美元，与 2011 年持平。2013 年，预计中国 3D 电影消费将接近 100 亿元，未来五年国内 3D 电影市场复合增长率维持在 30% ~ 40%。

根据美国最权威的票房网站 Box Office Mojo（是美国在线的电影票房数据统计网站）的数据显示，2013 年至今全球票房排名前十的影片，无一例外地全部是 3D 电影（部分电影同时有 2D 版本）（见表 3 - 4）。

表 3 - 4　3D 电影票房排行

国际 3D 电影票房				国内 3D 电影票房
2013 年国际票房前十　　单位：亿美元				2012 年内地电影票房前十 单位：亿元
影片	类型	票房	制作成本	
《钢铁侠 3》	3D	4.09	2	《泰坦尼克号》3D（9.751）
《卑鄙的我 2》	3D	3.58	0.76	《画皮Ⅱ》（7.264）
《超人：钢铁之躯》	3D	2.91	2.25	《复仇者联盟》（5.729）
《怪兽大学》	3D	2.65	未知	《黑衣人 3》（5.166）
《速度与激情 6》	3D	2.39	1.6	《冰川时代 4》（4.578）
《魔境仙踪》	3D	2.35	2.15	《少年派的奇幻漂流》（4.325）
《星际迷航 2》	3D	2.29	1.9	《地心历险记 2：神秘岛》（3.647）
《僵尸世界大战》	3D	2.01	1.9	《蝙蝠侠前传 3：黑暗骑士崛起》（3.509）
《疯狂原始人》	3D	1.87	1.35	《超凡蜘蛛侠》（3.204）
《辣手警花》	2D	1.58	0.43	《异星战场》（2.617）

3D 特效大片在创造全球票房新高的同时，极大地鼓励和刺激了全球 3D 电影的高速发展，促使 3D 技术的不断创新与完善。从 3D 和 IMAX 高清屏幕的普遍安装带动背后云计算在影视业的广泛使用，技术已经越来越成为影视行业的重要助推力。

第二，3D 与 IMAX 带动云计算在影视业的服务应用。

我们从前面票房排行榜中提炼出几个案例，进行制作技术的追踪，就可以发现在欧美电影工业中云计算的应用实际已经成为主流。

新西兰的维塔数码（Weta Digital）成立于 1993 年，是为电影提供渲染支持和特效制作的数据中心，凭借《指环王》三部曲、《金刚》和《阿凡达》已经赢得了五个奥斯卡最佳特效奖。

《功夫熊猫 2》的创作者梦工厂，2003 年就已经开始迈向云计算；2004 年采用云计算技术的《怪物史莱克 2》更获得极大成功。

2012 年，《超凡蜘蛛侠》在后期用 CG 来修饰、润色都是在遵循真实物理法则的基础上进行的，完全依靠云计算的新技术实现。

第三，3D、IMAX 技术的不断发展。

3D 和 IMAX 技术在市场需求的推动下不断发展，在数字化技术的促进下成本越来越低廉，从而使技术得以普及应用。

二是，趋势展望。

电影艺术的发展伴随着科技的发展，在 20 世纪 20 年代和 70 年代分别出现过两次 3D 潮，由于技术成本和内容制作的局限使观众的热情很快褪去，而经过长时间的技术积累和数字化技术的推动，《阿凡达》的出现带来了第三次电影 3D 潮来临。在技术方面，无论是欧美的 DEMENCO、Alioscopy，还是中国的朗辰 REALCEL 等裸眼 3D 企业，不断在全球市场传出经典应用案例——这说明 3D 市场确实在快速成长。

但是，在看到技术对票房和影视业的巨大推动力量的同时，也应该冷静地思考技术在一个以创意为主的行业中的位置，《阿凡达》的导演卡梅隆认为 3D 电影是电影市场技术手段的主流趋势，但也表示，"作为一部 3D 电影，你的 3D 效果好只是一个基本的要素，更重要的还是你要有好的故事，足以让观众感动"。现在 3D 电影依然集中于科幻片、动作片以及动画片等领域，但是不论是哪种类型的电影，故事才是一部电影的核心元素。

（3）趋势三：智能电视

一是，趋势解读。

电视正在进行一场"智能化"变革，智能电视不仅具备传统电视收看电视台节目的功能，还能连上互联网，浏览新闻、点播视频、玩游戏和办公等。可以说，在其他智能设备上能完成的事情，在智能电视上都可以完成。2012 年 3 月底，腾讯董事局主席兼 CEO 马化腾发出这样的预言："中国互联网下一个爆发点在客厅。"他认为，智能电视将成为继电脑互联网和手机移动互联网之后的第三大网络新兴产业。电视向高清化、网络化、智能化、互动化方向发展，已经成为电视行业的共识。

而对于用户来说，智能电视将成为家庭智能中心。对于互联网企业来说，智能电视将成为连接用户的一个新入口。当互联网企业积累了足够的家庭入口，就可以通过广告、内容和应用付费，甚至是遥控器、体感摄像头等配件的售卖等多种方式回收成本。显然智能电视已经成了新的电子产品竞争焦点。

第一，智能电视市场迅速发展。

根据美国战略分析公司的数据，在美国等领先市场，智能电视家庭用户的渗透率已经达到了 20%。而在中国的销售量增长得非常快，已经有赶超美国的趋势，到 2017 年，中国智能电视的使用规模将有望达到美国市场的两倍。但就目前来看，日本仍然是全球最大的智能电视市场，截至 2013 年底，智能电视安装数量已经达到 2110 万台。德国和英国也分别以 710 万台和 680 万台的数量名列前茅。

2012 年，全球智能电视出货量超过 5000 万台，预计到 2015 年，将飙升至 15349 万台。智能电视将在未来几年快速普及，随之而来的，电视市场价值每年也将达到 5000 亿美元。Strategy Analytics 互联家庭终端服务发布的最新研究报告《2013 Q1 全球智能电视厂商市场份额》指出，2013 年 Q1 全球智能电视出货量达 1270 万台，三星以 26% 的市场份额继续保持全球最大的智能电视出货量。

第二，主要智能电视产品及周边服务。

智能电视市场的火热带动了相关终端及服务，其中，相关配套服务的完备也是智能电视普及的重要环节，包括机顶盒、内容服务、操作系统、新型电视收视率评价机制。

可以看到，越来越多的上下游企业进入智能电视产业，其中苹果的 iTV 备受瞩目，这是由于苹果已经具备相当成熟的产品服务生态链，而它最强有力的对手三星从硬件市场占有到相关配套服务（内容、操作系统、多屏互动技术）都在尽力布局。电视早已不是"家电"的范畴，随着智能电视一路走俏，互联网厂商的入局已经成为大势所趋，随着产业链的重构——后端围绕节目制作、内容发行渠道，前端围绕广告以及运营服务的一系列变化，传统硬件厂商也在改变自己的商业思路。

第三，智能电视技术发展。

智能电视技术发展可以分为三部分：其一，硬件技术的升级和革命；其二，软件内容技术的革命，智能电视必然是一款可定制功能的电视；其三，智能电视还是不断成长、与时俱进的全新一代电视。智能电视最重要的就是必须搭载全开放式平台，只有通过全开放式平台，才能广泛发动消费者积极参与彩电的功能制定，才能实现电视的"需求定制化"、"彩电娱乐化"。

二是，趋势展望。

智能电视已成为继计算机、手机之后的第三种信息访问终端。广阔的市场前景和互联网的深度冲击，也让传统电视试图做出改变。人们很快就能用智能电视终端直接通过互联网观看一切自己想看的东西。在数字技术和互联网技术的双重作用下，未来智能电视将作为一种家用数字平台被广泛用于不断扩大的交互式多媒体数字内容服务领域。可以支持包括数字电视在内的视频点播、网络浏览、信息服务、远程教学和医疗、互动游戏等业务功能——"智能电视将成为家庭计算中心"。

（4）趋势四：数字化艺术品交易

艺术行业的历史非常悠久，并且很早就开始尝试线上化的改变，但进程一直不是很顺利，特别是在1995年的时候。大量的图片文件需要储存、市场的不透明和欺骗行为的盛行，再加上线下美术馆的受欢迎，线上艺术品市场一直没有太大的突破，直到这几年SNS和云计算的快速发展才使得这种情况有了改观。预计未来艺术网上交易的需求市场会越来越大。

一是，趋势解读。

全球最大电商网站亚马逊（Amazon.com）的艺术网上交易平台在2014年8月正式上线。亚马逊与超过150家画廊合作，再一次涉足艺术品销售。

实际上，亚马逊并不是第一次涉足艺术品交易市场，2000～2001年，亚马逊就曾与苏富比拍卖行有过合作，可惜的是该合作在 16 个月后宣告结束。而 eBay 也曾尝试过艺术品销售业务，但也没有什么成绩。过去 10 年间，在线销售艺术品的网站不断涌现，苏富比、佳士得等知名拍卖行以及大小画廊逐渐推出了网络销售渠道。但是直到近年，在线艺术品交易市场才呈现爆发式增长趋势。

笔者将从以下三方面进行剖析。

第一，崛起中的艺术品在线交易市场。

由欧洲艺术基金会委托文化经济学家、艺术经济学创始人克莱尔·安德鲁博士编写的《2013 年 TEFAF 全球艺术品市场报告——聚焦中国与巴西市场》显示：2012 年，全球艺术品和古董市场交易额达 430 亿欧元（计入艺术品、古董、家具等门类）。作为其核心主力的中国艺术品市场居世界第二位。

法国全球艺术市场信息网（Artprice）联合中国雅昌艺术市场监测中心（AMMA）出版的《2012 年艺术市场报告——东西方之间的对话》显示：2012 年全球艺术品市场拍卖成交总额达 122.69 亿美元（只包括纯艺术品，未计入古董、家具等门类），中国拍卖市场凭借 41%（50.69 亿美元）的市场份额位列全球第一。

不同的统计方式导致了中国艺术品销售份额分别位居世界第一、第二。但是无论是第一位还是第二位，中国显然已经成为不可被忽视的艺术品市场的中坚力量。

2013 年 4 月中旬，英国希斯可保险公司与英国的艺术市场研究机构 Arttactic 共同发布了一份《2013 艺术品网上交易报告》，该报告显示，有 71% 的收藏家在没有亲眼看见艺术品原作时，仅凭网上的作品图片就购买了艺术品。该数据显示出艺术品网上交易及互联网经济的巨大潜力。

而在国内，《中国拍卖行业 2013 年上半年经营情况报告》指出："艺术行业在 2013 年上半年时间里，业内应用网络技术进行线上拍卖的热情一直高涨。仅仅在中国拍卖协会这一个网络拍卖平台上，2013 年上半年的成交额就达近 30 亿元，这一结果超过 2012 年全年的成交额。"一些艺术品拍卖行业也先后"触网"，下半年，这种对新技术的应用和探索的趋势将进一步展开。

以上几份报告足以说明中国在未来在线艺术品交易市场中将有广阔的发展前景。

第二，日益完善的艺术品交易市场环境。

在这部分我们从买方和卖方两方面来看艺术品交易市场环境。因为在传统艺术产业链中艺术品交易机构主体是画廊、拍卖行、文博会，而新兴的在线艺术品交易形式是否为买家所接受或能否开辟新的买方市场就成为一个重要问题。

第三，互联网技术的普及推动艺术品在线交易。

在技术方面，主要涉及拍品或交易品的图片展示、3D 立体展示、图片制作和移动互联网技术已趋于完善。

在 Gartner 2013 年技术成熟度曲线报告中预计移动支付技术——NFC 支付（手机支付）在 5～10 年内会被主流应用，这将会进一步推动移动支付的便捷性。

SNS（社会化网络网站、社会化网络软件、社会化网络服务），通过其真实网络注册信息，用户将真实的人际关系从线下搬到线上，能有效为发展电子商务聚集人气。网络艺术品交易面临的信任度问题可以被有效解决。

二是，趋势展望。

我们可以看到，艺术品市场确实正在经历从传统的画廊和拍卖行向线上交易的转变，这种转变已经悄悄地在拍卖行和一些画廊发生，相关机构、网站配套展示、在线竞拍和支付及相关物流等周边服务配备成熟，带动了已有消费群体向线上转移，而亚马逊的进入无疑会急剧加速这一趋势并且开辟出新的中端蓝海消费市场。

（5）趋势五：虚拟语音助手

Siri 是由苹果公司推出的第一款面向大众市场的虚拟助手，它能理解人类的自然语音模式，并将网上各种信息汇总、组合成单个的正确答案。于 2011 年的 iPhone 4S 发布会上正式亮相，到 2012 年 Siri 的功能已经有了较大提升。据外媒分析，苹果真正的意图是将 Siri 打造成为 iOS 中的一个独立的微系统，并建立完善的生态系统，以最终占领语音人工智能市场。现在，伴随着更快捷的无线传输，更成熟的语音识别技术，加之云计算的崛起，智能手机的普及以及一系列新型网络服务的涌现，一个属于虚拟助手的时代将要到来。

一是，趋势解读。

基于语音的交互是移动搜索最理想的解决方案。另外，智能手机还有很多 PC 不具备的特性：例如地理位置定位、联系人列表等，人们可以通过它在移动中解决问题。这些，也都为语音交互提供了更多更丰富的功能点。

第一，虚拟语音助手变为移动互联网"入口"。

市场研究公司创意策略（Creative Strategies）的大众化技术部门负责人本·巴贾林（Ben Bajarin）指出，未来只要在 Siri 生态系统中完善了各种应用，人们就不再需要用手打开某个程序了。如果想查看日程表，可以直接通过 Siri 读出来，电子邮件也可以直接通过语音收发。一旦苹果真的将 Siri 生态系统完善了，那么这款个人语音智能助理就不会仅仅出现在智能手机上了，到时候办公室、家里、车里都会有 Siri 的影子。自从苹果 Siri 推出后，语音市场获得了高度关注。人们甚至惊呼这种更自然的操控将取代键盘。一时间跟随者众多。

第二，巨头齐布局智能语音服务市场。

虽然语音控制应用程序已经存在相当长时间了，但目前苹果公司的 Siri 语音助手功能依然占据着主导地位。竞争对手都试图推出类似语音助手应用。截至 2012 年，类似 Siri 的服务就诞生了数十款，下面是几间巨头企业的主要智能语音产品。

谷歌在 2012 年也推出了自己的语音助手服务 Google Now。Google 的语音加人工智能技术，最典型的就是通过 Google Now 搜索网页。微软也透露正在研制语音助理功能 Cortana，并将深刻改善 Windows Phone、Windows、Xbox One 系统的服务和体验。三星推出了自主品牌的 S-Voice 服务。曾为苹果 Siri 提供语音识别技术支撑的 Nuance（一家语音识别软件服务提供商），目前发布了一款名为 Nina 的"Siri for app"应用。IBM 目前也在尝试为旗下超级计算机 Watson 植入类 Siri 服务。很多汽车制造商已经对 Siri 表现出浓厚的兴趣。雪佛兰（CHEVROLET）、本田（HONDA）和宝马（BMW）等全球知名汽车制造商都在使用 Siri 开发新的车载信息系统。今年 2 月，雪佛兰旗下真正整合了苹果 Eyes Free 和 Siri 技术的 Spark 和 Sonic

车型正式诞生。雪佛兰发言人 Scott Fosgard 向外界表示，用户在驾驶 Spark 和 Sonic 车型的时候只需双眼注意路面车况就可以了，车载的 Siri 完全可以识别用户的语音指令并完成一系列任务操作。

第三，巨头拥有相关语音技术优势。

Gartner 技术成熟曲线中将自然语言问答（Natural – Language Question Answering）、语音翻译（Speech – to – Speech Translation）列入 5～10 年内进入主流应用，而语音识别（Speech Recognition）2～5 年趋于成熟的技术。

实际上，语音业务的基础是建立在强技术驱动下才能实现的，而目前仅有巨头拥有相关优势。Nuance 公司（Nuance Communications，Inc.）是最大的专门从事语音识别软件、图像处理软件及输入法软件研发、销售的公司。目前，在世界语音技术市场有超过 80% 的语音识别是采用 Nuance 识别引擎技术（Siri 使用 Nuance 的语音识别技术，而 Nuance 还将其语音识别技术许可给了包括三星和谷歌），而在中国有 90% 的语音识别应用是采用 Nuance 的核心技术。其名下有超过 1000 个专利技术，公司研发的语音产品可以支持超过 50 种语言，在全球拥有超过 20 亿用户。

二是，趋势展望。

斯坦福大学人工智能实验室（AI Lab）负责人安德鲁·恩格（Andrew Ng）指出，现在使用智能手机的人越来越多，而且人们在智能手机上花的时间也越来越多。如果有一款高效率个人数字助理产品挖掘出人们的使用习惯和个人喜好，这将会成为一款极具革命性的产品。

在不久的未来，虚拟语音助手变为移动互联网"入口"：所有的 Apps 和网络服务都在它的后面。移动搜索变为语音识别、智能分析、调用本地 Apps 或者网络 APIs，整合所有结果为最合适的内容表现给用户。另外，虚拟语音助手在未来可以解放一系列的产品形态，包括穿戴设备、智能家居、车联网。

（6）趋势六：博物馆虚拟化

博物馆虚拟化的趋势是自 20 世纪 90 年代中期兴起的。时下几乎所有的西方博物馆都处于虚拟化建设的完成或进行当中，但受限于技术条件的进展缓慢，大多数虚拟博物馆仍处在 2D 的传统网页模式，即"文字＋图片"的初级阶段，更多是对实体博物馆信息的发布与补充，虽然在数字化储存方面做到了，但在网上浏览的生动性方面远远不够。而现在谷歌提供技术，博物馆提供内容。二者相互融合，借助网络打破已有的博物馆界限，使人类文明的智慧结晶能让更多人欣赏、学习。

一是，趋势解读。

谷歌艺术计划是由谷歌与全球各地数百家艺术机构共同完成的项目，于 2011 年 2 月正式上线，在初始仅有 9 个国家的 17 个博物馆共 1000 幅作品参与其中。随着项目的不断推进，如今已有来自全球 44 个国家 264 家艺术机构的 40000 件艺术作品可以在线浏览。浏览网络博物馆的用户可以按照自己的喜好整理喜爱的作品。除此之外，谷歌还为用户提供了社交网站分享功能，甚至为中国用户单独提供了适合的分享渠道；另外还提供了虚拟展览和虚拟浏览功能。

在各国博物馆纷纷数字化的今天，谷歌将自身已成熟的街景和高清图片技术运用于虚拟博物馆，推动了博物馆数字化进程，从以下三方面来看。

第一，数字化博物馆有效提升访问量。

英国《艺术新闻》2013 年最新发布的关于 2012 年世界博物馆参观人数数据统计：2012 年十大最受欢迎博物馆累计参观 52906060 人次，这个数据仅占全球总人口数的 0.76%。也就是说，全球还有非常多的人无法前往这些博物馆欣赏伟大的艺术品。而在互联网用户每年不断增加的情况下，网络虚拟博物馆很好地解决了这一问题。

另外，也有一部分机构担心在线浏览将会导致进入实体博物馆的参观者变少的问题。但是从很多合作机构反馈情况来看，正因为与谷歌艺术计划合作，参观的人数反而在上升——在线体验会加强人们的参观欲望。湖南省博物馆也用数据证实了这种观点：湖南省博物馆展品在谷歌艺术计划网站于 2014 年 3 月上线，上线前 3 天与上线后 3 天相比，上线后 3 天湖南省博物馆网站获得了更多的关注——访问量提升 130%。

第二，越来越多的虚拟博物馆不断涌现。

在数字化的今天，对艺术作品乃至人类文明的所有成果进行数字化记录是一项事不宜迟的工作。除了谷歌艺术计划之外，还有很多机构也在做同样的事情并且各具特色。

Pygoya 虚拟博物馆（www. lastplace. com）是由闻名世界的数字化艺术家 Rodney Chang 自创的一个基于 Web 的虚拟博物馆，用来陈列自己的作品，并与观众探讨自己的艺术形式。Pygoya 虚拟博物馆以 3D 模式闻名。三维 Pygoya 博物馆是运用 VRML 技术制作的虚拟展览馆，能够让人体会到沉浸式浏览艺术品的美感。

"永恒的埃及"虚拟博物馆（www. eternalegypt. org）最大的特色在于提供了一种有趣的游戏化交互式用户体验。网站框架更像一幅埃及藏宝路线图——由于考虑到古埃及文明信息量太过庞杂，为避免枯燥的浏览网页，网站开发人员想到了这样的解决办法。如此一来，游客可以探索最适合自己的方式对博物馆的展品进行搜索、发掘，以激发主动探索的乐趣。

虚拟博物馆体验形式比实体博物馆更活泼多样，随着世界各国越来越多的虚拟博物馆不断出现，各种创新的陈列、浏览、体验形式值得关注和借鉴，而形式的创新也依赖于技术的完善。

第三，多方面技术助力博物馆数字化。

谷歌已有的各种技术也是这一计划能够顺利完成的有力保证。无论是高清图像的 Picasa 成像技术，还是谷歌街景技术，都为项目的顺利完成提供了技术依据。

谷歌街景技术（Google Street View）。谷歌街景小推车上各有 9 个 360 度全景定向相机，高度约 2.5 米，另外配有全球定位仪和 3 台激光测距仪，用以扫描车头前 180 度范围 50 米内的物体，还有天线扫描 3G/GSM 和 Wi-Fi 热点。小推车拍摄了博物馆与美术馆内部的 360 度图像，当这些图像完美缝合，便可让参观者通过互联网畅顺地浏览馆内的任何一个展厅。

Picasa 成像技术。Picasa 成像技术使图片清晰度甚至可达 10 亿级像素，比一般数码相机所拍摄的照片清晰 1000 倍。

这些技术应用于博物馆数字化中制造出了让人惊叹的效果，那么当日益普及的云计算服务（为各数字博物馆提供基础性运算存储服务）、三维图形图像技术、立体显示系统、互动娱乐技术、特种视效技术等数字转换、特效技术更加完善后，会制造更多新奇的浏览体验。

二是，趋势展望。

在未来，虚拟博物馆的体验还将日新月异，比如前面已经提到将游戏化的概念引入藏品展示中来，让观众可以像玩一场游戏一样在博物馆场景中进行漫游。而博物馆如何日趋"人性化"是谷歌艺术计划不断探究的命题，在其网站建设中，知识性、互动性、娱乐性融为了一体。同时，谷歌艺术计划的规模也在不断扩大——未来将与更多的博物馆进行线上合作。它引领着全球文明全线复制的未来，加速了博物馆数字化的进程。

（7）趋势七：云端游戏

2013年6月7日市场研究公司Newzoo发布报告称，2012～2016年，预计全球游戏市场的复合年增长率将为6.7%，到2016年达到861亿美元。但在这个市场内部将发生很多转变，原因是智能设备的普及导致移动游戏市场爆发式增长，而游戏机游戏业务所占有的市场份额则正在下滑。

目前，移动游戏发展面临的最大问题在于游戏运行的硬件计算能力——智能手机、平板电脑的性能无法运行高质量游戏。而云游戏服务提出了解决这一问题的合理方案。云游戏之所以让人感到兴奋，是因为它让玩家摆脱对硬件的依赖，原本以平板电脑、智能电视的性能根本无法运行XBox360、PS3、PC上画面精细、对硬件要求高的游戏，但通过盖凯（Gaikai）的游戏平台这些游戏几乎可以随处运行，而且画面质量不低，不影响游戏的体验。

一是，趋势解读。

知名游戏软件制造商Crytek的创始人兼首席执行官Cevat Yerli曾在2009年发表意见认为"将云计算技术真正运用到游戏机行业，并大规模量产形成商业化的时代要到2013年后方可实现。因为2013～2015年，随带宽进一步扩展以及全球互联网用户的增长，到那时云游戏技术才变得较为可行。"若云游戏成为未来玩游戏的主要方式，人们的确不必为到底是买游戏机还是高配置电脑主机而感到烦恼，游戏吸引玩家的，将会是游戏本身的品质，而非游戏的平台。笔者将从以下三方面剖析这一趋势。

第一，移动游戏市场规模的持续增长。

研究机构Newzoo预计全球游戏用户总数将从2013年的12.1亿人增加至2016年的15.5亿人。在这一时间段中，智能手机移动游戏的平均年增长率预计将达19%，平板电脑移动游戏的平均年增长率则预计将高达

48%。到 2016 年，预计智能手机游戏收入总额将会达到 139 亿美元，平板电脑游戏收入总额则将达到 100 亿美元。报告还称，到 2016 年，智能手机和平板电脑游戏在全球游戏市场上所占份额将会达到 27.8%，比 2013 年的预估份额增长 10 个百分点。

据 CNG 中新游戏研究《2013Q1 中国移动游戏市场调研报告》数据显示，2013 年 Q1 国内移动游戏用户数量进入快速增长期，整体规模达到 1.48 亿人。预计 2014 年的增速趋于稳定，不排除短期爆发式增长的可能。

第二，云游戏服务日趋完备。

我们可以从下列案例中看到处于传统游戏产业链中的各个游戏制作发行巨头、硬件厂商及新兴互联网科技企业都在部署云游戏服务合作，各个领域的企业利用自身优势通过云游戏服务纷纷介入游戏行业。

终端商：2012 年，在 E3 大会上，三星（Samsung）宣布与云游戏服务商盖凯（Gaikai）合作。三星目前是世界最大的电视制造商，市场占有率超过 20%。而据市场研究机构 IHS 宣布，三星 2012 年在全球手机市场上的份额为 29%，若这些智能设备拥有游戏功能，那么三星将可能对现有的游戏机市场造成影响。而盖凯将获得大量用户，并得到成长。

开发商：2012 年 9 月艺电（EA）收购了在线游戏工作室 ESN，着手开发在线云游戏产品。美国艺电和育碧都是传统游戏制作公司，有庞大的游戏玩家群和各类成熟的游戏。

主机商：2012 年，索尼以 3.8 亿美元收购了云游戏公司盖凯。2013 年索尼发布的 PS4 中最振奋人心的云游戏功能，就是来自盖凯的团队。

硬件商：云游戏的发展也带来了芯片厂商的战略变化。两大视觉处理厂商 NVIDIA 和 AMD 先后推出了云游戏解决方案 GEFORCEGRID 和 RadeonSky 系列云游戏显卡。

云计算巨头：2012 年云计算巨头亚马逊也投入到这个领域，为 Kindle-Fire 平板电脑的用户提供专属的游戏平台 Game Circle，之后亚马逊再次推出新服务 Game Connect。

第三，云游戏相关技术日趋成熟。

云游戏服务技术主要涉及高压缩比视频压缩技术、流媒体传输技术，多设备、跨终端以及云计算和基础设施服务——网络铺设、网速提升，而这其中最重要因素是压缩技术，这也是让玩家在体验云游戏时几乎感觉不到延迟的关键所在。早在 2005 年，以视频流的方式进行游戏推送的服务在美国的企业就开始了尝试，如 G–cluster，Exent，Infinium Labs 等，随着网络技术发展和游戏市场的竞争，最近两年许多基于云计算的游戏推送服务的技术公司发展迅猛，如 Onlive，Playcast，GaiKai，StreamMyGame，ActiveVideo 等。

二是，趋势展望。

基于上述各方面状况，有理由相信云游戏已经越来越近，虽然过程中有像 OnLive 公司这样不成功的例子，但是许多业内人士也都指出：OnLive 的失败主要由糟糕的管理和错误的市场理解造成，云游戏的概念本身没有问题。云游戏是一个全新的商业模式，从游戏制作、发布到消费，从软件到硬件整个产业链都发生了变化。作为云计算概念爆发后最值得期待的应用之一，云游戏被认为是游戏领域颠覆性的变革。未来几年，高速宽带、压缩技术以及更优化的游戏体验都会进一步发展。随着终端的分化越来越严重以及云游戏提供的服务水平的不断进步，这种能够跨平台跨终端且消除了硬件制约的模式势必为更多人接受。云游戏服务将促使本已火热的移动游戏行业进一步发展。

（8）趋势八：移动音乐

随着移动互联网的发展，移动音乐已成为人们听音乐的一种主流方式。移动互联网也被看成是与音乐结合最为默契的载体。音乐拥抱移动互联网，已成为大势所趋。面对这种大趋势的推动，各个在线数字音乐厂商也纷纷开始转型，布局移动端。

一是，趋势解读。

华纳音乐集团录制音乐部门全球营销总监斯图·伯根（Stu Bergen）表示："数字渠道意味着我们能够更有效地从全球市场获利。"音乐云计算实现了移动音乐应用的更大智能化，用户可以通过音乐软件，将存储在云端的音乐内容在手机、电脑和电视等多种设备上播放、分享，无须用户再费时费力地从电脑存储器中拷贝到其他终端设备，极大程度地发挥了网络互动性的特色。

第一，全球音乐产业中数字营收份额不断上升。

国际唱片业协会（IFPI）公布的数据显示，2012 年，全球数字音乐销售额增长至 56 亿美元，较 2011 年增长约 9%，占总销售额的 34%。下载销量增长 12%，至 43 亿个单位（10 次下载＝1 个单位实体销量）。数字唱片销量增长 17%，为 2.07 亿张，数字音乐再次显示了强劲的增长，并且首次弥补了实体唱片销售额的下滑。随着移动互联网的发展，移动端音乐已成为人们听音乐的一种主流方式。移动互联网也被看成是与音乐结合最为默契的载体。音乐拥抱移动互联网，已成为大势所趋。面对这种大趋势的推动，各个在线数字音乐厂商也纷纷开始转型，布局移动端。

第二，各公司纷纷推出云音乐服务。

因为数字音乐市场的营收在不断上升，而移动互联网迅速发展和智能设备的普及催生了基于云的流媒体音乐服务，我们可以从三方面来看各类型企业在云音乐服务方面的布局。

科技巨头：苹果、谷歌、亚马逊早已分别推出了自己的云音乐服务，市场研究机构 Asymco 的分析师 Horace Dediu 结合苹果公司的数据发布了一份报告，该报告显示，iTunes 一年的音乐收入为 69 亿美元。而根据音乐产业的国际贸易集团数据，当前整个数字音乐市场一年的收入为 93 亿美元。因此，苹果攫取了数字音乐市场 75% 的份额。

Twitter 在官网上发布了音乐服务 Music，这款产品可以在 Web 端以及 iOS 端使用。

传统唱片企业：索尼 2011 年已经推出了一个全新的娱乐网络，它将允许其所有的产品，包括电视机、平板电脑、PS 游戏机等都能访问该娱乐网络上的音乐和电影。环球音乐（Universal Music）、索尼音乐（Sony Music）、华纳音乐（Warner Music）等几大唱片公司纷纷与苹果等科技巨头和流媒体服务商签订协议，提供音乐内容服务。

音乐流媒体服务商：Spotify 是一个在线音乐免费试听软件。这家英国公司的服务模式主要是：可以让用户通过各种设备来免费收听音乐，公司靠一定的广告来创收，手机端下载收听则须按月支付一定的费用。Spotify 在 2013 年 3 月初公布的数据显示：该公司活跃用户达到 2400 万，其中付费用户 600 万。

第三，云计算、流媒体服务改变音乐产业格局。

在埃森哲技术展望报告与 Gartner 技术曲线报告中均提到云计算不再是一个新兴趋势或简单的概念。云可以并且确实对商业产生了变革性影响。现在的问题并非是需要应用云，而是如何应用云。云计算技术作用于音乐产业，能够更好地解决多端同步的问题，比如苹果 iTunes Match 同步服务，这项服务将使实现 iTunes 与云服务同步工作。iTunes Match 对用户的音乐存储进行扫描，然后将其匹配到电脑和移动设备上，这就省去用户花数周的时间去上传。

而音乐流媒体服务商 Spotify 能脱颖而出是其蓬勃发展的、以用户需求为核心的生态平台——支持第三方应用的 Spotify 平台，更重要的是它已经培养了用户的音乐消费体验，它对整个音乐生态的改变作用就像 iOS 之于 iPhone APP 或者 Facebook 之于社交游戏的意义一样。

二是，趋势展望。

十年前，苹果用 iTunes Store 给欧美流行音乐界带来了变革，歌迷开始逐渐抛弃 CD；如今，随着用户转向 Spotify、Pandora 和 YouTube 等提供流媒体服务的平台，更多人开始抛弃了下载，音乐行业再度经历了一场数字变革。只要在上网环境下，音乐爱好者就可以通过从"云端"获取音源，随时随地与好友分享喜爱的音乐。有业内人士认为，在美国，单曲收费的 iTunes 模式也已过时，网络带宽的增加和移动互联网的普及，使得未来的音乐用户需求只剩下两个方向：高品质和海量乐库，所以以音乐流媒体服务 Spotify 为代表的付费包月海量听歌的模式，开始成为主流趋势。

（9）趋势九：教育游戏

市场调研公司 Ambient Insight 的一份全新研究报告（以下简称：Ambient Insight 报告）称，受益于教学应用在移动设备上的普及，教育类游戏，也就是"严肃游戏"，将迎来一定程度上的复兴。而在专注于教育技术研究的地平线报告中"基于游戏的教育"从 2004 年至 2013 年反复被提及，在 2013 年的地平线报告中它更被归类于将在 2~3 年应用到生活中的教育技术。综合上述两份报告的交叉点，可以看到"教育游戏"的发展具有广阔前景。而近年来，越来越多的企业已经或正在携带资本进入教育游戏这块新领地。

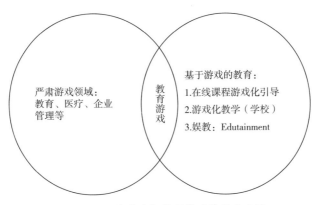

图 3 - 2　严肃游戏与基于游戏的教育交叉

一是，趋势解读。

当前数字娱乐产业呈现爆发性增长趋势，其交互方式（软件、硬件）对青少年行为、心理、生活习惯产生了巨大的影响，而消费者中有相当大的部分是正在接受学校教育的青少年，由于数字娱乐（主要为电子游戏）对于青少年产生了深远的社会影响，因此研究游戏对于教育的影响已势在必行。

第一，游戏化技术的不断成熟。

在 Gartner 技术曲线成熟度（HypeCycles）报告中，游戏化是一个在 5~10 年内被主流采用的技术。而在地平线报告中"基于游戏的教育"也是一项教育技术。二者本身都是概念性的，但由于声音识别、视频识别、人机互动和多媒体相关技术的成熟，游戏化和"基于游戏的教育"已经从概念和方法逐渐转变成为技术工具。

第二，移动教育应用市场蓬勃发展。

Ambient Insight 报告中预测，严肃游戏市场规模将从 2012 年的 15 亿美元，增长到 2017 年的 23 亿美元。整个教育类游戏市场的规模有望从 2012 年的 39 亿美元增长到 2017 年的 89 亿美元，其中大多数增长来自于移动市场的应用程序。

据行业分析公司 The NPD Group 在最近发布的"青少年和游戏 2013"报告中显示，目前的手游玩家参与度最高的年龄段在 12~17 岁，53% 的用户在移动设备平台的游戏时间从 2011 年的平均每周 5 小时增长到目前的每周 7 小时。"青少年对新设备和新技术接受能力很强，他们对于新游戏体验和其他娱乐内容都非常热爱"，NPD 分析师 Liam Callahan 在一个声明中说，"青少年对移动设备平台游戏的参与度非常高，随着低价位平板和廉价智能机的推出，他们接触移动平台的机会越来越多"。

可以看到大众对于教育应用的付费意愿、电子游戏体验对于青少年的吸引和智能设备的普及，这一切都在不断扩大潜在用户规模，吸引了更多的市场资金的注入——为教育游戏市场的升温奠定丰厚的基础。

二是，趋势展望。

教育是人类社会中的刚性需求，而当受教育主体——青少年的行为习惯被数字娱乐的交互形式（主要是电子游戏）所改变，将教育内容结合游戏机制用以激发学生学习动机，增加学习参与度的教育游戏就越来越凸显其重要性。近年来，教育游戏在国外学校中的使用越来越普遍，而越来越多的实践证明教育游戏对学生的学习效果有明显辅助作用。从市场的角度看，教育游戏实际上是游戏产业的拓展，教育类应用的付费意愿也很高，这既会对接受教育的方式产生变革性影响，或许也会为看似趋向饱和的游戏业带来新的转折点。

（10）趋势十：3D 打印

在 2012 年 3 月 19 日，美国总统奥巴马在卡内基梅隆大学宣布创立美国"制造创新国家网络"计划。由政府主导、联邦政府和工业部门共同斥资 10 亿美元逐步建立 15 个"制造创新中心"，组成创新网络。8 月 16 日，"国家增材制造创新中心"作为其首个"样板示范"创新中心剪彩成立。作为新技术研究、开发、示范、转移和推广的基础平台，号称要成为增材制造技术全球卓越中心并提升美国制造业全球竞争力。由此，这项有着近 30 年历史的技术，在新的经济形势下成为备受追捧的概念，其市场前景也被一致看好。

一是，趋势解读。

Gartner 的最新报告指出，3D 打印技术正在颠覆众多行业中的设计、原型设计和制造流程，并预测 3D 打印技术将在 5~10 年内进入相对成熟阶段——企业应该开始尝试用 3D 打印技术提升传统的产品设计和原型设计，创造新的产品线和市场。3D 打印也将通过服务站或打印商店的服务为消费者所用，为零售商和其他业务创造新的商机。

第一，全球 3D 打印机市场供需持续扩容。

市场规模：Gartner 公司预计，2013 年终端用户花在 3D 打印机上的支出将达到 4.12 亿美元，同比增长 43%。其中 2013 年企业级用户的支出总额将超过 3.25 亿美元，而个人消费的支出将达到 8700 万美元。到 2014 年，3D 打印机全球销售总额将增加 62%，达到 6.69 亿美元，相应地，企业用户支出为 5.36 亿美元和消费用户支出达到 1.33 亿美元。根据 Wohlers Associates 的统计和预测，到 2019 年，3D 打印机行业产值将突破 65 亿美元。

用户需求：Gartner 市场分析师指出，"大多数企业现在才开始充分理解 3D 打印技术可以有效地在他们的组织中应用的各种方式：从原型设计、产品开发，到用于制造或组装的夹具和模具，再到最终产品的完成"。许多企业中的成员，不仅是工程师或制造部门经理，还包括企业高层管理人员、营销管理人员和其他人都开始接触了解 3D 打印概念，并产生需求。

销售、成本：目前，办公用品超市和其他超市及连锁零售商，如 Staples 和山田电机也开始销售 3D 打印机及 3D 打印作品。这将影响平均售价使消费级 3D 打印机供应商降低产品价格。Gartner 预计，未来几年在高出货量和竞争压力下，3D 打印机的价格将会走低。供应商将努力提高设备的性能、功能和质量，提高产品的性价比。到 2015 年，最大的 50 家国际零售商中有 7 家将会在其实体店或网店中出售 3D 打印机。

虽然 3D 打印机的市场在不断扩大，但是在《沃勒斯报告》中的市场数据表明：在中国，要发现可靠的、能够证明中国在使用 3D 打印机的数据是很困难的事情。尽管中国在大规模生产方面占据主导地位，但 3D 打印机数量仅占全球总量的 8.5%。而美国的 3D 打印机大概占全球总量的 40%；德国和日本的公司也在积极探索和使用 3D 打印机，3D 打印机数量均占全球总量的 10%。根据报告可以看到中国市场可应用规模与目前使用状况的不匹配。

第二，3D 打印在文化创意产业的应用。

Gartner 预测 3D 打印技术对消费品、工业和制造业影响程度最高；对教育、能源、政府、医疗、军事、零售、电信、交通运输和公用事业影响程度为中等；而影响程度较低的是银行、金融服务和保险行业。

目前 3D 技术的应用主要针对一次性制造或产品设计过程中的样品和工业原型制造、工具加工和功能性设计模型（主要是产品设计中的样件制造），以及大规模的个性化定制模具上。后续 3D 打印技术的应用将继续扩大至建筑、国防、医疗产品和珠宝设计等领域。

可以预见，在设计领域和文化产品制造业市场，3D 打印技术将大有可为，例如在玩具制造、珠宝设计、服装设计及室内家居等领域在国外已经有很多实践案例。

如前所述，个人消费领域的个性化制造不存在严格的工业标准要求，3D 打印设备的使用更容易推广。3D 打印技术相对于传统的工业制造技术有很大的改变——将复杂的物理制造环节转变为由计算机控制的自动化处理过程。对于一个正在发展的技术而言，这种全面调整对于大型企业的风险无疑是很大的，所以，传统制造业将这一技术纳入应用的推进速度可能远慢于个人制造领域——也就是说，这一技术的推广普及应起始于中小企业及存在大规模个性化定制的设计行业。

第三，材料科学限制 3D 打印技术的发展。

3D 打印需要依托多个学科领域的尖端技术，至少包括以下方面：信息技术、精密机械、材料科学。

而 3D 打印技术中的材料科学是降低成本和技术普及的关键：用于 3D 打印的原材料较为特殊，必须能够液化、粉末化、丝化，在打印完成后又能重新结合起来，并具有合格的物理、化学性质。而随着应用领域的不断拓展，3D 打印的材料问题也日益凸显。据了解，以色列的 Object 公司可以在 14 种基本材料的基础上混搭出 107 种材料。然而，这些材料的种类与现实世界中的材料相比，仍然相差甚远。工业级的 3D 打印材料中目前适用的金属材料只有 10 余种，而且还需要专用的金属粉末材料才能获得满足要求的金属零件。目前材料问题已经成为阻碍 3D 打印发展的主要障碍——可适用的材料成熟度跟不上整个 3D 打印市场的发展。

未来随着 3D 打印机、扫描仪、设计工具和材料等方面的技术进步降低了 3D 打印的使用成本和操作复杂性，3D 打印机的低价格、节约成本和时尚：

蝴蝶鞋：设计师詹娜和玛丽·黄开发
图片来源：continuumfashion.com

家居：

菌丝灯：3D印刷尼龙塑料仿生灯
图片来源：nervous.com

首饰：

泡泡项链：珠宝设计师麦克拉克伦创作
图片来源：lynnemaclachlan.co.uk

建筑：

放射虫（伦敦由Aadrea Morgante）：发明家恩
里科迪尼使用3D大型自由打印机制作（材料：
沙子和黏合剂）。图片来源：D-Shape

图 3－3　3D 打印技术在各设计领域的实际应用（构筑的设计原型）
图片来源：网络。

时间的潜力、更为强大的功能和改善性能将驱动市场的发展，才能使 3D
打印机得到市场大规模的接受。

二是，趋势展望。

Gartner 分析师预计，"能够让普通家庭使用的 3D 打印技术将会在
2016 年前后出现"。这种应用的出现，将会对消费级 3D 打印机的市场产生
革命性的推动作用。

综合以上几份报告，可以看到 3D 打印技术的发展与普及目前在文化创意产业中已初步显露优势——后续 3D 打印技术应用在文化创意产品，制造消费领域拥有巨大的增长空间。未来对于制造业也可产生巨大影响，包括产业结构的变革和潜在的巨大经济效益。

3. **趋势总结**

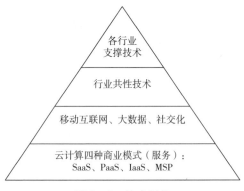

图 3-4　技术层级

由于云计算改变了基础的存储和计算方式，IT 行业正呈现出计算化、移动化、人性化趋势。如今，几乎所有的智能终端设备都具有计算能力，移动设备已经无处不在，而人与机器间的交互也将更加简单、方便和人性化。在上述趋势中我们可以看到科学技术与文化产业融合产生影响力有以下几方面共通趋势。

（1）云计算普及应用

云计算是未来新一代信息技术变革、IT 应用方式变革的核心——将带来工作方式和商业模式的根本性改变。而 2012 年是云计算快速发展的一年，各种云技术、云方案陆续出台，无论是早期亚马逊的 Cloud Drive，还是苹果公司推出的 iCloud、微软的 System Center 系统等，都把目标放在云计算。从上述案例中可以看到，云计算对文化产业变革已发生实际影响，并开始在各领域实际应用。在影视、音乐、游戏、虚拟博物馆等趋势中提及的行业热点现象或产品均受到其不同程度影响——其目前主要作用在存储、运算、信息数据管理等方面。云计算的普及应用为海量数据的积累提供了条件。直接推动了"大数据"时代的到来。

（2）移动化、社交化和大数据挖掘

伴随着移动互联网和智能终端的迅速普及，影视、音乐、游戏等内容服务进一步向移动终端迁移，视频、音乐、游戏等内容的云存储更是推动了"一云多屏"内容多渠道分发的趋势，移动数字娱乐消费已成为全球文化现象。移动数字娱乐服务将迎来更广阔市场。

社交化趋势是由社交网络兴起改变了用户视听习惯形成，尼尔森发布的用户社交报告显示娱乐业最主要的收入来源——广告，其评价指标也已经发生改变，广告主越来越重视来自社交网络媒体的数据，这一现象可以从《纸牌屋》的案例中得到更直接的体现。

各种海量数据的积累和分析应用在云计算和社交网络的普及和推动下越来越受到文化行业的重视，内容产品在策划、营销、推广、反馈等各环节都越来越依赖于数据分析进行决策。如何利用好这些数据帮助企业更好更快发展是"大数据"的核心价值所在。依据前文案例显示，大数据挖掘已经在影视业初步显现作用。

（3）数字产品推动交互方式日趋人性化

数字娱乐产业的兴起和移动化趋势使人们与设备和产品的交互方式发生极大改变，在未来移动互联网交互当中，交互方式将会出现巨大的变革——包括语音识别、视觉焦点、动作感应、图像识别等，都将成为我们与互联网数据交互过程中的新方式。自然人机交互形式将会越来越受到青睐。

（4）文化产业始终以创意为王

信息、移动互联网技术的发展对文化产业的商业模式、消费方式都带来很大变革。但是从案例中也可以看到，创意文化产业的根本在于内容——文化产品本身就是一种体验型产品，技术对于产品体验与产业发展只是起到辅助和促进的作用，比如3D技术确实可以辅助电影增强观众的视觉、听觉等感官体验，但是如果没有打动人心的核心内容，技术带给人的新鲜感也只是暂时的。

综上所述，文化和科技的结合既可以催生出文化新业态、传播新渠道，又可以改造和提升传统产业。将文化创意与高新科技相结合，把文化的内涵或者文化的元素植入到产品中去，势必将提高科技产品的文化含量与附加值，又可以带动制造业的升级与发展，将"中国制造"转变为"中国创造"。

三 现状与对策研究

（一）文化企业科技创新与研发投入相关问题的探讨

文化是一个非常广泛的概念，随着全球化与整体环境的重视，对于文化与相关产业的研究可以说到了非常蓬勃的阶段。虽然各家说法莫衷一是，都有不同见解和定义，但作为人类长期创造形成的产物，文化除了累积与传递的功能之外，透过有效的资源整合与系统性的商业化运作，已在经济领域产生实质性商业价值。目前各文化领域已形成了系统性的产业化发展态势，逐步朝成熟市场方向发展。

有别于其他产业，文化产业具有其独特性。相对于工业革命后已发展数百年的成熟生产制造业或是新近几十年科技制造与信息应用产业，文化领域产业化的进程可以说正处于一个初步探索的成长阶段。从内容范围来说，它涉及文学、艺术、风俗习惯、历史与生活等多方面，这些都是较为无法具象的产业化的领域；从产业发展角度来说，无论是原创、再设计或是生产运营的调整，这些都需要寻找到它独特的产出与系统性发展的模式。

文化消费特点是供给制造消费，在 iPhone 出来前，没有这种需求，但现在却带来了智能手机、平板计算机、相关应用软件与游戏的强势发展。而 3D 电影《阿凡达》的出现，带来 3D 电影产业快速发展与探讨。因为新科技的发展，引发企业不断将需求创造出来。这说明了文化产业的提升需要不断地创新，而创新的科技成果将带来文化产业的高速发展。

目前，我国文化产业已上升到加速发展层级的讨论。讨论发展文化产业的目的，将是希望借由科技的融合应用提高产业的竞争能力，改善我国的总体产业结构，并增加经济价值。

1. 文化企业发展现况

现今国内文化产业的规模还不够大，依据 2013 年《财富》杂志的调查统计，国内 500 强企业中文化产业型的公司，仅有腾讯、百度、网易等互联网相关企业，山东太阳等部分文化用纸企业，以及中文天地出版传媒集团与部分业务范围涉及文化产业领域的家电与电子产品生产与销售企业。整体来说，规模尚小，且涵盖范围较集中。

而在美国 500 强中至少有 10% 以上是文化产业相关企业。包含苹果（Apple）、华特迪斯尼公司（Walt Disney）、谷歌（Google）、时代华纳（Time Warner）、易趣（eBay）、美国直播电视集团（DirecTV）、米高梅集团（MGM Resorts International）、雅虎（Yahoo）等都是著名企业，其业务领域涵盖范围多元，且各具特色。

国内文化企业在海内、外上市的已过百家，主要是互联网、网络游戏、影视、出版、媒体、广告、娱乐以及部分文化相关制造等领域的企业。其中在美国上市的企业中，以互联网与网游业所占比例较高。国内上市的企业主要集中在出版、影视、部分互联网以及文化相关的制造业企业。而在港股部分涉及的主要是媒体以及互联网。这些企业的发展情况不一而足。若从中探索表现较为突出的企业，这些优质企业的成功，不乏在商业模式、产品开发、市场营销方面有其独到的一面，尤其是其中诸多利用现代科技而快速发展的个案更是值得深入探讨。

2. 文化与科技的相关性

科技的进步，彻底改变了人类的生活及企业的经营模式，当信息传递速度与品牌推广沟通成本大大降低后，产业竞争将走向全球化，进而影响各国经济发展的荣枯。

随着新科技知识经济时代的来临，大数据、多元移动终端应用、新形态展出模式、新媒体传播与演艺、交互社群等各种文化领域产品与延伸服务的出现，除了吸引众人的目光之外，更带来了实质性经济收益的大幅提升，而世界各国对于科技创新与文化产业的融合发展重视程度也随之与日俱增。因此，无论文化与科技政策的制定、经费与人力的投入等，均与促进产业整体发展目标形成了密不可分的推进关系。

据统计，目前国内文化产业的增加值占 GDP 比重约为 3%，而冀望在"十二五"末期文化产业要达到"国民经济支柱产业"的目标（占 GDP 的比重约为 5%），则标志着未来的数年之内，每年文化产业的产业增加值需要保持在 20% 之上，这将远远超越 GDP 的增长速度。从预定的目标来看，这将会是一大挑战，也会是令人期待的发展现象。

科技带动产业发展为国家经济成长带来无限活力。虽然对于文化产业方面的探讨较少，但国际上有许多科技与产业融合的推动机制，如美国政府鼓励所属实验室与产业界合作，进行科技研发，落实产业化；而日本则着重改善研发环境，推动产、官、学、研合作，以加速科技创新。

科技创新是提升专业国际竞争力与驱动国家经济成长的关键因素，政府已将追求科技与创新的竞争优势列为施政的首要目标。而对于国内的文化产业来说，如何善用科技的助推力来加速产业与企业的发展，进而达到国家竞争力的提升，必然会是非常核心的讨论焦点。

3. 新竞争形态的产生

在全球化趋势来临前，企业在只巩固国内市场的情况下即可生存；但随着科技化所带来的全球化发展加速趋势之下，国外企业往往凭借更多的先进技术、雄厚资本以及丰富的国际营销经验来冲击国内的各类产业发展，国内厂商若不能设法厚植自身的竞争力，将难以和来自全球各地的优势厂商相抗衡。

比起过往，新的竞争形态无疑是更复杂的。一般而言，企业经营的成败除了自身的条件外，亦与产业内的竞争情况及产业间上下游所能提供的支持发展条件息息相关，外部环境中的基础建设、要素与需求市场也相当重要，而这些可能的影响因素多属于产业或国家的层次。

竞争力的优胜劣汰对一国的经济发展乃至整体国力影响十分深远，各种产业的竞争力近年来成为各国关注的焦点。瑞士的洛桑国际管理学院（International Institute of Management Development，IMD）与世界经济论坛（The World Economic Forum，WEF）每年公布的世界各国竞争力排名，不但深受国际重视，甚至是许多国家政府施政重要的指引方向。而美国也成立了产业竞争力委员会（Commission on Industrial Competitiveness），由企业家、劳工领袖、学者与政府官员等共同组成，以检验美国产业的竞争力，并拟订相关政策的推动方向。

所以欲提升文化产业竞争力，首先必须先了解当前文化产业企业间相对竞争力的强弱，进而要知道影响文化产业竞争力的可能因素，才能因应激烈的全球竞争态势，拟订适当的产业发展政策，并找出可行的各项执行方案与做法。

4. 产业竞争评估模式

在目前产业或国家层次竞争力的研究中，当以 Porter 提出的国家竞争力钻石模型（Porter's Diamond）以及 IMD 、WEF 公布的世界竞争力评比（World Competitiveness Report）最为人所熟知，前者提出了概念性的理论模型，后者则每年针对各国的国家竞争力进行评估，但两者在应用上皆有其限制。关于科技带动产业加速发展的评估部分，涉及并不多，有待我们重新思考。

Porter（1990）提出的钻石模型，至目前为止，所验证的多属于探讨单一国家或产业的个案式研究，无法针对钻石模型中各项要素对竞争力的影响程度与方向有清楚的探讨。而更根本的问题在于，过去对于钻石模型相关研究中大多仅为描述性的探讨，少数实证性研究在指标的设计或衡量时或过于主观，或过于偏重由厂商问卷所得的资料，在研究结果的应用上将受到很大的限制。

无论是 IMD 还是 WEF 的世界竞争力评比，其研究目的仅止于探讨国家层次竞争力的议题，无法直接应用到特定产业或是企业间的竞争力的分析，且其指标动辄涵盖二三百项，其用意虽是希望能尽量完善评估的内容，但对于其中许多指标是否具有解释能力则一直有所争议。过于繁复的结果反而模糊了一些主要影响因素的重要性，也降低了其参考价值。

回顾相关研究结果发现，过去文献对于竞争力的定义有分歧，也未能见到就文化产业层次对竞争力的现状与发展过程加以完整探讨。另外，对于科技如何影响文化产业竞争力的关键因素并没有一致性的结论，对这些因素的衡量亦常常过于主观，所进行的实证研究也大多只是描述性的探讨，研究结果难免有所缺憾。

针对文化产业企业竞争力的衡量与发展过程进行探讨的目的，是希望选择较适当的衡量指标，并据以对竞争力加以衡量。此外，也希望能了解产业与企业竞争力对国家经济的可能影响。当然，能进一步与政府政策和企业实务相结合，这样的研究结果会更具有价值。

在资源基础理论中，许多研究将科技竞争力视为企业的核心竞争力之一，并认为借由科技竞争力的有效应用，以提升企业竞争优势。

IMD 从 1989 年起，每年度均会发表全球竞争力年报，并随着国际环境发展，在评估指标上会有所增减，IMD 将国家竞争力分为经济绩效、政府效率、企业效率及基础建设等四个主要评估层面。

国家竞争力指标中，分为统计资料指标和调查资料指标。调查资料指标的获得方式，是采取问卷调查。IMD 对统计资料与调查资料指标分别赋予权重，统计资料指标权重为 1，调查资料指标为 0.5，最后将各指标数据标准化后，进行整体积分的计算与国家排名。

而在科技指标方面，IMD 在 2000 年以前将科技指标分为研究发展支出、研究发展人力、技术管理、科学研究环境、知识产权等五方面的指标，2001 年以后虽将科技指标分为技术基础建设指标与科学基础建设指标，但每年指标内容方面则略有不同。

表 3 - 5　科技竞争力评价指标体系

指　　标	指标内容
科学基础设施	全国 R&D 人员、科学与工程学士占全部学士学位的比重、企业 R&D 人员、全国 R&D 总经费、企业 R&D 经费、授予本国常住者的专利、科技论文数量、1956 年以来获诺贝尔奖数量、1956 年以来人均获诺贝尔奖数量、基础研究支持长期经济和技术发展、R&D 总经费占 GDP 比重、科学技术激起年轻人的兴趣、本国常住者获外国专利、学校科学教育充分、企业 R&D 人员占人口的比例、全国 R&D 人员占人口的比例、专利产出效率、人均企业 R&D 经费、人均全国 R&D 总经费、国家充分实施专利和版权保护、有效专利数量
技术基础设施	缺乏充足的资金制约技术开发、法律环境支持技术开发与应用、国内劳动力市场上有合格的信息技术人才、企业间进行普遍的技术合作、电信投资占 GDP 的比重、每千户居民拥有固定电话主干线数、国际电话费用、每千户居民中移动电话用户、移动电话费用、通信充分性、新信息技术和应用满足企业的需要、在用计算机占世界总量的份额、每千人计算机数、每千人互联网用户人数、合适的互联网访问数、高技术产业出口额、高技术产业出口额占制造业出口额的比重、数据安全性保障

如果引用此框架中的细部指标来评鉴文化产业企业的竞争力的话，我们会发现诸多的指标不能适用于文化产业当中，仍需要进一步调整之后才能作为相关的参考依据。而经过分析后，发现科技涉及企业竞争力的部分，主要范围是在研发投入与研发产出所延伸的知识产权保护方面。

5. **研发投入与文化产业发展探讨**

依据最新公告的 2012 年国内行业规模以上工业企业 R&D 研发经费投入情况的分析当中，我们可以明显看到各类别的工业制造型企业对于研发方面的投入都具有一定的比重。由这份统计报告中，我们也可以明确知道我国对于工业制造类别的统计具有较为完善的统计口径与分析，而这部分是文化产业较为欠缺的。

表 3 – 6　2012 年分行业规模以上工业企业 R&D 经费情况

行　业	经费投入（亿元）	投入强度（％）	行　业	经费投入（亿元）	投入强度（％）
合　计	7200.6	0.77	石油加工、炼焦和核燃料加工业	81.6	0.21
采矿业	298.0	0.45	化学原料和化学制品制造业	554.7	0.82
煤炭开采和洗选业	157.9	0.46	医药制造业	283.3	1.63
石油和天然气开采业	86.2	0.74	化学纤维制造业	63.4	0.94
黑色金属矿采选业	6.1	0.07	橡胶和塑料制品业	173.0	0.72
有色金属矿采选业	22.1	0.39	非金属矿物制品业	162.5	0.37
非金属矿采选业	7.7	0.18	黑色金属冶炼和压延加工业	627.9	0.88
制造业	6850.5	0.85	有色金属冶炼和压延加工业	271.1	0.66
农副食品加工业	135.7	0.26	金属制品业	187.3	0.64

续表

行 业	经费投入（亿元）	投入强度（%）	行 业	经费投入（亿元）	投入强度（%）
食品制造业	86.9	0.55	通用设备制造业	472.0	1.24
酒、饮料和精制茶制造业	80.1	0.59	专用设备制造业	425.0	1.48
烟草制品业	19.8	0.26	汽车制造业	572.9	1.12
纺织业	138.0	0.43	铁路、船舶、航空航天和其他运输设备制造业	342.8	2.18
纺织服装、服饰业	55.6	0.32	电气机械和器材制造业	704.3	1.29
皮革、毛皮、羽毛及其制品和制鞋业	27.5	0.24	计算机、通信和其他电子设备制造业	1064.8	1.51
木材加工和木、竹、藤、棕、草制品业	18.7	0.18	仪器仪表制造业	124.1	1.86
家具制造业	14.5	0.25	电力、热力、燃气及水生产和供应业	52.1	0.09
造纸和纸制品业	75.8	0.61	电力、热力生产和供应业	46.8	0.09
印刷和记录媒介复制业	24.4	0.54	燃气生产和供应业	2.0	0.06
文教、工美、体育和娱乐用品制造业	33.9	0.33	水的生产和供应业	3.3	0.26

注：本表中工业行业分类按国民经济行业分类（GB/T 4754－2011）标准划分。

　　文化产业具有特殊性，许多商品或服务产出属于无形资产的创新与衍生，因此更应注重其知识产权的保护，这包含了商标权、专利权、著作权、肖像权、商业信息等一系列的企业发展的核心价值保护。多方面的研究探讨认为，知识产权的拥有是竞争力的体现，也是研发投入后的产出结果，两者具有关联性。但目前所欠缺的就是相关统计数据的统整与分析，唯有通过更多取之于数据的量化分析，才能对未来的文化产业与企业的竞争分析寻找科学化的支撑依据。

全球领先情报信息供货商汤森路透（Thomson Reuters）旗下智权与科学（IP & Science）事业群近日公布了 2013 年全球百大创新机构（2013 Top 100 Global Innovators）获奖名单。

全球百大创新机构的评选主要基于四大标准：专利总数量、专利申请成功率、专利组合的国际化程度，还有根据文献引用次数所判定的专利影响力。

2013 年全球百大创新机构获奖者之股价表现创下连续三年击败标准普尔 500 指数（S&P 500）的纪录，全年股价成长率 4%，市值加权后的营收成长率亦达 2%。2012 年一年间，获奖企业更新增 266152 个就业机会，较 S&P 500 指数成分股企业创造的新工作岗位多出 0.81%。获奖企业的研发支出亦较 S&P 500 成分股企业高出 8.8%。

在这项获奖名单中，北美洲以 46 家企业与机构蝉联进榜单位数量最多的地区，其中包括美国 45 家与加拿大 1 家。亚洲以 32 家的入榜成绩居次位，包含日本 28 家、韩国 3 家及中国台湾 1 家。欧洲则有 22 家企业与机构获选，法国 12 家和瑞士 4 家。而我国尽管在专利数量上领先全球，但多数专利仅于本国提出申请，使其在全球百大创新机构评选中的全球影响力项目的表现因而受限。

而在榜单中与文化产业直接相关的就仅有 Google、Microsoft、Oracle、Symantec 等四家国际知名的软件开发与应用型企业，另有其他少数企业则是部分涵盖文化产业经营内容。

其中，值得大家注意的是，百大创新机构的研发支出呈现攀升趋势。百大创新机构平均将营收之 5% 投入研发，然而 S&P 500 成分股企业研发经费比重仅为 2.1%。从调查结果可明显看出积极投入研发所带来的成果——研发支出愈高的公司，产出愈多的专利，创新成就亦愈高，其竞争力也会更高。

对比国内外的企业发展现状，从总体产业科技研发的角度来看，国内规模企业的研发投入比例低于国外的企业。而文化类型企业的科技研发除企业自身的投入之外，如何通过政府的政策有效引导与支持，将会是企业成长与产业发展的重要议题。

6. 科技研发投入与文化企业发展的相关问题讨论

有关研究发展活动投入的议题，各界的讨论不胜枚举。对于当前我国的文化产业发展来说，如何有效接上科技的翅膀，让产业发展形成良性循环并具备加速发展的模式，未来不得不就各方面所关注的问题进行深入探讨。

（1）就国家整体经济发展而言

①文化产业是国家既定重点推动产业，政府应思考在投入巨额研发补助或透过税负政策鼓励，且企业持续大额投入于该产业的研发时，其对整体产业所创造的经济价值如何？其具体的回馈为何？

②文化产业领域里各企业，其所创造之经济贡献价值效益不同，在资源有限的情况下，政府对产业是否应进行研发补助，其分配情况又如何？

（2）就文化产业发展政策而言

①产业价值链中的各企业为维持竞争优势，持续不断进行研发投入，我们急需了解如此投资对整体产业之经济价值如何？此将有助于评估目前文化产业整体研发投入之决策，并帮助拟订整体产业未来研发投入政策。

②企业研发投入活动除了影响企业自身绩效，亦对其他企业绩效产生影响。这方面的带动作用有多大？如何扩大这带动作用呢？

（3）就财务会计而言

有关研发支出对企业会计盈余或股价的影响，近期多为国内外会计研究重视。因此，分析研发投入对文化企业绩效的影响，将是重要的。

（4）就会计政策管理而言

研究发展支出应资本化或当期费用化。另外，研发支出具有未来效益，但目前研发支出当期费用化之会计处理下，是否需额外揭露历年研发支出之会计信息，而揭露年限多长？是对所有产业一致性的规范，还是应考虑文化产业企业多元特性而制订不同标准？

（5）就公司经营者而言

产业整体研发投入将影响公司之经营绩效及公司价值。自身研发投入较多的公司，较有能力接收其他产业总体研发投入所创造之外溢效果，则将对企业制定研发投入之决策具备参考价值。

（6）就投资者而言

①投资者是股票市场中最重要的成员，投资人是否能妥善运用研发信息？股票市场对研发信息是否具有理性定价？

②当投资者阅读财务报告进行投资决策时，研发投入信息对其决策关联性如何？文化产业中，各类型文化企业情况皆不相同，其研发投入之经济绩效亦不同，如何有效探讨分析，将进而影响其投资价值。

对比国内外股市，以美股及港股来说，皆对其研发投入进行披露，但对于目前的国内环境来说，上市公司无须披露其研发财务成本。而对于如何评估一家文化企业的投资价值，越充分的公开数据将能成为理性判断的依据。虽然研发投入对于文化产业的科技化发展具备一定的研究与评估价值，但现有情况之下，不易取得完整统计资料，因此力求建构稳定的资料取得渠道是当务之急。

文化得到科技的助力，让文化产业的发展更加迅速。文化与科技融合的竞争力代表着一企业乃至一国的竞争优势。所有的文化企业都无法外在于科技所带来的发展加速作用，而这也正是文化产业所要把握的最佳发展契机。因此如何站在科技与文化企业发展的角度，从国家与产业竞争力的发展中选取较适合代表文化产业竞争力的指标，并利用这些指标与科技性指标进行分析，以了解当前产业的竞争态势。整合目前相关文献，找出科技融合可能影响文化产业竞争力与创造经济发展的各种因素，建立可实证性的衡量指标并加以具体量化分析是非常重要的，而这也将是需要不断深入研究的课题。

（二）文化与科技融合的核心问题及政策建议

1. 我国文化与科技融合的核心问题

文化与科技的融合，取决于建立起一个有利于创造新文化和推动文化生产力发展的生态支持系统。这一系统的建立，仰赖于人才、资本、艺术和技术的有机结合。目前，我国文化与科技融合主要存在以下问题。

（1）缺乏协同推进机制

随着《国家文化科技创新工程纲要》和《文化部"十二五"文化科技发展规划》的出台，全国各地方政府积极响应。但从全国来看，缺乏跨部门、跨区域的统筹机制，缺少系统的促进组织和紧密的议事协调机构、专业支撑机构的协同。

（2）自主创新能力不足

目前，基于参与全球竞争的文化与科技融合的规划设计和战略布局尚未明晰，仍然处于概念阶段和启动阶段。文化科技领域的核心技术和高端系统装备国产化不足，进口依赖度高，造成文化成品制作成本高、文化服务效率低下。许多科研成果雷同，重复性高，未形成前瞻的核心技术和关键技术。

（3）投融资体系不健全

与普通文化企业相比，文化科技企业对于科研投入以及配套的人才、融资、信息支持等更为渴求。尽管国家设立了各种各样的文化产业扶持资金，但建设资金缺口较大。目前文化科技产业投资仍然主要来源于政府，利用外资和社会资本的比重则相对较小，严重影响了文化科技产业发展的规模与速度。虽然国家出台了相关金融扶持政策，但由于文化科技资产无形化、文化科技产品价值评估难等问题的制约，使得已出台的金融政策在实行层面遭遇各种瓶颈，无法从根本上解决文化科技企业的融资难问题。

（4）扶持政策支持不够

目前，对于文化科技企业尚未出台统一协调的配套扶持政策，对于企业技术创新、成果转化、技术交流、营销推广等政策支持不够系统明晰。国家文化科技企业认定办法缺失，众多文化科技企业无法享受相关税收优惠政策。

（5）文化科技创新人才支撑不足

与英、美、日、韩等新兴文化产业发达地区相比，我国在高端创新人才、复合人才的培养与储备方面具有明显差距。现有从业人员的素质不能满足将技术创新与内容创新、产品创新、模式创新等诸多创新要素有机结合与协调统一的要求，继而不能创造出不断创新的文化科技产品和服务以满足消费标准日益高涨的市场需求。

（6）知识产权保护体系不尽完善

新兴文化科技产业更为强调以知识产权为核心资产。然而，我国法律法规的制定与实施一直落后于实践，知识产权保护相关的制度创新和技术创新相互脱节，知识产权保护法律体系仍未健全。此外，全社会还没有形成尊重、保护知识产权的良好氛围，侵权、盗版行为的监管与惩处力度也亟待加强。

2. 我国文化与科技融合的总体思路及实施原则

我国文化与科技融合的总体思路必须深入贯彻党的十七届六中全会精神，认真落实国家《"十二五"时期文化改革发展规划纲要》，根据国家文化科技创新战略要求，坚持创新驱动、转型发展的总方针，以应用为导向，以企业为主体，构建结构合理、技术先进、创意创新、竞争力强、具有中国特色的现代文化科技创新体系，不断满足人民群众日益增长的精神文化需求，推动我国文化产业更好更快发展。

我国文化与科技融合相关政策的制定亦须坚持以下原则。

（1）创新驱动原则

始终把提高自主创新能力摆在突出位置，促进文化和科技有机融合、相互作用、相互促进。

（2）融合发展原则

坚持文化创新和科技创新"双轮驱动"，以融合创新和融合发展为动力促进文化科技一体化发展，推动文化和科技跨行业、跨部门渗透融合，拓展产业链，改造升级传统业态，催生新兴业态。

（3）应用导向原则

注重对文化各重点领域重大科技需求的分析凝练，以需求为导向，应用为驱动，市场为牵引，解决文化发展遇到的实际难点问题，实现科技创新与文化发展的有机结合。

（4）聚焦突破原则

聚焦新型业态，聚焦核心技术、关键技术和通用技术，掌握文化科技融合发展的主动权。培育一批文化科技融合示范基地和企业，构筑产业辐射高地。

（5）联动推进原则

建立科技部、中宣部、文创办等国家部委单位的联合机制，推动跨行业、跨部门渗透融合，促进科技、金融、贸易与文化产业的融合发展，促进一、二、三产业联动发展，形成融合型的新业态和产业链。

3. 我国文化与科技融合的政策建议

（1）建立文化科技融合协同推进机制

探索跨部门合作新机制，建立科技部、中宣部、发改委、教育部、工业和信息化部、财政部等部门及各省、直辖市政府相关部门参加的文化科技融合联席会议机制。加强整体协调，跨部门、跨区域联合决策，部署和推动文化与科技融合发展的重大规划、重大项目和各项具体工作。

（2）搭建文化科技融合创新平台

以提高文化和科技融合为目的，整合现有资源，依托高等院校、科研院所、科技园区、骨干文化集团和文化科技企业建立战略联盟、国家重点实验室、研究中心和企业技术创新中心，持续开展文化和科技融合发展战略和政策研究，重点项目联合攻关，促进研究成果的转化和科研成果的产业化。加速推动"文化与科技融合"示范园区的建设，促进文化与科技创新资源和要素互动衔接、协同创新。逐步健全文化科技中介服务体系，为创新活动提供社会化、市场化服务。

（3）健全文化科技融合发展的投融资体系

推动文化科技成果的产业化和资本化，形成文化—科技—资本—市场的良性循环。综合运用资助、贷款贴息、政府购买服务等中央和地方财政投入支持方式，通过政府资金引导，带动社会资本、金融资本参与文化科技相关领域的研发和产业化。鼓励民间创业投资机构、科技担保机构创新和开发多元化、多层次的信贷产品，为文化科技企业提供创业投资、贷款担保和银行融资服务。推动条件成熟的文化科技类企业上市融资。

（4）完善文化科技融合发展的扶持政策

加大文化科技投入，凸显文化科技优先发展地位。持续稳定支持文化科技融合的重大项目，支持开展文化科技融合创新。扶持文化科技企业，鼓励企业增加对文化与科技融合相关建设的投入力度。积极推动并切实落实文化科技企业税收优惠政策。支持科研机构和科技企业技术成果向文化企业转移，支持文化企业提升科技研发和技术集成应用能力。

（5）加强文化科技学科建设和人才培养

加强理工学科与人文、管理学科的交叉融合，大力发展科技文化融合的新兴、前沿交叉学科。支持高校设立文化科技交叉学科，支持科研院所开展文化科技专业人才的培养。依托国家各类人才计划，引进高端文化科技人才，培养专业化、复合型的人才队伍。

（6）加强文化科技领域知识产权的保护和管理

完善文化科技融合领域的知识产权评估体系，健全文化产品，特别是数字文化产品等各类新型文化产品的知识产权保护法律法规。积极营造知识产权保护环境，加大知识产权保护和违法侵权执法力度，大力开展有关知识产权法律法规宣传活动，提高创新主体的依法自我保护能力，保护其正当权益，确保其在创新上的积极性。

（7）积极开展文化科技领域的国际交流与合作

支持文化科技相关高校、科研院所和企业开展国际交流和合作。推动建立内地与港澳台在文化科技领域的合作机制，深化双边、多边和区域文化科技合作。通过开展国际版权合作和进行海外营销推动我国文化向海外传播。

参考文献

［1］《国家文化科技创新工程纲要》，2012。

［2］吴晓雨、张宜春、严先机：《文化科技的内涵和外延》，《艺术百家》2012年第11期。

［3］何亚平、张钢：《文化的基频——科技文化史论稿》，东方出版社，1996。

［4］唐忠宝：《马克思恩格斯文化观的新考察》，《重庆社会科学》2012年第1期。

［5］程宏燕：《马克思恩格斯科技文化观研究》，武汉理工大学，2012。

［6］胡海波：《马克思恩格斯文化观研究》，东北师范大学，2010。

［7］毕娟：《北京文化与科技融合模式与路径》，知识产权出版社，2013。

［8］殷登祥：《试论STS的对象、内容和意义》，《哲学研究》1994年第11期。

［9］肖庆：《文化科技创新：理论建构与实证分析》，湖北人民出版社，2013。

［10］肖庆：《加快文化与科技融合亟待政策推进》，《艺术科技》2012年第2期。

［11］于平、李凤亮：《文化科技创新发展报告（2013）》，社会科学文献出版社，2013。

［12］陈名杰、孟景伟：《海淀区文化和科技融合发展报告（2013）》，社会科学文献出版社，2013。

［13］吕克斐：《世界各国推进科技与文化融合，打通技术和文化产业链》，《杭州科

技》2012 年第 3 期。

[14] 孔建华：《论文化中关村》，《新视野》2013 年第 1 期。

[15] 赵学琳：《基于钻石模型对我国文化产业集群发展要素的整体分析》，《探索》2011 年第 6 期。

[16] 郑素侠：《科技创新与文化业态的演变》，《河南社会科学》2009 年第 5 期。

[17] 解学芳：《论科技创新主导的文化产业演化规律》，《上海交通大学学报》（哲学社会科学版）2007 年第 8 期。

[18] 潘皓：《科技创新与文化产业发展》，《科教导刊》（上旬刊）2010 年第 6 期。

[19] 理查德·佛罗里达：《创意阶层的崛起》，中信出版社，2010。

[20] 熊小芳：《河南省文化产业效率分析》，华中师范大学，2011。

[21] 陈伟雄：《技术进步视阈下我国文化产业发展研究》，福建师范大学，2010。

[22] 马仁锋、唐娇、张弢、刘修通：《科技创新带动文化创意产业发展研究动态与中国议题》，《经济问题探索》2012 年第 11 期。

[23] 吴辰：《从〈洛桑年鉴〉看中国科技的国际竞争力》，《科技管理研究》2004 年第 1 期。

[24] 《2012 年全国科技经费投入统计公报》，国家统计局、科学技术部、财政部。

[25] 郑伶如：《技术竞争力、创新资本与绩效关联性之研究》，台北大学，2005。

[26] 刘俊仪：《跨国科技竞争力评估与预测研究》，台湾交通大学，2009。

[27] 许书铭：《产业国际竞争力之发展及其影响因素分析——国家竞争力观点》，台湾大学，2000。

[28] 赖士葆：《科技策略与新产品发展绩效相关之研究》，《大业文教基金会》，1992。

[29] 李鸿典：《与苹果并驾齐驱！2013 全球百大创新机构》，Nownews，2013 年 10 月。

[30] 《上海推进文化和科技融合发展三年行动计划》，2012。

[31] 《中共北京市委关于发挥文化中心作用，加快建设中国特色社会主义先进文化之都的意见》，2012。

[32] 《广东省建设文化强省规划纲要（2011～2020 年）》。

[33] 高志前：《产业技术政策的内涵与功能》，《中国科技论坛》2008 年第 3 期。

[34] 何慧芳、胡品平：《广东文化与科技融合发展现状、问题与建设》，《科技管理研究》2013 年第 5 期。

[35] 沈旺、张旭、李贺：《科技政策与产业政策比较分析及配套对策研究》，《工业技术经济》2013 年第 1 期。

[36] 陈少峰：《以文化和科技融合促进文化产业发展模式转型研究》，《同济大学学报》（社会科学版）2013 年第 1 期。

［37］范福娟：《主要发达国家政府在产学研合作中的职能特点分析与借鉴》，《中国高校科技与产业化》2010 年第 2 期。

［38］谢宏斌：《产业融合视域下文化创意产业发展的实现路径》，《改革与战略》2012 年第 12 期。

［39］周柏春、孔凡瑜：《美国科技政策发展实践及其对中国的启示》，《科技进步与对策》2011 年第 4 期。

［40］张永凯、陈润羊：《世界科技强国科技政策的趋同趋势及我国的应对策略》，《科技进步与对策》2013 年第 2 期。

［41］Gallon, M R, H. M. Stillman and D. Coats. "Putting Core Competency Thinking to Practice." *Technology Management*, May – June, 1995. pp. 20 – 28.

［42］Markides, C. C. and P. J. Williamson. "Corporate Diversification and Organizational Culture." *Academy of Management Journal*, Vol. 39, No. 2, 1996, pp. 340 – 367.

［43］Thomas, P. and G. S. McMillan "Using Science and Technology Indicators to Manage R&D As a Business." *Engineering Management Journal*, Vol. 13, 2001, pp. 9 – 14.

［44］Walsh, S. and D. Linton. "The Measurement of Technical Competence." *Journal of High Technology Management Research*, Vol. 13, 2002, pp. 63 – 86.

［45］The Thomson Reuters, 2013 TOP 100 Global Innovators.

附录一　2013 TOP 100 Global Innovators
（2013 年世界创新百强企业）

COMPANY	COUNTRY/ REGION	INDUSTRY	PREVI OUS WINNER
3M Company	USA	Chemical	2011，2012
ABB	Switzerland	Industrial	2011
Abbott Laboratories	USA	Pharmaceutical	
Advanced Micro Devices	USA	Semiconductor & Electronic Components	2011，2012
Air Products	USA	Chemical	
Alcatel – Lucent	France	Telecommunication & Equipment	2011，2012
Altera	USA	Semiconductor & Electronic Components	2012
Analog Devices	USA	Semiconductor & Electronic Components	2011，2012
Apple	USA	Telecommunication & Equipment	2011，2012
Arkema	France	Chemical	2011，2012
Asahi Glass	Japan	Industrial	
AT&T	USA	Telecommunication & Equipment	2012
Avaya	USA	Telecommunication & Equipment	2011，2012
BlackBerry	Canada	Telecommunication & Equipment	
Boeing	USA	Aerospace	2011，2012
Brother Industries	Japan	Computer Hardware	2011，2012
Canon	Japan	Computer Hardware	2011，2012

续表

COMPANY	COUNTRY/REGION	INDUSTRY	PREVIOUS WINNER
Chevron	USA	Petroleum	2011, 2012
CNRS, The French National Center for Scientific Research	France	Scientific Research	2011, 2012
Commissariat a l' Energie Atomique	France	Scientific Research	2011, 2012
Corning	USA	Semiconductor & Electronic Components	2011, 2012
Covidien	USA	Medical Devices	
Delphi	USA	Automotive	2012
Dow Chemical Company	USA	Chemical	2011, 2012
DuPont	USA	Chemical	2011, 2012
Eaton Corporation	USA	Electrical Products	2011, 2012
Emerson	USA	Machinery	2012
Ericsson	Sweden	Telecommunication & Equipment	2011, 2012
European Aeronautic Defence and Space Company	France	Aerospace	2012
Exxon Mobil	USA	Petroleum	2011, 2012
Ford	USA	Automotive	2012
Fraunhofer	Germany	Scientific Research	
Freescale Semiconductor	USA	Semiconductor & Electronic Components	
FUJIFILM	Japan	Machinery	2012
Fujitsu	Japan	Computer Hardware	2011, 2012
General Electric	USA	Consumer Products	2011, 2012
Goodyear Tire & Rubber	USA	Industrial	2011, 2012
Google	USA	Media/ Internet Search & Navigation Systems	2012
Hewlett – Packard	USA	Computer Hardware	2011, 2012
Hitachi	Japan	Computer Hardware	2011, 2012

COMPANY	COUNTRY/ REGION	INDUSTRY	PREVIOUS WINNER
Honda Motor Company	Japan	Automotive	2011, 2012
Honeywell International	USA	Electrical Products	2011, 2012
IBM	USA	Computer Hardware	2011, 2012
IFP Energies Nouvelles	France	Scientific Research	2011, 2012
Infineon Technologies	Germany	Semiconductor & Electronic Components	
Intel	USA	Semiconductor & Electronic Components	2011, 2012
Jatco	Japan	Automotive	2012
Johnson & Johnson	USA	Pharmaceutical	
LG Electronics S.	Korea	Consumer Products	2011, 2012
Lockheed Martin	USA	Transportation Equipment	2012
L Oreal	France	Consumer Products	2011, 2012
LSI Corporation	USA	Semiconductor & Electronic Components	2011, 2012
LSIS S.	Korea	Semiconductor & Electronic Components	2011, 2012
Marvell	USA	Semiconductor & Electronic Components	2012
Michelin	France	Industrial	2011, 2012
Micron	USA	Semiconductor & Electronic Components	2012
Microsoft	USA	Computer Software	2011, 2012
Mitsubishi Electric	Japan	Machinery	2011, 2012
Mitsubishi Heavy Industries	Japan	Machinery	2012
NEC	Japan	Computer Hardware	2011, 2012
NGK Spark Plug Co. , Ltd.	Japan	Automotive	
Nike	USA	Consumer Products	2012

续表

COMPANY	COUNTRY/ REGION	INDUSTRY	PREVIOUS WINNER
Nippon Steel & Sumitomo Metal	Japan	Primary Metals	2012
Nissan Motor Company	Japan	Automotive	
Nitto Denko	Japan	Industrial	2011, 2012
NTT	Japan	Telecommunication & Equipment	2011, 2012
Olympus	Japan	Healthcare Products	2011, 2012
Omron	Japan	Semiconductor & Electronic Components	
Oracle	USA	Computer Software	
Panasonic	Japan	Consumer Products	2011, 2012
Philips	Netherlands	Electrical Products	2011
Procter & Gamble	USA	Consumer Products	2011, 2012
Qualcomm	USA	Semiconductor & Electronic Components	2011, 2012
Roche	Switzerland	Pharmaceutical	2011, 2012
Safran	France	Transportation Equipment	
Saint – Gobain	France	Industrial	2011, 2012
Samsung Electronics S.	Korea	Semiconductor & Electronic Components	2011, 2012
SanDisk	USA	Semiconductor & Electronic Components	2011, 2012
Sandvik	Sweden	Machinery	2011, 2012
Seagate	USA	Computer Hardware	2012
Seiko Epson	Japan	Computer Hardware	2011, 2012
Semiconductor Energy Laboratory	Japan	Semiconductor & Electronic Components	2011
Sharp	Japan	Semiconductor & Electronic Components	2011, 2012
Shin – Etsu Chemical	Japan	Chemical	2011, 2012
Siemens	Germany	Electrical Products	2011, 2012

续表

COMPANY	COUNTRY/ REGION	INDUSTRY	PREVIOUS WINNER
Sony	Japan	Consumer Products	2011, 2012
STMicroelectronics	Switzerland	Semiconductor & Electronic Components	2012
Sumitomo Electric	Japan	Industrial	2011
Symantec	USA	Computer Software	2011, 2012
TDK	Japan	Semiconductor & Electronic Components	2012
TE Connectivity	Switzerland	Semiconductor & Electronic Components	2011, 2012
Texas Instruments	USA	Semiconductor & Electronic Components	2012
Thales	France	Transportation Equipment	2012
Toshiba	Japan	Computer Hardware	2011, 2012
Toyota Motor Corporation	Japan	Automotive	2011, 2012
TSMC	Taiwan	Semiconductor & Electronic Components	
United Technologies	USA	Transportation Equipment	2012
Valeo	France	Automotive	2012
Xerox	USA	Computer Hardware	2011, 2012
Xilinx	USA	Semiconductor & Electronic Components	2012

附录二 2013 年世界 500 强榜单列表

2013 年排名	公司名称〔中文（英文）〕	营业收入（百万美元）	利润（百万美元）	国　家
1	荷兰皇家壳牌石油公司（ROYAL – DUTCH SHELL）	481700	26592	荷兰
2	沃尔玛（WAL – MART STORES）	469162	16999	美国
3	埃克森美孚（EXXON　MOBIL）	449886	44880	美国
4	中国石油化工集团公司（SINOP – EC GROUP）	428167.4	8221.1	中国
5	中国石油天然气集团公司（CHINA NA- TIONAL PETROLEUM）	408630	18195.9	中国
6	英国石油公司（BP）	388285	11582	英国
7	国家电网公司（STATE GRID）	298448.8	12317.9	中国
8	丰田汽车公司（TOYOTA MOTO – R）	265701.8	11586.6	日本
9	大众公司（VOLKSWAGEN）	247613.3	27909.1	德国
10	道达尔公司（TOTAL）	234277.5	13743.2	法国
11	雪佛龙（CHEVRON）	233899	26179	美国
12	嘉能可斯特拉塔（GLENCORE XSTRA- TA）	214436	1004	瑞士
13	日本邮政控股公司（JAPAN PO – ST HOLDINGS）	190859.3	6776.8	日本
14	三星电子（SAMSUNG ELECTR – ONICS）	178554.8	20585.7	韩国

续表

2013 年排名	公司名称［中文（英文）］	营业收入（百万美元）	利润（百万美元）	国　家
15	意昂集团（E. ON）	169756.4	2849.1	德国
16	Phillips 66 公司（PHILLIPS 66）	169551	4124	美国
17	埃尼石油公司（ENI）	167904.5	10008.6	意大利
18	伯克希尔－哈撒韦公司（BERKS－HIRE HATHAWAY）	162463	14824	美国
19	苹果公司（APPLE）	156508	41733	美国
20	安盛（AXA）	154571.3	5335.9	法国
21	俄罗斯天然气工业股份公司（GA－ZPROM）	153527.8	38086.2	俄罗斯
22	通用汽车公司（GENERAL MOT－ORS）	152256	6188	美国
23	戴姆勒股份公司（DAIMLER）	146886.3	7832.9	德国
24	通用电气公司（GENERAL ELE－CTRIC）	146874	13641	美国
25	巴西国家石油公司（PETROBRA－S）	144103	11034	巴西
26	EXOR 集团（EXOR GROUP）	142226.4	511.5	意大利
27	瓦莱罗能源公司（VALERO EN－ERGY）	138286	2083	美国
28	福特汽车公司（FORD MOTOR）	134252	5665	美国
29	中国工商银行（INDUSTRIAL & COM-MERCIAL BANK OF CHINA）	133636	37806.5	中国
30	鸿海精密工业股份有限公司（HON HAI PRECISION INDUSTRY）	132076.1	3204.8	中国
31	安联保险集团（ALLIANZ）	130774.6	6642.8	德国
32	日本电报电话公司（NIPPON TELE-GRAPH & TELEPHONE）	128860.6	6311	日本
33	荷兰国际集团（ING GROUP）	128349.6	4188.2	荷兰
34	美国电话电报公司（AT&T）	127434	7264	美国
35	房利美（FANNIE MAE）	127230	17220	美国
36	墨西哥石油公司（PEMEX）	125195.4	197.7	墨西哥
37	苏伊士集团（GDF SUEZ）	124706.2	1991.9	法国
38	委内瑞拉国家石油公司（PDVSA）	124459	2678	委内瑞拉

续表

2013年排名	公司名称［中文（英文）］	营业收入（百万美元）	利润（百万美元）	国　家
39	挪威国家石油公司（STATOIL）	124381.6	11846.7	挪威
40	CVS Caremark公司（CVS CAREMARK）	123133	3876.9	美国
41	法国巴黎银行（BNP PARIBAS）	123029.2	8421.4	法国
42	麦克森公司（MCKESSON）	122455	1338	美国
43	惠普（HEWLETT-PACKARD）	120357	-12650	美国
44	JX控股公司（JX HOLDINGS）	119499.4	1920.5	日本
45	本田汽车.（HONDA MOTOR）	118952.4	4421.3	日本
46	卢克石油公司（LUKOIL）	116335	11004	俄罗斯
47	日产汽车（NISSAN MOTOR）	115961.4	4123.8	日本
48	威瑞森电信（VERIZON COMMUNICATIONS）	115846	875	美国
49	意大利忠利保险公司（ASSICURAZIONI GENERALI）	113794.2	115.7	意大利
50	中国建设银行（CHINA CONSTRUCTION BANK）	113369.9	30618.2	中国
51	联合健康集团（UNITEDHEALTH GROUP）	110618	5526	美国
52	意大利国家电力公司（ENEL）	109093.2	1111.6	意大利
53	西门子（SIEMENS）	108988.5	5782	德国
54	日立（HITACHI）	108874.5	2111.3	日本
55	摩根大通（J.P.MORGAN CHASE & CO.）	108184	21284	美国
56	康德乐（CARDINAL HEALTH）	107552	1069	美国
57	SK集团（SK HOLDINGS）	106258.8	931.3	韩国
58	西班牙国家银行（BANCO SANTANDER）	106077	2833.7	西班牙
59	家乐福（CARREFOUR）	105996.1	1584.6	法国
60	汇丰银行控股公司（HSBC HOLDINGS）	105294	14027	英国
61	法国兴业银行（SOCIETE GENERALE）	105064.4	994.7	法国
62	国际商业机器公司（INTERNATIONAL BUSINESS MACHINES）	104507	16604	美国
63	乐购（TESCO）	104424.9	196.6	英国

续表

2013 年排名	公司名称 [中文（英文）]	营业收入（百万美元）	利润（百万美元）	国　家
64	中国农业银行（AGRICULTURAL BANK OF CHINA）	103478.7	22996.9	中国
65	巴斯夫公司（BASF）	101176.8	6270.1	德国
66	美国银行（BANK OF AMERICA CORP.）	100078	4188	美国
67	好市多（COSTCO WHOLESALE）	99137	1709	美国
68	宝马（BMW）	98759.5	6549	德国
69	雀巢公司（NESTLE）	98483.8	11319	瑞士
70	中国银行（BANK OF CHINA）	98428.7	22099.5	中国
71	中国移动通信集团公司（CHINA MO-BILE COMMUNICATIONS）	96874.5	11850.6	中国
72	克罗格（KROGER）	96751.3	1496.5	美国
73	法国农业信贷银行（CREDIT AGRI-COLE）	95181.7	-8316.1	法国
74	美国快捷药方控股公司（EXPRESS SCRIPTS HOLDING）	94416.7	1312.9	美国
75	马来西亚国家石油公司（PETRONAS）	94272.5	16001.1	马来西亚
76	来宝集团（NOBLE GROUP）	94045.1	471.3	中国
77	法国电力公司（LECTRICIT DE FRANCE）	93466.1	4261.5	法国
78	美国富国银行（WELLS FARGO）	91247	18897	美国
79	花旗集团（CITIGROUP）	90769	7541	美国
80	中国建筑股份有限公司（CHINA STATE CONSTRUCTION ENGINEERING）	90603.2	1291.5	中国
81	泰国国家石油有限公司（PTT）	89944.9	3369.6	泰国
82	ADM 公司（ARCHER DANIELS MID-LAND）	89038	1223	美国
83	松下（PANASONIC）	87944.8	-9082.8	日本
84	英国保诚集团（PRUDENTIAL）	87913.5	3481.6	英国
85	英国劳埃德银行集团（LLOYDS BANK-ING GROUP）	86848.6	-2261.4	英国

续表

2013 年排名	公司名称［中文（英文）］	营业收入（百万美元）	利润（百万美元）	国　家
86	日本生命保险公司（NIPPON LIFE IN-SURANCE）	86720.1	2985.7	日本
87	麦德龙（METRO）	85768.2	3.9	德国
88	印度石油公司（INDIAN OIL）	85521.4	817.7	印度
89	宝洁公司（PROCTER & GAMBLE）	85120	10756	美国
90	保德信金融集团（PRUDENTIAL FINAN-CIAL）	84838	469	美国
91	安赛乐米塔尔（ARCELORMITTAL）	84213	−3726	卢森堡
92	慕尼黑再保险公司（MUNICH RE GROUP）	84049.9	4106	德国
93	中国海洋石油总公司（CHINA NATION-AL OFFSHORE OIL）	83458.9	7735.1	中国
94	索尼（SONY）	81897.3	518.2	日本
95	波音（BOEING）	81698	3900	美国
96	房地美（FREDDIE MAC）	80635	10982	美国
97	西班牙电话公司（TELEFNICA）	80135.4	5048	西班牙
98	美源伯根公司（AMERISOURCEBER-GEN）	79720.5	719	美国
99	俄罗斯石油公司（ROSNEFT OIL）	79610.3	10981.8	俄罗斯
100	中国铁道建筑总公司（CHINA RAILWAY CONSTRUCTION）	77164.7	815.1	中国
101	马拉松原油公司（MARATHON PETRO-LEUM）	76783	3389	美国
102	中国中铁股份有限公司（CHINA RAIL-WAY GROUP）	76711	1165.7	中国
103	上海汽车集团股份有限公司（SAIC MO-TOR）	76233.6	3289.1	中国
104	现代汽车（HYUNDAI MOTOR）	74998.5	7601.8	韩国
105	德国电信（DEUTSCHE TELEKOM）	74754.6	−6753.3	德国
106	家得宝（HOME DEPOT）	74754	4535	美国

续表

2013 年排名	公司名称［中文（英文）］	营业收入（百万美元）	利润（百万美元）	国　家
107	信实工业公司（RELIANCE INDUS-TRIES）	74426.7	3837.6	印度
108	德国邮政（DEUTSCHE POST）	74126.2	2130.7	德国
109	英杰华集团（AVIVA）	73830.2	-5099.6	英国
110	微软（MICROSOFT）	73723	16978	美国
111	中国人寿保险（集团）公司（CHINA LIFE INSURANCE）	73671.4	-1744.3	中国
112	雷普索尔公司（REPSOL）	73465.6	2647.4	西班牙
113	塔吉特公司（TARGET）	73301	2999	美国
114	欧洲宇航防务集团（EADS）	72584	1578.1	荷兰
115	必和必拓（BHP BILLITON）	72226	15417	澳大利亚
116	巴西银行（BANCO DO BRASIL）	72086.6	5756.6	巴西
117	东京电力公司（TOKYO ELECTRIC POW-ER）	71967.2	-8252.4	日本
118	三菱商事株式会社（MITSUBISHI）	71877.3	4335.5	日本
119	中国中化集团公司（SINOCHEM GROUP）	71824.1	813.3	中国
120	沃尔格林公司（WALGREEN）	71633	2127	美国
121	标致（PEUGEOT）	71255.2	-6438.5	法国
122	印度尼西亚国家石油公司（PERTAMINA）	70924.4	2760.7	印度尼西亚
123	苏黎世保险集团（ZURICH INSURANCE GROUP）	70414	3878	瑞士
124	沃达丰集团（VODAFONE GROUP）	70187.4	677.5	英国
125	美国国际集团（AMERICAN INTERNA-TIONAL GROUP）	70143	3438	美国
126	东芝（TOSHIBA）	69848.2	933.7	日本
127	日本永旺集团（AEON）	69322.7	910.8	日本
128	国际资产控股公司（INTL FCSTONE）	69260.6	15	美国
129	大都会人寿（METLIFE）	68224	1324	美国
130	德意志银行（DEUTSCHE BANK）	67487.2	304.6	德国

续表

2013 年排名	公司名称［中文（英文）］	营业收入（百万美元）	利润（百万美元）	国　家
131	博世公司（ROBERT BOSCH）	67423	2905.7	德国
132	强生（JOHNSON & JOHNSON）	67224	10853	美国
133	法国 BPCE 银行集团（GROUPE BPCE）	66973.2	2759.2	法国
134	中国南方电网有限责任公司（CHINA SOUTHERN POWER GRID）	66686	1020.4	中国
135	联合利华（UNILEVER）	65957.9	5757.4	英国/荷兰
136	卡特彼勒（CATERPILLAR）	65875	5681	美国
137	百事公司（PEPSICO）	65492	6178	美国
138	州立农业保险公司（STATE FARM INSURANCE COS.）	65285.7	3159.2	美国
139	莱茵集团（RWE）	65247.2	1678.4	德国
140	美国邮政（U. S. POSTAL SERVICE）	65223	-15906	美国
141	中国第一汽车集团公司（CHINA FAW GROUP）	64886	2622.4	中国
142	日本第一生命保险（DAI - ICHI LIFE INSURANCE）	63630.9	390.5	日本
143	邦吉公司（BUNGE）	63494	64	美国
144	康菲石油公司（CONOCOPHILLIPS）	63373	8428	美国
145	美国康卡斯特电信公司（COMCAST）	62570	6203	美国
146	东风汽车集团（DONGFENG MOTOR GROUP）	61721.9	1333.6	中国
147	Wellpoint 公司（WELLPOINT）	61711.7	2655.5	美国
148	辉瑞制药有限公司（PFIZER）	61244	14570	美国
149	亚马孙（AMAZON）	61093	-39	美国
150	Seven & I 控股公司（SEVEN & I HOLDINGS）	60864.7	1683.5	日本
151	荷兰全球保险集团（AEGON）	60673.5	1967.5	荷兰
152	欧尚集团（GROUPE AUCHAN）	60312.3	843	法国
153	西农（WESFARMERS）	59901.8	2192.7	澳大利亚
154	联合技术公司（UNITED TECHNOLOGIES）	59783	5130	美国

续表

2013 年排名	公司名称［中文（英文）］	营业收入（百万美元）	利润（百万美元）	国　家
155	蒂森克虏伯（THYSSENKRUPP）	59483.7	-6054.3	德国
156	三井物产株式会社（MITSUI）	59146.7	3708.1	日本
157	马士基集团（A. P. M LLER - MRSK GROUP）	59064.6	3742.3	丹麦
158	美洲电信（AMRICA MVIL）	58919.4	6951.2	墨西哥
159	澳大利亚伍尔沃斯公司（WOOL-WORTHS）	58621.8	1873.7	澳大利亚
160	丸红株式会社（MARUBENI）	58541	2477	日本
161	中国兵器工业集团公司（CHINA NORTH INDUSTRIES GROUP CORPORATION）	58027.8	675.2	中国
162	诺华公司（NOVARTIS）	57561	9505	瑞士
163	三菱日联金融集团（MITSUBISHI UFJ FI-NANCIAL GROUP）	57359.8	10267.5	日本
164	日本明治安田生命保险公司（MEIJI YA-SUDA LIFE INSURANCE）	56944.4	2850.5	日本
165	戴尔（DELL）	56940	2372	美国
166	陶氏化学（DOW CHEMICAL）	56786	1182	美国
167	韩国浦项制铁公司（POSCO）	56472.5	2186	韩国
168	巴西布拉德斯科银行（BANCO BRA-DESCO）	55952.8	5779.9	巴西
169	法国国家人寿保险公司（CNP ASSUR-ANCES）	55934.9	1222.7	法国
170	法国电信（FRANCE TLCOM）	55922.3	1053.8	法国
171	圣戈班集团（SAINT - GOBAIN）	55515	984.4	法国
172	中国中信集团有限公司（CITIC GROUP）	55435.1	4779.5	中国
173	英国法通保险公司（LEGAL & GENERAL GROUP）	55426.9	1288.4	英国
174	日本伊藤忠商事株式会社（ITOCHU）	55150.5	3375.4	日本
175	法切莱公司（FONCIRE EURIS）	54830	236.5	法国
176	奥地利石油天然气集团（OMV GROUP）	54809.7	1752.1	奥地利

续表

2013 年排名	公司名称［中文（英文）］	营业收入（百万美元）	利润（百万美元）	国　家
177	巴克莱（BARCLAYS）	54648.8	−1649.7	英国
178	神华集团（SHENHUA GROUP）	54517.9	6150.9	中国
179	联合包裹速递服务公司（UNITED PAR-CEL SERVICE）	54127	807	美国
180	德国巴登－符腾堡州银行（LANDES-BANK BADEN－WRTTEMBERG）	53812.2	512.8	德国
181	中国平安保险（集团）股份有限公司（PING AN INSURANCE）	53760.9	3177.9	中国
182	中国电信集团公司（CHINA TELECOM-MUNICATIONS）	53378.6	1066.5	中国
183	英特尔公司（INTEL）	53341	11005	美国
184	雷诺（RENAULT）	53037.2	2277.2	法国
185	新日铁住金（NIPPON STEEL & SUMITO-MO METAL）	52864.4	−1500.1	日本
186	富士通（FUJITSU）	52765.7	−878	日本
187	中国华润总公司（CHINA RESOURCES NATIONAL）	52448.2	1905.6	中国
188	联合信贷集团（UNICREDIT GROUP）	52281.1	1111.5	意大利
189	谷歌（GOOGLE）	52203	10737	美国
190	日本三井住友金融集团（SUMITOMO MITSUI FINANCIAL GROUP）	52099.7	9562.2	日本
191	MS&AD 保险集团控股有限公司（MS&AD INSURANCE GROUP HOLDINGS）	51971.6	1007	日本
192	中国五矿集团公司（CHINA MINMET-ALS）	51807	704.1	中国
193	西班牙对外银行（BANCO BILBAO VIZ-CAYA ARGENTARIA）	51780.4	2153.9	西班牙
194	拜耳集团（BAYER）	51096.7	3143.4	德国
195	力拓集团（RIO TINTO GROUP）	50967	−2990	英国

续表

2013 年排名	公司名称［中文（英文）]	营业收入（百万美元）	利润（百万美元）	国　家
196	中国邮政集团公司（CHINA POST GROUP）	50932.9	4082	中国
197	瑞士罗氏公司（ROCHE GROUP）	50609.4	10175.4	瑞士
198	美国劳氏公司（LOWES）	50521	1959	美国
199	德国联邦铁路公司（DEUTSCHE BAHN）	50500.4	1890.4	德国
200	住友生命保险公司（SUMITOMO LIFE INSURANCE）	50481.5	1298.6	日本
201	沙特基础工业公司（SABIC）	50400.8	6591.4	沙特阿拉伯
202	西班牙 ACS 集团（ACS）	50098	-2475.7	西班牙
203	万喜集团（VINCI）	49649.1	2463.2	法国
204	国际石油投资公司（INTERNATIONAL PETROLEUM INVESTMENT）	49497.8	1512	阿拉伯联合酋长国
205	澳大利亚国民银行（NATIONAL AUSTRALIA BANK）	49035.6	4199	澳大利亚
206	韩国现代重工集团（HYUNDAI HEAVY INDUSTRIES）	48809.8	873.9	韩国
207	澳洲联邦银行（COMMONWEALTH BANK OF AUSTRALIA）	48673.3	7312.4	澳大利亚
208	可口可乐公司（COCA-COLA）	48017	9019	美国
209	中国南方工业集团公司（CHINA SOUTH INDUSTRIES GROUP）	47967.4	218	中国
210	巴西淡水河谷公司（VALE）	47694	5511	巴西
211	苏格兰皇家银行集团（ROYAL BANK OF SCOTLAND GROUP）	47642.8	-9005.9	英国
212	中国航空工业集团公司（AVIATION INDUSTRY CORP. OF CHINA）	47351.2	1021.7	中国
213	中国交通建设股份有限公司（CHINA COMMUNICATIONS CONSTRUCTION）	47332.6	1232.5	中国
214	默沙东（MERCK）	47267	6168	美国

续表

2013 年排名	公司名称 [中文（英文）]	营业收入（百万美元）	利润（百万美元）	国　家
215	日本出光兴产株式会社（IDEMITSU KO-SAN）	47263.1	604.1	日本
216	洛克希德-马丁（LOCKHEED MARTIN）	47182	2745	美国
217	KOC 集团（KO HOLDING）	47128.9	1286	土耳其
218	东京海上日动火灾保险公司（TOKIO MARINE HOLDINGS）	46456.1	1560.4	日本
219	赛诺菲（SANOFI）	46209.3	6383.2	法国
220	思科公司（CISCO SYSTEMS）	46061	8041	美国
221	意大利联合圣保罗银行（INTESA SAN-PAOLO）	45867.5	2062.6	意大利
222	宝钢集团有限公司（BAOSTEEL GROUP）	45682.7	918.8	中国
223	利安德巴塞尔工业公司（LYONDELL-BASELL INDUSTRIES）	45630	2848	荷兰
224	丰益国际（WILMAR INTERNATIONAL）	45463.4	1255.5	新加坡
225	LG 电子（LG ELECTRONICS）	45246.1	59.3	韩国
226	百思买（BEST BUY）	45087	-441	美国
227	沃尔沃集团（VOLVO）	44850.6	1630.5	瑞典
228	俄罗斯联邦储蓄银行（SBERBANK）	44835.5	11233	俄罗斯
229	巴拉特石油公司（BHARAT PETROLE-UM）	44794.4	345.7	印度
230	南苏格兰电力（SSE）	44698.5	672.6	英国
231	中国华能集团公司（CHINA HUANENG GROUP）	44343.9	86.1	中国
232	美国西夫韦公司（SAFEWAY）	44206.5	596.5	美国
233	日本 KDDI 电信公司（KDDI）	44102.1	2907.8	日本
234	Iberdrola 公司（IBERDROLA）	43952.9	3650.6	西班牙
235	韩国电力公司（KOREA ELECTRIC POWER）	43612.9	-2811.6	韩国
236	佳能（CANON）	43606.6	2814.1	日本

续表

2013 年排名	公司名称 [中文（英文）]	营业收入（百万美元）	利润（百万美元）	国 家
237	西太平洋银行（WESTPAC BANKING）	43568.2	6141.1	澳大利亚
238	法国国营铁路公司（SNCF）	43463	492.2	法国
239	GS 加德士（GS CALTEX）	43407.6	651.8	韩国
240	法国布伊格集团（BOUYGUES）	43249.7	813.5	法国
241	斯伦贝谢公司（SCHLUMBERGER）	43131	5490	美国
242	电装公司（DENSO）	43122.2	2187.9	日本
243	交通银行（BANK OF COMMUNICATIONS）	43094.9	9251.9	中国
244	三菱电机股份有限公司（MITSUBISHI ELECTRIC）	42956.8	837.1	日本
245	联邦快递（FEDEX）	42680	2032	美国
246	ENTERPRISE PRODUCTS PARTNERS 公司（ENTERPRISE PRODUCTS PARTNERS）	42583.1	2419.9	美国
247	西斯科公司（SYSCO）	42380.9	1121.6	美国
248	华特迪斯尼公司（WALT DISNEY）	42278	5682	美国
249	荷兰皇家阿霍德集团（ROYAL AHOLD）	42204.9	1062.8	荷兰
250	德国大陆集团（CONTINENTAL）	42070.2	2420.5	德国
251	江森自控有限公司（JOHNSON CONTROLS）	41955	1226	美国
252	起亚汽车（KIA MOTORS）	41945.8	3431.4	韩国
253	英国葛兰素史克公司（GLAXOSMITHKLINE）	41885.5	7234.2	英国
254	高盛（GOLDMAN SACHS GROUP）	41664	7475	美国
255	瑞士信贷（CREDIT SUISSE GROUP）	41517.8	1439	瑞士
256	中国人民保险集团股份有限公司（PEOPLES INSURANCE CO. OF CHINA）	40788.9	1082.8	中国
257	软银（SOFTBANK）	40683	3485.1	日本
258	中国联合网络通信股份有限公司（CHINA UNITED NETWORK COMMUNICATIONS）	40617.1	375.3	中国

续表

2013 年排名	公司名称［中文（英文）］	营业收入（百万美元）	利润（百万美元）	国 家
259	CHS 公司（CHS）	40599.3	1260.6	美国
260	印度斯坦石油公司（HINDUSTAN PE-TROLEUM）	39925.2	92.1	印度
261	雅培公司（ABBOTT LABORATORIES）	39873.9	5962.9	美国
262	西尔斯控股（SEARS HOLDINGS）	39854	-930	美国
263	瑞银集团（UBS）	39769.4	-2678.5	瑞士
264	安海斯－布什英博（ANHEUSER-BUSCH INBEV）	39758	7243	比利时
265	法国威立雅环境集团（VEOLIA ENVIR-ONNEMENT）	39721.5	506.1	法国
266	怡和集团（JARDINE MATHESON）	39593	1688	中国
267	杜邦公司（DUPONT）	39528	2788	美国
268	瑞士 ABB 集团（ABB）	39336	2704	瑞士
269	河北钢铁集团（HEBEI IRON & STEEL GROUP）	39279.9	-182.3	中国
270	哈门那公司（HUMANA）	39126	1222	美国
271	汉莎集团（LUFTHANSA GROUP）	39031.9	1272.3	德国
272	全球燃料服务公司（WORLD FUEL SER-VICES）	38945.3	189.3	美国
273	中国铝业公司（ALUMINUM CORP. OF CHINA）	38822.1	-786.3	中国
274	诺基亚（NOKIA）	38780	-3991.6	芬兰
275	巴西 JBS 公司（JBS）	38747.7	368	巴西
276	森科能源公司（SUNCOR ENERGY）	38641.7	2784.9	加拿大
277	中国航空油料集团公司（CHINA NA-TIONAL AVIATION FUEL GROUP）	38445.3	126.8	中国
278	日本钢铁工程控股公司（JFE HOLD-INGS）	38405	476.9	日本
279	美国阿美拉达赫斯公司（HESS）	38373	2025	美国
280	哥伦比亚国家石油公司（ECOPETROL）	38327.8	8227	哥伦比亚

续表

2013 年排名	公司名称［中文（英文）］	营业收入（百万美元）	利润（百万美元）	国　家
281	意大利电信（TELECOM ITALIA）	38298.1	-2090.9	意大利
282	加拿大皇家银行（ROYAL BANK OF CANADA）	38224.4	7409.1	加拿大
283	普利司通（BRIDGESTONE）	38092.2	2150.5	日本
284	英国森特理克集团（CENTRICA）	37941.2	2017.3	英国
285	美国英格雷姆麦克罗公司（INGRAM MI-CRO）	37827.3	305.9	美国
286	Plains All American Pipeline 公司（PLAINS ALL AMERICAN PIPELINE）	37797	1094	美国
287	霍尼韦尔国际公司（HONEYWELL IN-TERNATIONAL）	37665	2926	美国
288	迪奥（CHRISTIAN DIOR）	37655.5	1783.8	法国
289	法国维旺迪集团（VIVENDI）	37261	210.8	法国
290	三菱化学控股（MITSUBISHI CHEMICAL HOLDINGS）	37193.3	223.9	日本
291	澳新银行集团（AUSTRALIA & NEW ZEALAND BANKING GROUP）	37175	5823.3	澳大利亚
292	中国铁路物资股份有限公司（CHINA RAILWAY MATERIALS）	37172.1	86.3	中国
293	美国联合大陆控股有限公司（UNITED CONTINENTAL HOLDINGS）	37152	-723	美国
294	甲骨文公司（ORACLE）	37121	9981	美国
295	日本电气公司（NEC）	36989	366.5	日本
296	美国利宝互助保险集团（LIBERTY MU-TUAL INSURANCE GROUP）	36944	829	美国
297	波兰国营石油公司（PKN ORLEN GROUP）	36909	720.5	波兰
298	印度国家银行（STATE BANK OF INDIA）	36863.3	3293	印度
299	中国国电集团公司（CHINA GUODIAN）	36848.4	214.5	中国
300	森宝利（J. SAINSBURY）	36800	969.6	英国

续表

2013 年排名	公司名称［中文（英文）］	营业收入（百万美元）	利润（百万美元）	国　家
301	HCA 公司（HCA HOLDINGS）	36783	1605	美国
302	中国冶金科工集团有限公司（CHINA METALLURGICAL GROUP）	36756.2	−806	中国
303	达美航空（DELTA AIR LINES）	36670	1009	美国
304	安泰保险（AETNA）	36595.9	1657.9	美国
305	台湾中油股份有限公司（CPC）	36499.2	−1137.2	中国
306	住友商事（SUMITOMO）	36322.3	2799.2	日本
307	迪尔公司（DEERE）	36157.1	3064.7	美国
308	俄罗斯 Sistema 公司（SISTEMA）	35442.3	946.8	俄罗斯
309	联合博姿（ALLIANCE BOOTS）	35383.5	1116.5	瑞士
310	斯普林特 Nextel 公司（SPRINT NEXTEL）	35345	−4326	美国
311	冀中能源集团（JIZHONG ENERGY GROUP）	35319.9	59.3	中国
312	日本瑞穗金融集团（MIZUHO FINAN-CIAL GROUP）	35079	6749.9	日本
313	亿滋国际（MONDELEZ INTERNATIONAL）	35015	3028	美国
314	荷兰合作银行（RABOBANK GROUP）	34934.9	1152.8	荷兰
315	华为投资控股有限公司（HUAWEI IN-VESTMENT & HOLDING）	34900.6	2435.3	中国
316	印度塔塔汽车公司（TATA MOTORS）	34705	1818.3	印度
317	弗朗茨海涅尔公司（FRANZ HANIEL）	34690.7	−2369.8	德国
318	江苏沙钢集团（JIANGSU SHAGANG GROUP）	34557.9	94.5	中国
319	中国建筑材料集团有限公司（CHINA NA-TIONAL BUILDING MATERIALS GROUP）	34462.2	471.3	中国
320	关西电力（KANSAI ELECTRIC POWER）	34429.3	−2931.3	日本
321	广达电脑（QUANTA COMPUTER）	34412.2	779.2	中国
322	首钢集团（SHOUGANG GROUP）	34329.7	132.7	中国
323	美国超价商店公司（SUPERVALU）	34327	−1466	美国

2013 年排名	公司名称［中文（英文）］	营业收入（百万美元）	利润（百万美元）	国　家
324	美国纽约人寿保险公司（NEW YORK LIFE INSURANCE）	34308.6	1333.2	美国
325	日本 NKSJ 控股（NKSJ HOLDINGS）	34238.7	525.3	日本
326	中国机械工业集团有限公司（SINOM-ACH）	33952.3	715.7	中国
327	日本三菱重工业股份有限公司（MIT-SUBISHI HEAVY INDUSTRIES）	33933.7	1172.1	日本
328	武汉钢铁（集团）公司（WUHAN IRON & STEEL）	33882.3	32.4	中国
329	联想集团（LENOVO GROUP）	33873.4	635.1	中国
330	Medipal 控股公司（MEDIPAL HOLD-INGS）	33850.2	224.6	日本
331	美国运通公司（AMERICAN EXPRESS）	33808	4482	美国
332	新闻集团（NEWS CORP.）	33706	1179	美国
333	爱立信（L. M. ERICSSON）	33644.4	853	瑞典
334	瑞士再保险股份有限公司（SWISS RE）	33624	4201	瑞士
335	德国中央合作银行（DZ BANK）	33599.7	888	德国
336	北京汽车集团（Beijing Automotive Group）	33374.5	1074.4	中国
337	好事达（ALLSTATE）	33315	2306	美国
338	泰森食品（TYSON FOODS）	33278	583	美国
339	德国艾德卡公司（EDEKA ZENTRALE）	33195.8	181.3	德国
340	法国航空 - 荷兰皇家航空集团（AIR FRANCE - KLM GROUP）	32962.2	-1531.9	法国
341	加拿大鲍尔集团（POWER CORP. OF CANADA）	32942.9	882.6	加拿大
342	万通互惠理财（MASSACHUSETTS MU-TUAL LIFE INSURANCE）	32872.2	1114.6	美国
343	天津市物资集团总公司（TEWOO GROUP）	32864	114.3	中国

续表

2013 年排名	公司名称［中文（英文）］	营业收入（百万美元）	利润（百万美元）	国　家
344	加拿大乔治威斯顿公司（GEORGE WESTON）	32763.8	486.3	加拿大
345	科斯莫石油（COSMO OIL）	32749.4	-1034.2	日本
346	英国耆卫保险公司（OLD MUTUAL）	32700.6	1858.9	英国
347	荷兰皇家飞利浦公司（ROYAL PHILIPS）	32579.3	290.4	荷兰
348	Tesoro 公司（TESORO）	32484	743	美国
349	法国邮政（LA POSTE）	32455.9	615.6	法国
350	摩根士丹利（MORGAN STANLEY）	32355	68	美国
351	东日本旅客铁道株式会社（EAST JAPAN RAILWAY）	32174.7	2112	日本
352	美国教师退休基金会（TIAA – CREF）	32156	2060	美国
353	西班牙天然气公司（GAS NATURAL FENOSA）	32004.8	1851.9	西班牙
354	中国电力建设集团有限公司（POWER CHINA）	31971	684.5	中国
355	中国化工集团公司（CHEMCHINA）	31967.9	-186.7	中国
356	日本中部电力（CHUBU ELECTRIC POWER）	31899.8	-387.3	日本
357	中粮集团有限公司（COFCO）	31751.5	584.5	中国
358	俄罗斯秋明英国石油控股公司（TNK – BP INTERNATIONAL）	31741	7584	俄罗斯
359	绿地控股集团有限公司（GREENLAND HOLDING GROUP）	31738.7	1197.5	中国
360	斯特拉塔（XSTRATA）	31618	1180	瑞士
361	通用动力（GENERAL DYNAMICS）	31513	-332	美国
362	菲利普 – 莫里斯国际公司（PHILIP MORRIS INTERNATIONAL）	31377	8800	美国
363	和记黄埔有限公司（HUTCHISON WHAMPOA）	31338.9	3368.4	中国

2013 年排名	公司名称［中文（英文）］	营业收入（百万美元）	利润（百万美元）	国 家
364	浙江物产集团（ZHEJIANG MATERIALS INDUSTRY GROUP）	31197.3	46.2	中国
365	韩国天然气公司（KOREA GAS）	31103.4	325.6	韩国
366	巴西伊塔乌投资银行（ITAUSA – INVESTIMENTOS ITAU）	31095.7	2323.4	巴西
367	铃木汽车（SUZUKI MOTOR）	31048.7	968.1	日本
368	意大利邮政集团（POSTE ITALIANE）	30932.4	1326.9	意大利
369	印度石油天然气公司（OIL & NATURAL GAS）	30859.1	4451.6	印度
370	麦格纳国际（MAGNA INTERNATIONAL）	30837	1433	加拿大
371	S – OIL 公司（S – OIL）	30829.9	519.5	韩国
372	施耐德电气（SCHNEIDER ELECTRIC）	30773.7	2364.6	法国
373	山东能源集团有限公司（SHANDONG ENERGY GROUP）	30712.3	947.7	中国
374	爱信精机（AISIN SEIKI）	30466.4	933.5	日本
375	英国标准人寿保险公司（STANDARD LIFE）	30402.7	1106.1	英国
376	中国大唐集团公司（CHINA DATANG）	30399.3	– 135.2	中国
377	美国全国保险公司（NATIONWIDE）	30356.3	748.5	美国
378	多伦多道明银行（TORONTO – DOMINION BANK）	30200	6338.9	加拿大
379	台塑石化股份有限公司（FORMOSA PETROCHEMICAL）	30187.8	92	中国
380	荷兰 GasTerra 能源公司（GASTERRA）	30048.1	46.3	荷兰
381	宏利金融（MANULIFE FINANCIAL）	29951.9	1634.1	加拿大
382	3M 公司（3M）	29904	4444	美国
383	夏普（SHARP）	29847.7	– 6567.2	日本
384	和硕（Pegatron）	29824.7	206.4	中国
385	埃森哲（ACCENTURE）	29778	2553.5	爱尔兰

续表

2013 年排名	公司名称［中文（英文）］	营业收入（百万美元）	利润（百万美元）	国　家
386	DirecTV 公司（DIRECTV）	29740	2949	美国
387	正威国际集团（Amer International Group）	29588.3	569.2	中国
388	山东魏桥创业集团有限公司（SHAN-DONG WEIQIAO PIONEERING GROUP）	29562	1074.4	中国
389	中国华电集团公司（CHINA HUADIAN）	29341.8	481.4	中国
390	山西煤炭运销集团有限公司（SHANXI COAL TRANSPORTATION & SALES GROUP）	29322.6	9.6	中国
391	德尔海兹集团（DELHAIZE GROUP）	29246.9	134.9	比利时
392	T&D 控股（T&D HOLDINGS）	29129.6	767.5	日本
393	信诺（CIGNA）	29119	1623	美国
394	英国电信集团（BT GROUP）	29082.5	3302.1	英国
395	中国电子信息产业集团有限公司（CHI-NA ELECTRONICS）	29010.4	236.2	中国
396	欧莱雅（L'OREAL）	28867.4	3685.4	法国
397	威廉莫里森超市连锁公司（WM. MOR-RISON SUPERMARKETS）	28778.5	1027.8	英国
398	墨菲石油公司（MURPHY OIL）	28776.4	970.9	美国
399	英美资源集团（ANGLO AMERICAN）	28761	-1493	英国
400	阿弗瑞萨控股公司（ALFRESA HOLD-INGS）	28750.9	250.1	日本
401	中国远洋运输（集团）总公司（CHINA OCEAN SHIPPING）	28736	-379.8	中国
402	时代华纳（TIME WARNER）	28729	3019	美国
403	山西焦煤集团有限责任公司（Shanxi Co-king Coal Group）	28646.3	0.7	中国
404	河南煤业化工集团有限责任公司（HENAN COAL & CHEMICAL）	28636.6	-436.1	中国
405	曼弗雷集团（MAPFRE GROUP）	28605.7	855.5	西班牙

续表

2013 年排名	公司名称［中文（英文）］	营业收入（百万美元）	利润（百万美元）	国 家
406	新兴际华集团（XINXING CATHAY IN-TERNATIONAL GROUP）	28579	303.6	中国
407	山西阳泉煤业（集团）有限责任公司（Yangquan Coal Industry Group）	28578.7	34.2	中国
408	中国电力投资集团公司（CHINA POWER INVESTMENT）	28558.4	181	中国
409	Coop 集团（COOP GROUP）	28514.5	482.2	瑞士
410	哈里伯顿公司（HALLIBURTON）	28503	2635	美国
411	中国民生银行（China Minsheng Banking Corp.）	28436.3	5953.6	中国
412	招商银行（CHINA MERCHANTS BANK）	28039.5	7175.6	中国
413	阿斯利康（ASTRAZENECA）	27973	6297	英国
414	江西铜业集团公司（Jiangxi Copper）	27879.6	280.5	中国
415	开滦集团（KAILUAN GROUP）	27841.8	121.5	中国
416	国际纸业（INTERNATIONAL PAPER）	27833	794	美国
417	中国船舶重工集团公司（CHINA SHIP-BUILDING INDUSTRY）	27753	1026.2	中国
418	大众超级市场公司（PUBLIX SUPER MARKETS）	27706.8	1552.3	美国
419	梅西百货（MACYS）	27686	1335	美国
420	Ultrapar 控股公司（ULTRAPAR HOLD-INGS）	27600.3	517.5	巴西
421	米其林公司（MICHELIN）	27596.8	2017.7	法国
422	福陆公司（FLUOR）	27577.1	456.3	美国
423	麦当劳（MCDONALDS）	27567	5464.8	美国
424	Onex 公司（ONEX）	27443	-121	加拿大
425	PHOENIX PHARMAHANDEL 公司（PHOE-NIX PHARMAHANDEL）	27337.2	193.6	德国
426	现代摩比斯公司（HYUNDAI MOBIS）	27336.8	3159.5	韩国

续表

2013 年排名	公司名称［中文（英文）］	营业收入（百万美元）	利润（百万美元）	国　家
427	三星人寿保险（SAMSUNG LIFE INSURANCE）	27253	882.9	韩国
428	兴业银行（Industrial Bank）	27247.9	5502.7	中国
429	中国太平洋保险（集团）股份有限公司（CHINA PACIFIC INSURANCE（GROUP））	27174.4	804.7	中国
430	潞安集团（Shanxi LuAn Mining Group）	27105.4	1.7	中国
431	加拿大丰业银行（BANK OF NOVA SCOTIA）	26994.3	6215.4	加拿大
432	大同煤矿集团有限责任公司（Datong Coal Mine Group）	26980	−68.9	中国
433	达能（DANONE）	26819.3	2148.7	法国
434	渣打银行（STANDARD CHARTERED）	26816	4887	英国
435	山西晋城无烟煤矿业集团有限责任公司（Shanxi Jincheng Anthracite Coal Mining Group）	26757.4	332.9	中国
436	昭和壳牌石油公司（SHOWA SHELL SEKIYU）	26682.6	12.7	日本
437	富士胶片控股株式会社（FUJIFILM HOLDINGS）	26669.8	653.5	日本
438	Migros 集团（MIGROS GROUP）	26666.7	1060.1	瑞士
439	金巴斯集团（COMPASS GROUP）	26647.4	953.7	英国
440	马自达汽车株式会社（MAZDA MOTOR）	26556.3	413.1	日本
441	BAE 系统公司（BAE SYSTEMS）	26450.4	1692.5	英国
442	哈特福德金融服务集团（Hartford Financial Services Group）	26412	−38	美国
443	德科集团（ADECCO GROUP）	26391.4	484.5	瑞士
444	澳大利亚电信（TELSTRA）	26302.9	3511.8	澳大利亚
445	Surgutneftegas 公司（SURGUTNEFTEGAS）	26265.4	5183.1	俄罗斯
446	中国医药集团（Sinopharm）	26189.5	343.3	中国
447	LG DISPLAY 公司（LG DISPLAY）	26129.9	207.1	韩国

2013 年排名	公司名称［中文（英文）］	营业收入（百万美元）	利润（百万美元）	国 家
448	阿尔斯通（ALSTOM）	26090.6	1032.3	法国
449	Brazilian Distribution 公司（BRAZILIAN DISTRIBUTION）	26067.3	538.1	巴西
450	住友电工（SUMITOMO ELECTRIC INDUSTRIES）	26010.5	457.1	日本
451	贺利氏控股集团（HERAEUS HOLDING）	25981.3	296.6	德国
452	西北互助人寿保险公司（NORTHWESTERN MUTUAL）	25957	783	美国
453	TJX 公司（TJX）	25878.4	1906.7	美国
454	Travelers Cos. 公司（TRAVELERS COS.）	25740	2473	美国
455	株式会社 Maruhan（MARUHAN）	25732.6	244.7	日本
456	荷兰 SHV 公司（SHV HOLDINGS）	25716.1	980.4	荷兰
457	安富利公司（AVNET）	25707.5	567	美国
458	喜力控股公司（HEINEKEN HOLDING）	25565.1	1898.1	荷兰
459	日本烟草（JAPAN TOBACCO）	25531.9	4137.9	日本
460	上海浦东发展银行股份有限公司（Shanghai Pudong Development Bank）	25424.1	5418.4	中国
461	来德爱（RITE AID）	25392.3	118.1	美国
462	美国家庭人寿保险公司（AFLAC）	25364	2866	美国
463	Tech Data 公司（TECH DATA）	25361	214.6	美国
464	陕西延长石油（集团）有限责任公司［Shaanxi Yanchang Petroleum（Group）］	25341.7	2443.7	中国
465	美国诺斯洛普格拉曼公司（NORTHROP GRUMMAN）	25218	1978	美国
466	百联集团（Bailian Group）	25202.4	93.7	中国
467	野村控股（NOMURA HOLDINGS）	25047.1	1291.3	日本
468	德国商业银行（COMMERZBANK）	24925.1	7.7	德国
469	美国航空（AMR）	24855	-1876	美国
470	费森尤斯集团（FRESENIUS）	24790.1	1190	德国
471	塔塔钢铁（TATA STEEL）	24760.2	-1297.2	印度

续表

2013 年排名	公司名称［中文（英文）］	营业收入（百万美元）	利润（百万美元）	国 家
472	巴登 - 符腾堡州能源公司（ENERGIE BADEN - WRTTEMBERG）	24733.4	608.5	德国
473	Vattenfall 公司（VATTENFALL）	24713.2	2501.6	瑞典
474	匈牙利油气公司（MOL HUNGARIAN OIL & GAS）	24685.4	674.3	匈牙利
475	史泰博（STAPLES）	24671.9	- 210.7	美国
476	德克夏（DEXIA）	24593.5	- 3683.2	比利时
477	浙江吉利控股集团（ZHEJIANG GEELY HOLDING GROUP）	24550.2	52.4	中国
478	艾默生电气（EMERSON ELECTRIC）	24507	1968	美国
479	雷神公司（RAYTHEON）	24414	1888	美国
480	西方石油公司（OCCIDENTAL PETROLE-UM）	24253	4598	美国
481	大和房建（DAIWA HOUSE INDUSTRY）	24180.6	798.1	日本
482	中国有色矿业集团有限公司（China Non-ferrous Metal Mining（Group））	24146.2	83.2	中国
483	广州汽车工业集团（Guangzhou Automo-bile Industry Group）	24144.8	66	中国
484	耐克公司（NIKE）	24128	2223	美国
485	英美烟草集团（BRITISH AMERICAN TOBACCO）	24071.8	6086.9	英国
486	CRH 公司（CRH）	23979.2	709.4	爱尔兰
487	索迪斯（SODEXO）	23781.1	684.6	法国
488	途易（TUI）	23774.2	- 19.6	德国
489	第一资本金融公司（Capital One Finan-cial）	23771	3517	美国
490	美铝公司（ALCOA）	23700	191	美国
491	CFE 公司（CFE）	23643.3	- 1460.7	墨西哥
492	伟创力（FLEXTRONICS INTERNATION-AL）	23610.1	277.1	新加坡

2013 年排名	公司名称〔中文（英文）〕	营业收入（百万美元）	利润（百万美元）	国　家
493	鞍钢集团公司（ANSTEEL GROUP）	23588.3	-1592.5	中国
494	住友化学（SUMITOMO CHEMICAL）	23512.3	-615.1	日本
495	Exelon 公司（EXELON）	23489	1160	美国
496	麒麟控股株式会社（KIRIN HOLDINGS）	23441.6	704.2	日本
497	国际航空集团（INTERNATIONAL AIR-LINES GROUP）	23398.3	-1211.9	英国
498	英力士集团控股有限公司（INEOS GROUP HOLDINGS）	23374.2	-368.2	卢森堡
499	国泰人寿保险股份有限公司（CATHAY LIFE INSURANCE）	23282.5	110.9	中国
500	理光集团（RICOH）	23175.2	391	日本

图书在版编目（CIP）数据

文化产业专题研究报告.下／中央文化企业国有资产监督管理
领导小组办公室，中国社会科学院文化研究中心编.—北京：
社会科学文献出版社，2014.12
ISBN 978 - 7 - 5097 - 6315 - 5

Ⅰ.①文⋯　Ⅱ.①中⋯　②中⋯　Ⅲ.①文化产业 - 研究报告 -
中国　Ⅳ.①G124

中国版本图书馆 CIP 数据核字（2014）第 210970 号

文化产业专题研究报告（下）

编　　者／中央文化企业国有资产监督管理领导小组办公室
　　　　　中国社会科学院文化研究中心

出 版 人／谢寿光
项目统筹／邓泳红　桂　芳
责任编辑／陈晴钰

出　　版／社会科学文献出版社·皮书出版分社（010）59367127
　　　　　地址：北京市北三环中路甲 29 号院华龙大厦　邮编：100029
　　　　　网址：www.ssap.com.cn
发　　行／市场营销中心（010）59367081　59367090
　　　　　读者服务中心（010）59367028
印　　装／北京鹏润伟业印刷有限公司

规　　格／开　本：787mm×1092mm　1/16
　　　　　印　张：19.5　字　数：307 千字
版　　次／2014 年 12 月第 1 版　2014 年 12 月第 1 次印刷
书　　号／ISBN 978 - 7 - 5097 - 6315 - 5
定　　价／79.00 元